Stefan Scheil

Legenden, Gerüchte, Fehlurteile

AF156404

Stefan Scheil

Legenden, Gerüchte, Fehlurteile

Ein Kommentar zur zweiten Auflage der
Wehrmachtsausstellung des Hamburger Instituts
für Sozialforschung - Dritte, durchgesehene und
erweiterte Auflage

Südwestdeutscher Verlag für
Hochschulschriften

Imprint
Any brand names and product names mentioned in this book are subject to trademark, brand or patent protection and are trademarks or registered trademarks of their respective holders. The use of brand names, product names, common names, trade names, product descriptions etc. even without a particular marking in this work is in no way to be construed to mean that such names may be regarded as unrestricted in respect of trademark and brand protection legislation and could thus be used by anyone.

Publisher:
Südwestdeutscher Verlag für Hochschulschriften
is a trademark of
Dodo Books Indian Ocean Ltd., member of the OmniScriptum S.R.L Publishing group
str. A.Russo 15, of. 61, Chisinau-2068, Republic of Moldova Europe
Printed at: see last page
ISBN: 978-3-8381-2447-6

Legenden, Gerüchte, Fehlurteile

Ein Kommentar zur zweiten Auflage der Wehrmachtsausstellung
des Hamburger Instituts für Sozialforschung

von Stefan Scheil

Dritte, durchgesehene und erweiterte Auflage

"Verbrechen ist Unrecht, das dem Täter als strafbare Pflichtwidrigkeit zugerechnet wird."

Bürgerliches Gesetzbuch

3

Inhaltsverzeichnis

5

Vorwort zur Dritten Auflage

Die anhaltende Nachfrage läßt eine dritte Auflage dieses Kommentars zur Wehrmachtsausstellung des Hamburger Instituts für Sozialforschung (HIS) möglich und nötig werden. Seit 2005, dem Jahr der zweiten Auflage, ist die Debatte über die Rolle der deutschen Streitkräfte in der Ära der nationalsozialistischen Regierung nie ganz abgeflaut. Ein Konsens hat sich nicht gebildet. Weitere Ausstellungen, etwa über die Wehrmacht im Polenkrieg von 1939, versuchten das Bild der deutschen Kriegsführung weiter im Sinn der Wehrmachtsausstellung darzustellen und trafen auf entschiedenen Widerspruch. Es war nie das Anliegen dieses Kommentars, diese Debatte umfassend zu führen. Er verstand und versteht sich zunächst als kritischer Blick auf die Präsentation des HIS und den damals der Ausstellung beigegebenen Katalog, sowie auf die dort präsentierten Fallbeispiele. Dennoch wird hier für die dritte Auflage das Spektrum etwas erweitert. Zum einen sind jetzt die Ergebnisse von weiterführenden Recherchen eingearbeitet, die ich im Bundesarchiv zu einigen von der Ausstellung aufgeworfenen Fragen mittlerweile durchführen konnte, etwa im Bereich des "Hungerplans". Zum anderen wird im Anhang auch die weitere Entwicklung der Debatte anhand von Beiträgen dokumentiert, die ich in den letzten Jahren verfasst habe.

Stefan Scheil
Februar 2011

Einleitung

Der Anspruch einer Neuauflage

Die Ausstellung »Verbrechen der Wehrmacht. Dimensionen des Vernichtungskrieges 1941-1944« des Hamburger Instituts für Sozialforschung wurde erstmals im November 2001 in Berlin gezeigt. Sie ist keine Überarbeitung oder Korrektur der von 1995 bis 1999 in 33 Städten in der Bundesrepublik und Österreich gezeigten Ausstellung »Vernichtungskrieg. Verbrechen der Wehrmacht 1941 bis 1944«, sondern folgt einem neuen Konzept.

Die zweite Ausstellung hält an der These fest, daß die Wehrmacht als Institution während des Zweiten Weltkrieges an der Planung und Durchführung eines beispiellosen Rassen- und Vernichtungskrieges umfassend beteiligt war.

Aus einer Pressemitteilung des Hamburger Instituts für Sozialforschung

Seit November 2001 wird die Neuauflage der Wehrmachtsausstellung des 'Hamburger Instituts für Sozialforschung' in Deutschland gezeigt. Die etablierten Historiker deutscher Universitäten haben darauf überwiegend so reagiert wie auf die erste Variante der Ausstellung auch: mit Schweigen. Das hat eine gewisse Berechtigung, denn die Wehrmachtsausstellung ist ein privates Unternehmen. Sie ist auch nicht für die Fachwissenschaft konzipiert, präsentiert dementsprechend keinerlei neues Material, sondern montiert lediglich auf eine spezielle Weise zusammen, was der Fachwelt - und nicht nur ihr - seit Jahrzehnten bekannt ist. Folgerichtig wird sie auch kaum in Universitäten gezeigt, sie zielt statt dessen auf eine politische Öffentlichkeit: Sie findet regelmäßig in Rathäusern oder Volkshochschulen statt.

Das Schweigen der meisten Fachhistoriker zu diesem Vorgang reiht sich in deren übliche Verhaltensweise ein, die dazu geführt hat, daß sie in der Öffentlichkeit kaum noch wahrgenommen werden. Dennoch ist es gerade in diesem Fall merkwürdig. Zum einen hat die alte Ausstellung die Gemüter der historisch interessierten Öffentlichkeit in den letzten Jahren mehr bewegt als fast jede andere Veröffentlichung über den Zweiten Weltkrieg. Man sollte meinen, daß es der Geschichtswissenschaft zu denken geben könnte, derart öffentlich die Feder aus der Hand genommen zu bekommen. Man könnte auch meinen, der heutzutage ständig um den 'Nützlichkeitsnachweis' seiner Fakultät kämpfende Professor für Zeitgeschichte einer beliebigen deutschen Universität möchte so etwas wie eine Verpflichtung empfinden, die Prägung des Geschichtsbildes nicht den historischen Laien und einem mit ihnen kooperierenden Milieuausschnitt der Fachhistoriker zu überlassen, daß er statt dessen gerne seine gesellschaftliche Relevanz bei der Korrektur der auf diese Art produzierten Legenden nachweisen würde.[1] Dennoch dauerte es vier Jahre, bis der Leiter des Instituts für Zeitgeschichte öffentlich den Gedanken aussprach, der wenigstens einem Besucher mit etwas Hintergrundwissen beim Besuch der ersten Ausstellung sehr schnell kommen mußte: "Es geht nicht um die Wahrheit."[2] Professor Horst Möller schaltete sich spät in eine weit fortgeschrittene Debatte ein. Wenige Wochen später mußte die alte Ausstellung geschlossen werden.

Man darf hinter diesem Verhalten der historischen Zunft wohl auch die stille Überlegung vermuten, eine solche Ausstellung sei gar keine Antwort wert und werde am besten mit Schweigen übergangen, da sich ihre Thesen von selbst als falsch herausstellen werden. Das ist eine durchaus mögliche Haltung und sie schien ja auch dadurch bestätigt zu werden, daß die alte Ausstellung durch die Kritik von Laien und jungen ausländischen Historikern quasi von selbst gestoppt wurde. "You can't fool all the people all the time" hätte Abraham Lincoln die Aktionen des Hamburger Instituts vielleicht kommentiert, das diese beinah zwangsläufige Entwicklung zuvor ohne weitere Bedenken auch mit gerichtlichen Mitteln zu verhindern versuchte. Es ist am Ende nicht bei diesem Stop geblieben. Das Hamburger Institut hat seine Niederlage nicht akzeptiert. Es hat statt dessen mit vervielfachtem Aufwand eine Neuauflage seiner Ausstellung geschaffen, von der hier im folgenden vorwiegend die Rede sein wird. Die Umstände dieser Neuauflage sind auch ein Grund für die vorliegende Studie, denn die Vielzahl der dort produzierten Legenden erfordern eine umfassende Antwort, zumal manche von ihnen bereits seit Jahrzehnten durch die Öffentlichkeit geistern, ja teilweise - wie Lemberg - zu den Ladenhütern des Kalten Krieges gezählt werden müssen.[3]

---

[1] Zu den Legenden, die im Rahmen der ersten Ausstellung kolportiert wurden, gehört beispielsweise das falsche, aber offenbar nicht aus der Welt zu schaffende Gerücht, es sei aus ermordeten Juden Seife hergestellt worden. Klaus Naumann schildert in einem Band des HIS zur Ausstellung ein Interview mit "Herrn F.", der glaubt, sich 1944/45 einmal unwissentlich mit solcher Seife gewaschen zu haben und sich noch fünfzig Jahre später davor ekelt. Dem Mann hätte geholfen werden können, indem man ihm klar sagt, es hätte solche Seife nicht gegeben. Naumann verliert darüber kein Wort und bestätigt statt dessen die Seifenlegende, indem er schließt: "Sicher kann man Anstoß daran nehmen, daß die Opfer selbst mit ihren toten Körpern dazu herhalten müssen, wenn nicht Unschuld, so doch zumindest Unwissen zu beweisen." Die Opfer mußten in der Tat für manches "herhalten", Seife gehörte nicht dazu. Legenden mit denen man eine Nachkriegsgesellschaft noch fünfzig Jahre nach den Ereignissen in Atem halten kann, offenbar schon. Zit. n. HIS, Besucher, S. 56.

[2] So Horst Möller in einem Focusinterview vom 25.10.1999.

[3] Es gab ein weiteres Motiv, diese Studie zu schreiben. Meiner Forschungsarbeit über die internationalen Beziehungen in der Frühphase des Zweiten Weltkriegs und ihre historischen Ort liegt unter anderem ein bestimmte Einschätzung der innenpolitische Verhältnisse in den einzelnen Staaten zugrunde. Im Fall Deutschlands steht ohne jeden Zweifel fest, daß der Gegensatz zwischen den konservativen Eliten in Auswärtigem Amt und Wehrmacht auf der einen und den nationalsozialistischen Führungsstrukturen auf der anderen Seite ein Faktor war, der die deutsche und die internationale Politik beeinflußt hat. (Vgl. Scheil, Logik, S. 148 ff.)

Es geht in dieser Abhandlung nicht um persönliche Angriffe auf die Ausstellungsleitung und nur am Rande um eine Analyse ihrer möglicherweise milieuspezifisch gezogenen intellektuellen Grenzen. Im Mittelpunkt steht auch nicht eine Neuauflage der ausgiebig geführten Fälschungsdiskussionen, sondern eine inhaltliche Widerlegung von Legenden, Gerüchten und Fehlurteilen, die in der Ausstellung ausgebreitet werden. Es geht daher um eine Kritik des Konzepts. Denn Jan Philipp Reemtsmas neue Ausstellungsvariante nähert sich ihrem Gegenstand weiterhin einseitig und polemisch. Das beginnt bei ihrem Titel, der wahrscheinlich mehr als alles andere dazu beigetragen hat, eine öffentliche Kontroverse zu provozieren. Unter der Aufgabenstellung, eine Überschrift zu finden, die alles insinuiert und nichts direkt behauptet, muß diese Formulierung als brillant bezeichnet werden. Dieser Effekt ist durchaus gewollt, Reemtsma hat ihn selbst folgendermaßen skizziert:

> 'Verbrechen der Wehrmacht' sind von der Formulierung her potentielle Verbrechen des Jedermann, Verbrecher (sic) von jedermanns Vater, Bruder, Onkel, Großvater.[4]

In diesem Rahmen läßt sich frei hin und her schwenken zwischen einer Verurteilung aller, wie schon der sprachliche Lapsus zeigt, der "jedermanns Vater, Bruder, Onkel, Großvater" unversehens zum "Verbrecher" werden läßt und der gleichzeitigen Behauptung, man verurteile nicht pauschal, denn es handelt sich ja um "potentielle Verbrechen". Es ist eine beliebig interpretierbare Formulierung, mithin das Gegenteil einer wissenschaftlichen These. So hat auch die neue Ausstellung an ihr nicht nur festgehalten, sondern sie gar zum Haupttitel gemacht. Hieß es in der ersten Ausstellung noch „Vernichtungskrieg – Verbrechen der Wehrmacht", so hat die Reihenfolge nun gewechselt zu: „Verbrechen der Wehrmacht – Dimensionen des Vernichtungskriegs." Dies geschah trotz vereinzelter Vorschläge, man könne doch auch von "Verbrechen *in* der Wehrmacht" sprechen und somit präzise und ohne Provokation das bezeichnen, was gemeint sei. So nicht mit Jan Philipp Reemtsma. "Verbrechen der Wehrmacht", so sagt er, das heiße doch nichts anderes als "Fehler der Post" und niemand behaupte doch, die Post und ihre Mitarbeiter seien als ganzes oder alle fehlerhaft, wenn er sage, sie machten einzelne Fehler. Er hat Recht. Diese Deutungsmöglichkeit besteht.

Aber der Anspruch der Ausstellung, der alten genau so gut wie der neuen, ist ja ein anderer: Sie soll in den ausgewählten "sechs Dimensionen des

---

Dies gilt nicht weniger für die Zeit zwischen dem Kriegsausbruch und der Niederlage Frankreichs. (Vgl. Scheil, Vereinte Entfesselung, etwa S. 301 f. u. 371) Da ich an einer umfangreicheren Studie über die Politik zwischen Sommer 1940 und Winter 1941 arbeite, lag es nahe, sich mit der Rolle der Wehrmacht auch in dieser Zeit näher zu befassen.

[4] Jan Philipp Reemtsma während der Bremer Fachtagung zur ersten Ausstellung am 26. Februar 1997, zit. n. Thiele, Wehrmachtsausstellung, S. 61.

Vernichtungskriegs ... die teils aktive, teils passive Mitwirkung der Wehrmacht an den verübten Kriegsverbrechen" zeigen.[5] Also geht es nicht um einzelne Ereignisse, die nichts über eine größere Organisation aussagen (Fehler der Post), sondern es geht gerade umgekehrt um eine Aussage über die Gesamtorganisation, die durch die ausgewählten Beispiele nur illustriert werden soll. Nicht einzelne Soldaten oder Einheiten sollen für konkret festgestellte und belegbare Verbrechen verantwortlich sein, wie es im Gegenbeispiel der Postbeamte für seine Fehler wäre, sondern "die Wehrmacht" selbst, die - um die Ausstellungsthese in diesem Sinn abzuwandeln - "an der Planung und Durchführung einer beispiellosen Fehlerproduktion umfassend beteiligt war".

Freudige Verbrecher?

Es geht nicht um das Ziel der Vereinheitlichung eines Geschichtsbildes. Aber um die Markierung der Stelle, über die gestritten werden kann. Und um einen Dissens auszutragen, muß man sich auf das beziehen können, worüber Konsens herrscht.[6]

Jan Philipp Reemtsma

Nun gäbe es zwei Wege, das oben skizzierte Pauschalurteil zu rechtfertigen und es gar zum "Konsens" zu erheben, wie dies die erklärte Absicht Jan Philipp Reemtsmas ist. Zunächst einmal eine quantitative Bestimmung des Anteils der beteiligten Soldaten: Eine Armee, deren Angehörige mehrheitlich oder wenigstens zu einem großen Anteil Verbrechen begangen hätten, könnte möglicherweise als ganzes für diese Verbrechen verantwortlich gemacht werden. Dies war der Weg, den die alte Ausstellung zu gehen versuchte, nicht offiziell, aber in den Eröffnungsreden der Ausstellungsleitung manchmal überdeutlich ausgesprochen. Der Vollständigkeit halber und weil im nachhinein gelegentlich zu lesen war, es hätten zu keiner Zeit die Wehrmachtsangehörigen insgesamt angegriffen werden sollen, sei daran noch einmal erinnert.

In einer Rede zur Ausstellungseröffnung in Karlsruhe hatte Hannes Heer explizit gesagt, die Verantwortung für die NS-Verbrechen trügen "Millionen von normalen Deutschen" und der "Vernichtungskrieg ist deswegen Teil der Geschichte jeder Familie". Schon diese Wortwahl tendiert eher zu einem Anteil von einhundert Prozent Schuldigen. Um jeden Zweifel an dieser Einschätzung zu beseitigen, fuhr er fort:

zu dem Chor der ehemaligen Soldaten ... und ihrer ... Behauptung, sie hätten von alldem nichts gewußt, in ihren Einheiten seien Verbrechen nicht vorgekommen. Mag sein, daß

---

[5] Zit. n. Katalog, S. 13.

[6] Zit. n. Reemtsma, Fragen, S. 72.

der letzte Satz für den einen oder anderen, vor allem wenn er 1943/44 zum Einsatz an der Ostfront kam, zutraf.

Insofern hielt Heer doch wenigstens den "einen oder anderen" für nicht verantwortlich, aber auch das konnte aus seiner Sicht wohl zu Mißverständnissen führen, und so präzisierte er abermals und nannte den seiner Meinung nach vorhandenen Grund dafür:

> Es gab gegen Ende des Krieges keine Juden mehr, Gefangene wurden kaum noch gemacht.[7]

Also war der "eine oder andere" nach Heers an dieser Stelle offen ausgesprochener Logik nur mangels Gelegenheit kein Verbrecher oder Mitwisser von Verbrechen geworden. Vor 1943/44 aber seien in allen Einheiten Verbrechen vorgekommen und alle hätten es gewußt. Diese Unterstellung geht an den Erkenntnissen jedweder seriöser Forschung vorbei, deshalb war sie auch schon während der ersten Ausstellung nicht in der Ausstellung selbst explizit erhoben worden. Als spontane Fehlleistung Heers lassen sich diese Worte jedoch nicht deuten, insofern ist Jan Philipp Reemtsmas Einschätzung einer ebenfalls von Heer ausgesprochenen, schwächeren Pauschalverurteilung nicht ganz korrekt:

> Hannes Heer hat bei einer Podiumsdiskussion die fatale Zahl von 80% eingeführt, die in Verbrechen verwickelt gewesen seien. Das ist eine Zahl, die ihm im Eifer des Wortgefechts über die Lippen gekommen sein muß. Er konnte sie nicht belegen, sie war rein spekulativ. Er hat dann die Zahl nicht mehr verwendet.[8]

Einführungsreden wie die von Heer zitierte und zahlreiche andere Äußerungen im Umfeld ließen aber keinen Zweifel daran, daß genau dies die Ansicht der Ausstellungsleitung war, die vor diesem Hintergrund geradezu unvermeidlich von der Ausstellung transportiert werden mußte und auch wurde. Sie zielte ganz klar auf ein quantitatives Urteil. Um Jan Philipp Reemtsma noch einmal zu Wort kommen zu lassen:

> Zu zeigen, ... wie weit verbreitet (!) die freudige (!) und freiwillige Beteiligung am Massenmord (war) ... ist diese Ausstellung da. Sie behauptet nicht, daß jeder Wehrmachtsangehörige jene Grenze überschritten habe, die die Haager Landkriegsordnung zog, oder sich in jener Grenzenlosigkeit wohlgefühlt (!) hat, die das Konzept des totalen Krieges eröffnete.[9]

Lediglich "nicht jeder" hat sich also "freudig" am Massenmord beteiligt und sich dabei "wohlgefühlt". Dies ist die einzige Einschränkung in einem Satz, dessen gedanklicher Hintergrund sich wohl weniger mit den Mitteln der Geschichtswissenschaft als mit denen der Psychoanalyse ausdeuten läßt, die in der Gedankenwelt Reemtsmas und dem Wissenschaftsbegriff

---

[7] Vgl. HIS (Hrsg.): Krieg ist ein Gesellschaftszustand, Hamburg 1998, S. 108 ff.

[8] So Jan Philipp Reemtsma, in einem Gespräch mit Michael Marek und Matthias Schmitz, Neue Zürcher Zeitung Nr. 11, Internationale Ausgabe, Feuilleton, Montag, 15.1.2001, S. 21.

[9] Zit. n. Thiele, Wehrmachtsausstellung, S. 61.

von Jürgen Habermas eine so große Rolle spielt.[10] Umgekehrt läßt sich aus dieser Aussage des Leiters des 'Hamburger Instituts für Sozialforschung' die wirkliche Behauptung der Ausstellung erschließen: Beinah jeder Wehrmachtsangehörige soll sich freudig am Massenmord beteiligt haben und sich dabei wohlgefühlt haben.[11] Wäre dies in der Ausstellung offen ausgesprochen worden, hätte sie an keinem öffentlichen Ort in Deutschland gezeigt werden können. So blieb es bei der bloßen Suggestion von flächendeckenden und mit Genuß begangenen 'Verbrechen der Wehrmacht'. Es ist schon so, wie Jan Philipp Reemtsma an anderer Stelle gesagt hat:

> Die Ausstellung hat ... einiges über das hinaus suggeriert, was sie tatsächlich gesagt hat.[12]

Diesen quantitativen Weg versuchen die Ausstellungsmacher in der neuen Ausstellung erneut nicht offen zu gehen: "Die Forschung läßt keine Aussagen über die Anzahl der an diesen Verbrechen beteiligten Wehrmachtsangehörigen zu."[13] Diese Aussage ist insofern nicht ganz korrekt, als die Forschungsergebnisse völlig klar zeigen, daß die Zahl der beteiligten Soldaten innerhalb jener 18 Millionen Gesamtzahl an Eingezogenen sehr klein gewesen sein muß. Die Wehrmacht hatte genug damit zu tun, sich in einer militärischen Auseinandersetzung gegen eine Koalition der größten Militärmächte der Zeit zu behaupten, an der mit der Sowjetunion insbesondere die größte Landstreitkraft beteiligt war. Sie hat in diesem Konflikt Millionen Soldaten eingesetzt und verloren, gerade in Rußland, jenem Ort an dem der Zweite Weltkrieg militärisch entschieden wurde. "Stalingrad" gab es beinahe im Monatstakt.[14] Dieser Hinweis ist kein Versuch, sogenannte "Täter" zu Opfern zu machen, sondern ein simpler Verweis auf die militärischen Dimensionen eines Weltkriegs, den

---

[10] Aufschlußreich ist hier der Sammelband 'Besucher einer Ausstellung', in dem u.a. Reemtsma, Heer und Klaus Naumann sich in psychoanalytischen Ausdeutungen der Interviews einiger Besucher versuchen und dabei in eine beeindruckende Mischung aus Spekulation und unklaren Begriffen geraten, die an etlichen Stellen in ein herablassendes Stammtischvokabular gegenüber den Interviewten führt. Typisch etwa der Kommentar von Reemtsma zur Aussage einer Besucherin: "Sie hat die Kurve in die Phrase gekriegt - 'im Wäldchen von Katyn' samt Diminutiv -, dabei hat sie vermutlich keinen blassen Schimmer, wo das eigentlich liegt." Zit. n. HIS, Besucher, S. 192.

[11] Eher zu milde ist wohl Horst Möllers Einschätzung der ähnlich lautenden Behauptung Hannes Heers, "deutsche Soldaten hätten gegen die Sowjetunion gekämpft, um sadistische Triebe zu befriedigen." Das sei "wissenschaftlich indiskutabel" sagte Möller dem 'Focus' im oben bereits erwähnten Interview. Zit. n. Katalog, S. 716.

[12] Ebd. Jan Philipp Reemtsma, Neue Zürcher Zeitung Nr. 11, Internationale Ausgabe, Feuilleton, Montag, 15.1.2001, S. 21.

[13] Vgl. HIS, Katalog, S. 13.

[14] Insgesamt starben an der Ostfront bis Dezember 1944 2,743 Millionen deutsche Soldaten, im Schnitt 2180 pro Tag. Vgl. Overmans, Verluste, S. 279.

die Wehrmacht zu führen hatte. Dagegen stand keine der von der Ausstellung thematisierten "Dimensionen" im Zentrum ihrer Aktivitäten oder einer signifikanten Zahl ihrer Soldaten. Die Frage, ob die zahlenmäßige Beteiligung deutscher Soldaten an NS-Verbrechen eine Größenordnung erreicht hat, die auf die ganze Wehrmacht anzuwenden wäre, ist klar mit "Nein" zu beantworten.

Jagdhunde, die man zum Jagen tragen muß

Diesem Befund versucht die Ausstellung aber nicht mit gegenteiligen Suggestionen und Ausführungen auf Nebenveranstaltungen zu entgehen, sondern mit einem Ausweichen auf den qualitativen Bereich offensiv zu begegnen. Sollte die Führungsspitze der Wehrmacht geschlossen verbrecherische Absichten verfolgt haben, könnte dies den aus Sicht des Ausstellungskonzepts bestehenden "Mangel" der kleinen Zahl an Beteiligten bei deren Ausführung wettmachen. Also wird eingangs gleich behauptet: "Die Wehrmachtsspitze stimmte Hitlers Kriegszielen grundsätzlich zu."[15] An diesem Punkt werden wir uns aufhalten, denn diese Behauptung ist der Schlüssel zum Konzept dieser Ausstellung, sie wird in verschiedenen Abwandlungen zu jedem Themenkreis mehrfach wiederholt, sie ist das Bindeglied der ohne diese Prämisse oft zusammenhanglos erscheinenden Fallbeispiele.

Wer sich je mit Sozialforschung befaßt hat, der weiß über die Flüchtigkeit von Zustimmungen Bescheid und auch über die Schwierigkeit, sie schlüssig nachzuweisen. Dies ist für die Wehrmachtsführung bisher nicht geschehen. Ansätze in dieser Hinsicht sind schon im Nürnberger Prozeß gescheitert, wo das Gericht zu dem Schluß kam, die Wehrmachtsführung stelle keinen Personenkreis dar, der sinnvollerweise als "Gruppe" oder einvernehmlich handelnde Einheit bezeichnet werden könnte. Wo sich deutsche Militärs schuldig gemacht hätten, sei dies individuelle Schuld. Leider macht auch die Ausstellung des Leiters eines "Instituts für Sozialforschung" den Versuch nicht, ihr Pauschalurteil über die Wehrmachtsspitze und ihre angebliche Zustimmung zu Hitlers Kriegszielen methodisch zu belegen. Es bleibt bei der bloßen Behauptung, illustriert durch einige im nationalsozialistischen Vokabular gehaltene Tagesbefehle einzelner Oberbefehlshaber, sowie ergänzt um eine Anklage wegen des angeblich zu geringen Widerspruchs führender Militärs gegen den "Kommissarbefehl" und den "Kriegsgerichtsbarkeitserlaß". Zusammengenommen ist das nicht einmal der Versuch, die These einer allgemeinen Billigung verbrecherischer Kriegsziele durch diese Personengruppe adäquat zu stützen. Die Ausstellung ist weit davon

---

[15] Vgl. HIS, Katalog, S. 9.

entfernt jenen Mangel abzustellen, den Johannes Hürter just im Jahr 2000 beklagte, als sie gerade konzipiert wurde:

> Besonders die kleine Elite der obersten Heereskommandeure an der Ostfront - der Oberbefehlshaber von Heeresgruppen und Armeen, der Kommandierenden Generäle von Armeekorps und der Befehlshaber der rückwärtigen Heeresgebiete - wurde noch nicht in ihrer Bedeutung für die Kriegführung und Besatzungspolitik in der Sowjetunion entsprechend beachtet und analysiert. Zwar werden immer wieder die berüchtigten Befehle eines Reichenau oder Manstein und manches anderen herangezogen, doch weiß man über diese Generäle und ihre Mentalität wenig oder nichts.[16]

Für die Beurteilung der Ausstellung noch wichtiger: So weit man etwas weiß, spricht es eher gegen ihre These. Vielleicht ist daher eine genauere Dokumentation der Mentalität deutscher Offiziere in der Ausstellung auch deswegen unterlassen worden, weil das Hamburger Institut durch die von Jan Philipp Reemtsma eingesetzte Historikerkommission bereits schriftlich den Bescheid bekommen hat, daß seine Behauptung nicht zutrifft. Zustimmung zu nationalsozialistischen Methoden und Zielen war nach deren Einschätzung innerhalb des Offizierskorps die Ausnahme:

> Reichenau und einige andere Armeeführer repräsentieren nicht die Gesamtheit, ebenso nicht einige radikale Kommandeure von Sicherungsdivisionen, -bataillonen und Kommandanten von Orts- und Feldkommandanturen.[17]

Diese Bemerkung hat die neue Ausstellung nicht daran hindern können, erneut die Ausnahme zur Regel zu erklären. Man muß unter diesen Umständen dahinter doch wohl eine Haltung der Aussteller vermuten, die sich ganz gezielt gegen den wissenschaftlichen Sachverstand stellt, nicht zuletzt eben auch gegen die klaren Aussagen der von ihnen selbst empfohlenen Fachliteratur. Zitiert sei aus dieser Literatur noch Gerd Ueberschär, der das Pauschalurteil der Ausstellung in seinem Forschungs- und Literaturbericht über den Rußlandfeldzug ausdrücklich ablehnt. Er schreibt:

> Wie weit die Unterstützung der Mordaktionen durch Wehrmachtseinheiten im einzelnen ging, läßt sich allerdings ebenso schwer konstatieren wie eine generelle Aussage über die Bereitschaft zur Beteiligung `der´ Wehrmacht bei der `Arbeit´ der Einsatzgruppen.[18]

Aber es ist nicht nur ein eindeutiges Ergebnis historischer Forschung wie dieses, das dem Besucher der Ausstellung verschwiegen und ins Gegenteil verkehrt wird. Es gibt zudem wichtige und gutinformierte Zeitzeugen, die diese These stets zurückgewiesen haben, ohne deshalb der Wehrmacht besonders freundlich gesonnen zu sein: Die NS-Führung und Adolf Hitler persönlich wußten zu jedem Zeitpunkt ihrer Regierungszeit, daß die Wehrmacht eben nicht das überzeugte Ausführungsorgan nationalsozialistischer Zielvorgaben war. Die Wehrmachtsführung

---

[16] Zit. n. Hürter, Sitten, S. 329.

[17] Zit. n. HIS, Bericht, S. 79.

[18] Zit. n. Müller/Ueberschär, Krieg, S. 246. Hervorhebung im Original.

kritisierte Hitlers Politik in den Jahren 1938 und 1939 ebenso offen, wie sie diese versteckt sabotierte, weil sie den Griff zu Gewalt für Deutschland in jedem Fall für katastrophal hielt. Das war jener "Geist von Zossen", den Hitler "ausrotten" wollte, wie er am 22. November 1939 sagte, nachdem er sich früher darüber empört hatte, es sei nicht richtig, daß seine Generale nur an Frieden dächten. Er verspöttelte sie als Jagdhunde, die man zum Jagen tragen müsse. Er versuchte dieses Problem durch Gründung von Ersatzorganisationen wie der Waffen-SS zu lösen, dadurch, daß dem SD und den Polizeibataillonen die Ausführung von Gewalttaten überlassen wurde, durch Aufhebung der Militärverwaltung in den besetzten Gebieten, durch die personelle Austrocknung der Wehrmacht, die Bestechung ihrer höheren Offiziere und nicht zuletzt durch - Terror.

Bald nach seinem Amtsantritt ließ Hitler im Sommer 1934 neben etlichen anderen sicherheitshalber auch den einzigen dezidiert "politischen" General Deutschlands erschießen, Kurt Schleicher, seinen Vorgänger als Reichskanzler. Schleicher konnte von der Militäropposition nie ersetzt werden, zumal andere mögliche Führungsfiguren wie Hindenburg und Seeckt Mitte der dreißiger Jahre verstarben. Aber weiterhin agierten führende Militärs aktiv während seiner ganzen Existenz gegen das NS-Regime. Das gilt beispielsweise auch für die in der Ausstellung kritisierten Offiziere v. Reichenau und Wagner. Ganz besonders triff es für die Spitze der Heeresführung zu. Ein Generalstabschef trat 1938 aus Protest zurück, putschte am 20. Juli 1944 und büßte das mit dem Leben (Beck), ein weiterer zögerte mit dem Staatsstreich und landete am Ende "nur" im KZ (Halder). Seit 1942 traute Hitler niemandem aus diesem Kreis mehr - aus seiner Sicht nicht zu unrecht - und übernahm die Armeeführung selbst, denn:

> Die Aufgabe des Oberbefehlshabers des Heeres ist es, das Heer nationalsozialistisch zu erziehen. Ich kenne keinen General des Heeres, der diese Aufgabe in meinem Sinne erfüllen könnte.[19]

Von diesem vernichtenden Urteil über die Identifikation der Heeresführung mit dem Nationalsozialismus überzeugt, übernahm er nach dem Attentat vom 20. Juli 1944 dann sogar noch das sowjetische Modell und führte politische Kommissare zur Kontrolle in der Wehrmacht ein, "ein Zeichen zwar für das Streben nach totaler nationalsozialistischer Erziehung innerhalb der Wehrmacht, aber zugleich ein Indiz für den bis Kriegsende ausbleibenden Erfolg."[20] "Mein Vertrauen zur Wehrmacht, insbesondere zu ihrer Generalität, ist allerdings schwer erschüttert," sagte

---

[19] Zit. n. Halder, Feldherr, S. 45.

[20] Zit. n. Dülffer, Bündnispartner, S. 297.

er kurz vor dem Attentat zu Joseph Goebbels.[21] Das war seine Ansicht über die "Billigung" der NS-Ziele durch die Wehrmacht.

Zum Gang der Untersuchung

Im folgenden geht es nun darum zu untersuchen, ob die in der Ausstellung vorgelegten Dokumente prinzipiell geeignet sind, eine so weitreichende und der allgemeinen Ansicht widersprechende Behauptung wie die Zustimmung der Wehrmachtsführung als Organisation zu nationalsozialistischen Verbrechen zu untermauern, ob sie adäquat und für den Besucher nachvollziehbar präsentiert werden und schließlich ob sie inhaltlich geeignet sind, die These der Ausstellungsmacher zu begründen. Das schließt die Fragen ein, ob allgemein die geschichtswissenschaftlichen Ergebnisse gezeigt werden und ob ihr Inhalt den Kommentaren der Aussteller zu den selbst vorgebrachten Materialien nicht widerspricht - was, wie zu zeigen sein wird, gar nicht selten der Fall ist. Dies ist deshalb vorwiegend ein prüfender und kommentierender Rundgang durch die Ausstellung. Obwohl ich dabei gelegentlich etwas weiter ausholen werde, konzentriere ich mich im wesentlichen auf die Ausstellung selbst und ihre Argumentation. Das ist auch deshalb gerechtfertigt, weil man angesichts der polemischen Neigungen der Ausstellungsmacher, der nun schon zehn Jahre langen Arbeit am Ausstellungskonzept und des dabei getriebenen extrem großen Aufwands davon ausgehen kann, daß hier so gut wie alles versammelt ist, was gegen die Wehrmacht zusammengestellt werden kann. Gäbe es beispielsweise ähnlich gesicherte Photographien von Wehrmachtsverbrechen, wie sie etwa Franz W. Seidler für die Rote Armee und ihre Grausamkeiten an gefangenen deutschen Soldaten dokumentiert hat, man kann sicher sein: die Ausstellung hätte sie gebracht.[22]

Sie hat solche Fotos nicht bringen können und bei genauem Hinsehen wird sich zeigen, daß die präsentierten "Verbrechen der Wehrmacht" entweder keine Verbrechen gewesen sind, was etwa für die Belagerung Leningrads gesagt werden muß, oder nichts mit der Wehrmacht zu tun haben, oder sich, wo doch die Wehrmacht direkt beteiligt war, im wesentlichen in die Kategorien Geschehenlassen, Mitwissen und Mitlaufen einordnen lassen - und selbst dies oft nur sehr indirekt und nur für einzelne Personen nachgewiesen wird. Bei fast keinem der in der Ausstellung präsentierten Verbrechen ging die Initiative von der Wehrmacht und ihren führenden Offizieren aus. Ihre Rolle blieb überwiegend passiv. Das ist schlimm

---

[21] Dies war Teil seiner Reaktion auf einen Vorschlag von Goebbels am 18. Juli 1944, den Krieg innenpolitisch weiter zu totalisieren. Vgl. ebd. Dülffer, Bündnispartner, S. 297.

[22] Vgl. Franz W. Seidler, Verbrechen an der Wehrmacht, Kriegsgreuel der Roten Armee 1941/42, Selent 1998.

genug, wird mancher sagen und nicht unrecht haben. Es ist aber erstens auch diese passive Schuld in den meisten Fällen kaum nachzuweisen, wie etwa der Manstein-Prozeß gezeigt hat, wo selbst dem Oberbefehlshaber der Heeresgruppe Süd nicht nachgewiesen werden konnte, er habe von den Morden der Einsatzgruppe D an der jüdischen Bevölkerung gewußt. Manstein hätte es wissen sollen, sagte das Gericht am Schluß und warf ihm Fahrlässigkeit vor. Das mag zutreffen, es ist jedoch zugleich zweitens etwas völlig anderes, als die Ausstellung behauptet. Darum wird es im folgenden gehen: Die Wehrmachtsführung billigte die speziell nationalsozialistischen Ziele des Weltanschauungskriegs nicht, sie hat nicht die Initiative zu deren Durchsetzung ergriffen.

Abschließend noch eine methodische Bemerkung. Es sei in der Wissenschaft legitim, eine zugespitzte These zu präsentieren, hieß es im Umfeld der ersten Wehrmachtsausstellung und der Untersuchungsbericht der Kommission zu dieser Ausstellung hat sich dieser Auffassung angeschlossen. Deshalb sei es auch in Ordnung, wenn die Wehrmachtsausstellung einseitig nur belastendes und ihre These stützendes Material bringe, entlastendes Material dagegen bewußt weglasse. So könne eine Diskussion provoziert werden, die dann wieder der Wissenschaft diene und am Ende zu einem ausgewogenen Ergebnis führe. Das ist in der Tat ein übliches Vorgehen innerhalb kontroverser Wissenschaft, ganz besonders in den Geisteswissenschaften. Es als zulässige wissenschaftliche Strategie im öffentlichen Raum zu bezeichnen, ist aber beinahe ein Scherz. Beobachter wie Bogdan Musial reagierten auf diese Ausführungen der Kommission zur Arbeit der Ausstellung denn auch mit mildem, aber kaum versteckten Spott:

> Ferner waren sechs von acht Kommissionsmitgliedern bei der alten Ausstellung nicht nur emotional, sondern auch organisatorisch involviert. Sie bürgten mit ihrer eigenen wissenschaftlichen Autorität für deren Seriosität. Daher waren sie durchaus interessiert, das Ausmaß der Verstöße gegen die Wissenschaftlichkeit herunterzuspielen, und das taten sie auch.
>
> Insbesondere ihre Definition der Wissenschaftlichkeit verdient, in die Geschichte einzugehen. So bescheinigte die Kommission der alten Ausstellung Seriosität, wobei sie "wissenschaftliches Arbeiten" auf die "richtigen" Thesen und "erhebliches Arbeitspensum" reduzierte. Daß die Macher der alten Ausstellung offenkundig Bildlegenden frei erfanden oder etwa sogenannte Bildgeschichten "montierten", spielte keine Rolle. In diesem Zusammenhang wurde der Vorwurf der Manipulation erhoben, und die Kommission hat ihn in verklausulierter Form bestätigen müssen. Man sprach von "abweichenden Bildlegenden".[23]

Aber auch jenseits von gezielten Manipulationen ist die bloße einseitige Auswahl des Materials in der Öffentlichkeit bereits nicht akzeptabel. Eine Ausstellung, die auf ein Massenpublikum von Laien zielt, ist etwas

---

[23] So Musial in einem Artikel für die Frankfurter Allgemeine Zeitung zur Neueröffnung der Ausstellung vom 1. Dezember 2001. Zu "wissenschaftlichem Fehlverhalten" und dem Hintergrund der Gutachter vgl. auch v. Ow, Ausstellung, S. 6-22.

anderes als eine zugespitzte Auseinandersetzung im philosophischen Oberseminar. Mit guten Gründen läßt sich deshalb bezweifeln, ob zur Annäherung an solche Themen eine Ausstellung überhaupt geeignet ist. Ungeheuer umfangreiche, selbst für Fachleute schwer einzuschätzende und deshalb umstrittene Zusammenhänge können nicht "ausgestellt" werden, zumal wenn sie wie in diesem Fall mehrere Jahre, mehrere Millionen Menschen und einen halben Kontinent repräsentieren sollen.

Alleine der Umfang der neuen Ausstellung bestätigt das. Auch für einen zügigen Leser sind mehrere Tage nötig, um die Texte der Ausstellung durchzugehen und die Bilder zu betrachten. Wer sich mit der Konzeption und Beurteilung von Ausstellungen auseinandergesetzt hat, dem ist bekannt, daß die Aufmerksamkeitsspanne des Besuchers solcher Ausstellungen kaum mehr als zwei Stunden beträgt. Gesetzt den Fall, es würde sich um einen sehr aufmerksamen Besucher handeln, und er käme vielleicht sogar noch einmal wieder, dann würde er nach insgesamt fünf bis sechs Stunden aufmerksamen Studiums immer noch kaum zehn Prozent der Wehrmachtsausstellung wahrgenommen haben können. Eine kritische Würdigung der gesamten neuen Ausstellung und ihrer Dokumente ist durch einen Besuch daher praktisch unmöglich zu erreichen. Ulrike Jureit, die Sprecherin des Ausstellungsteams hat das in einem Gespräch mit der "Zeit" auch eingeräumt:

> Es gibt die Möglichkeit, über zentrale Einleitungstexte die wesentlichen Inhalte innerhalb eines 60minütigen Rundgangs zu erfassen. Und dann hat der Besucher Gelegenheit, bei einzelnen Themen, die ihn besonders interessieren, in die Tiefe zu gehen. Die Ausstellung wird vielleicht nur in Teilen rezipiert. Das ist aber auch durchaus möglich. Es ist nicht notwendig, vorne anzufangen und hinten aufzuhören.[24]

Tatsächlich soll der Besucher also etwa eine Hälfte seiner Aufmerksamkeitsspanne von zwei Stunden die von den Ausstellern selbst geschriebenen Texte lesen und sich ansonsten auf sehr kleine Stichproben beschränken. Das werden die meisten wahrscheinlich auch tun, so daß den Einleitungstexten und ihrem Verhältnis zu den präsentierten Dokumenten besondere Bedeutung zukommt. Wie oben gesagt, widersprechen die Dokumente nicht selten dem Text, was aber bei einem Besuch angesichts der Materialfülle beinahe gar nicht erkennbar ist. Dahinter mag im Fall des Hamburger Instituts Methode stecken oder nicht, in jedem Fall spricht es prinzipiell gegen das Medium "Ausstellung" als nützlichem Ort kontroverser Diskussionen über Geschichtswissenschaft - auch bei gutem Willen während der Konzeption. Ein Medium wie eine Ausstellung ist für eine Kontroverse kaum geeignet. Wer in eine Ausstellung geht, will sich informieren und eine Darstellung sehen, kurz und bündig.

---

[24] Zit. n. Die Zeit, 29. November 2001.

Sehr leicht wird dann dem Besucher in diesem Rahmen etwas als Wahrheit präsentiert, was tatsächlich Gegenstand ausgedehnter und sehr spezieller Fachdiskussionen ist. Es sei in diesem Zusammenhang etwa an die erbitterte Kontroverse über die Stuttgarter Troja-Ausstellung des Jahres 2002 erinnert. Die Bilder - in diesem Fall ein Modell Trojas - gaben dem Besucher den plastischen Eindruck einer anscheinend gut erforschten Vergangenheit, die jedoch von anderen Forschern mit guten Gründen ganz anders gesehen wird. Solche Fachdiskussionen werden von dem Anblick jener klaren Darstellung mühelos überlagert, den der Besucher mit nach Hause nehmen wird. Wer seine Ansicht so plastisch sichtbar werden lassen kann, setzt Normen, selbst wenn er es vorsichtig tut. Das Modell wurde deshalb heftig angegriffen, mit einer unter Archäologen sonst nicht unbedingt üblichen Wortwahl und einer ungewöhnlichen Resonanz in den großen Tageszeitungen. Trotz der Bemühungen der Ausstellungsleitung, den Stand der Forschung ausgewogen zu zeigen, kam es zum Streit.

Auf Ausgewogenheit war bei der Wehrmachtsausstellung gleich in der Konzeption verzichtet worden und das gilt auch für die neue Fassung. Einmal davon abgesehen, daß die oben erwähnten Einwände der eingesetzten Historikerkommission gegen die "Billigungsthese" der Ausstellung bei der Überarbeitung nicht berücksichtigt wurden, wird darüber hinaus erneut auf andere Elemente verzichtet, die für ein Gesamtbild zwingend berücksichtigt werden müßten. Wie nötig dies wäre, hat ebenfalls bereits eine eigens für die Begutachtung der alten Ausstellung einberufene Fachtagung von Historikern festgestellt:

> Die Ausstellung "Vernichtungskrieg. Verbrechen der Wehrmacht 1941-1944" stellt ausschließlich und bewußt die verbrecherischen Befehle auf deutscher Seite und ihre Ausführung ... dar. Diese sind ein entscheidendes Segment ..., aber für eine *Gesamt*bewertung müssen weitere Kriterien hinzukommen. Für eine objektive und umfassende Bewertung des Verhaltens deutscher Soldaten und der Wehrmacht insgesamt ist die Einbettung in die damalige politische und zeitgeschichtliche Situation unverzichtbar. Werte wie Gehorsam, Tapferkeit und Pflichtbewußtsein hatten ... eine andere Bedeutung als heute.
>
> Das wichtigste Kapitel des Widerstands gegen Hitler, der zu einem wesentlichen Teil von Offizieren der Wehrmacht getragen wurde, gehört ebenfalls zur Gesamtbewertung.[25]

So lautete das Urteil einer Fachtagung, die der Bremer Senat vor der dortigen Eröffnung der Ausstellung einberufen hatte. Teilgenommen haben damals neben Fachhistorikern wie Hans-Adolf-Jacobsen und Günther Gilessen auch Hannes Heer und Jan Philipp Reemtsma. Geändert hat das nichts. Nicht nur wurde die alte Ausstellung unverändert weiter gezeigt, auch die Neukonzeption berücksichtigt weder die politische Gesamtsituation, noch die verbrecherischen Befehle und Praktiken auf sowjetischer Seite, noch den damals höheren Rang von Pflichtbewußtsein als soldatischer und allgemein bürgerlicher Tugend.

---

[25] Abschließende Erklärung des Bremer Senats vom 4. März 1997, zit. n. Katalog, S. 700.

Selbst der Widerstand gegen Hitler seitens der Wehrmachtsführung findet keine eigene Würdigung. Die Ausstellung präsentiert in ihrer zweiten Variante erneut bewußt eine einseitige Position, keine ausgewogene Gesamtbewertung.

Das dürfte sich kaum als Versuch zur Belebung einer Diskussion deuten lassen. Wissenschaftliche Diskussion der oben geschilderten Art setzt ein geschultes Gegenüber voraus, das diese Debatte führen oder überhaupt erst erkennen kann. Die mehreren hunderttausend Schüler etwa, die den Besuch der alten Ausstellung über sich ergehen lassen mußten, waren zu der Erkenntnis, daß es sich um eine einseitige Darstellung handelt oder zu einer Auseinandersetzung mit ihr überwiegend nicht in der Lage. Sie mußten zunächst als Wahrheit nehmen, was ihnen als Wahrheit präsentiert wurde, und zwar wenn nötig auch gegen ihren Widerspruch, denn manche Schüler hatten durchaus etwas Hintergrundwissen, das den Inhalt der Ausstellung in Frage stellte:

> Die Einstellung zu dem Gezeigten war in einigen Fällen durch die Art der Vorbereitung einer LehrerInnen ... vorgeprägt. Dies führte dazu, daß die gängige Kritik an der Ausstellung (gefälschtes Quellenmaterial, Pauschalverurteilung von Wehrmachtsangehörigen usw.) und sogar revisionistisches Gedankengut in unreflektierter Weise hinausposaunt wurden. Im allgemeinen waren die SchülerInnen aber durchaus aufgeschlossen für die Vermittlung des wissenschaftlichen Forschungsstandes, der durch die Ausstellung illustriert wird. (sic!)[26]

Dies die Aussage von Christian Flandera, einer von zehn "BegleiterInnen" der Ausstellung. Von Ermunterung der Schüler zu Kritik und kontroverser Diskussion konnte keine Rede sein. Die einseitige Aussage der Ausstellung wurde statt dessen bewußt als jener "wissenschaftliche Forschungstand" ausgegeben, den sie tatsächlich gezielt verschwiegen hatte. An die so vermittelten "Erkenntnisse" wurden dann pädagogische Fragestellungen geknüpft wie diese:

> Wie können Menschen manipuliert werden? Welche Faktoren führen zu Vorurteilen, wie werden Vorurteile genährt, wie können sie abgebaut werden? Unter welchen Bedingungen sind Menschen zu Verbrechen gegen die Menschlichkeit fähig?[27]

Was hier dann doch aussieht, wie eine Anregung zum selbsttätigen Denken, erreicht die wesentliche Ebene gar nicht mehr: Die Frage, ob die ausgestellten Fotos überhaupt Verbrechen zeigen, galt in der Ausstellungspräsentation offenkundig als revisionistisch und frivol. Es wurde jeder Versuch unternommen, durch die Präsentation und den dazugehörigen Kommentar eine Stimmung zu erzeugen, in der sie nicht gestellt werden würde. Das wurde auch auf so mancher Fachtagung erreicht, wo ebenfalls Fragen von medialer Gestaltung und Vermittlungsproblemen eifrig diskutiert wurden, über die Beweislage aber

---

[26] Zit. n. Embacher, Erinnerung, S. 215.

[27] Zit. n. Embacher, Erinnerung, S. 216 f.

weitgehend Schweigen herrschte. Hannes Heer hat deshalb nicht zufällig gerade auf einer Fachtagung ohne besondere Reaktion der Anwesenden eingeräumt, daß Quellenkritik an den Fotos seiner Meinung nach die Ausstellung unmöglich machen würde:

> Die Fotos sind gemacht worden auf dem Vormarsch, ..., sie sind gemacht worden auf dem Rückmarsch. Sie sind auch in den Pausen des Krieges gemacht worden, aber sie sind nicht als historische Dokumente gemacht worden. Deshalb zu verlangen, die Fotos müßten analysiert werden: Wer hat sie gemacht? Wann sind sie gemacht worden? Was ist auf ihnen dargestellt? Das heißt Geschichte unmöglich machen.[28]

Nun läßt sich nicht ernsthaft etwas behaupten, wenn kein Beleg dafür vorliegt. Es läßt sich auch aus einem vorhandenen Foto-Dokument keine beliebige Behauptung über vergangene Ereignisse ableiten. Diese Einsicht macht "Geschichte"[29] nicht "unmöglich", sondern trennt sie ja gerade von der Legende, der Fiktion und dem Machwerk. Sie ist ihre Basis. Diese Basis wurde bei der Präsentation der Ausstellung offenbar bewußt verlassen.

Innerhalb dieser Präsentation waren so groteske Ausführungen zu finden wie der explizite Vorwurf, es seien auf den Nachkriegstiteln deutscher Bücher und Illustrierten die Hakenkreuze gelöscht worden. Das sei eine Vertuschung der Existenz des NS-Regimes gewesen.[30] Man mag sich die Vorwürfe der Ausstellung kaum ausmalen, wäre damals in den Redaktionen anders vorgegangen worden und die Hakenkreuze wären an ihrem Platz geblieben. Es war den Ausstellern wohl entgangen, daß die noch von den Alliierten erlassenen und von der Bundesrepublik übernommenen Gesetze das Zeigen von NS-Zeichen aller Art untersagten. Diese Qualität von Behauptungen verschiedener Art fand sich in der ganzen Ausstellung immer wieder. Sie ist für Schüler und ein durchschnittliches Publikum schwer zu durchschauen.

Auch setzt jede noch so provokante Debatte im übrigen immer eine sachlich (an)greifbare Argumentation voraus. Dagegen hat die alte Ausstellung allein durch die Form der Präsentation verstoßen. So dauerte es bis zur vierten Auflage des Katalogs der ersten Ausstellung, bis 1999 - vier Jahre nach Eröffnung - wenigstens die Elementarregeln des historischen Proseminars beachtet wurden und man Quellenangaben über die Herkunft der Bilder und Texte aufnahm. Diese Angaben sind das selbstverständliche Element jeder geschichtswissenschaftlichen Auseinandersetzung und ihr Fehlen allein ist schon ein klarer Hinweis auf die unwissenschaftliche Arbeitsweise der Ausstellung. Gegen unbelegte

[28] Heer auf der Fachtagung in Bremen am 26. Februar 1997, zit. n. Thiele, Wehrmachtsausstellung, S. 91.

[29] Heer meint an dieser Stelle offenbar "Geschichtswissenschaft".

[30] Vgl. Heer, Vernichtungskrieg, S. 9.

Falschaussagen läßt sich nicht argumentieren und mit Beleidigungen von Toten und Lebenden sowie mit pauschalen Mordvorwürfen an Armeeangehörige kann zweifellos eine Diskussion provoziert werden, aber sie wird niemals wissenschaftlichen Charakter haben.

Geschichtspolitik im Dienst der 'political correctness'

Nun darf man wohl annehmen, daß dies den Ausstellungsmachern auch bewußt gewesen ist. Die Ausstellung macht in beiden Varianten keineswegs den Versuch, mit ihren Besuchern eine provokante wissenschaftliche Debatte zu führen. Die ganze Anlage des Konzepts mit seiner Dialektik zwischen der "Legende" von der sauberen Wehrmacht, die es bisher gegeben haben soll und der "Aufklärung", die nun durch die gerade besuchte Ausstellung angeblich stattfindet, schließt eine Auseinandersetzung der oben von den Ausstellungsmachern skizzierten Art aus. Die Ausstellung tritt gegenüber den Besuchern mit einem fast schon lächerlich überzogenen Wahrheitsanspruch auf, nicht als strittiger Diskussionsbeitrag. Das Ziel besteht nicht in Aufklärung, sondern wird in der Bestätigung der Klischees eines politisch korrekten Geschichtsbild erreicht, wie dies auch bei der ersten Ausstellung der Fall war:

> Das Gefühl, 'gewonnen zu haben', ist wohl in erster Linie der zeitlichen Abfolge der Veranstaltungen zuzuschreiben. Sowohl in der Berufsschule als auch in Kassel waren meine/unsere Gesprächspartner Angehörige der dritten Generation. Was wir von ihnen erfahren haben, war die unauffällige Etablierung der political correctness: ein anderer Ton im Umgang mit der deutschen Vergangenheit, ein anderes Bild - in ihm waren die Alten nicht mehr präsent, die uns allen in der Paulskirche so große Probleme bereiteten. Was wäre, wenn am Ende dieser Diskussionssequenz nicht die dritte Generation stünde? ... An den Alten, gegen sie, bildet sich die Kerngruppe der 'Richtigen'.[31]

Auf bestem Weg, die political correctness erfolgreich durchzusetzen, ist die Ausstellung denn auch dann, wenn Schulklassen durch die Präsentation geführt werden und von den 'Alten' nur ein Hintergrundschema vorhanden bleibt, in dem sie als Verbreiter von Legenden wahrgenommen werden. Nirgendwo wird dann gesagt, daß die Auswahl der Zitate und Fotos einseitig getroffen wurde und daß man zur Klärung und für ein Gesamtbild auch andere Literatur und Bilder hinzuziehen müßte. Die Ausstellung will im Gegenteil, wir werden gleich darauf kommen, einen "Beweis führen" und klagt die in Aussicht genommene Gegenseite gleich zu Beginn der Legendenbildung und Vertuschung an.[32] Dies ist eine im Umfeld des Hamburger Instituts

---

[31] So die Beobachtung bei begleitenden Gruppendiskussionen zur ersten Ausstellung von Christian Schneider und Cordelia Stillke, zit. n. HIS, Besucher, S. 208 f.

[32] Überhaupt scheint 'Legende' einer der Lieblingsbegriffe im Umfeld des Hamburger Instituts zu sein. Er wird vielfältig eingesetzt. Auch Bernd Greiner etwa veröffentlichte in der Hamburger Edition 1995 unter dem Titel "Die Morgenthau-Legende" einen Band zur "Geschichte eines umstrittenen Plans". Anders als der Titel vermuten läßt, bringt er sachlich

vielfältig eingesetzte Argumentationsfigur, die Jan Philipp Reemtsma etwa auch in seiner Laudatio anläßlich der Verleihung des Demokratie-Preises der 'Blätter für deutsche und internationale Politik' an Daniel Goldhagen beispielhaft in einen Dreischritt eingebaut hat. Eingangs beklagte er, es sei eine "Legende", daß Goldhagen von einer Kollektivschuld der Deutschen geschrieben habe, um nur zwei Seiten weiter davon zu sprechen, Goldhagens große Leistung sei die Frage, weshalb "die Deutschen (!) einen Genozid begingen, duldeten oder geflissentlich übersahen" und dann einen Abschnitt später als Schlußstein hinzusetzen, wer andere Fragen stelle (das haben praktisch alle ernsthaften Historiker und selbst das Nürnberger Tribunal getan), sei eigentlich immer "vom Wunsch nach Verleugnung" geleitet, und sei er politisch noch so "vollkommen unverdächtig".[33]

Man schwankt bei dem Urteil darüber, ob dies als Ausdruck verworrenen Denkens oder einfach nur als boshafte Polemik einzuschätzen sei. In jedem Fall trafen diese Sätze eher den Geschmack des Publikums als Goldhagen unmittelbar anschließendes Lob für die heutige deutsche politische Kultur. Dies war nicht das, was das Auditorium hören wollte, selbst wenn Goldhagen den Deutschen eigentlich nur dafür gratulieren wollte, "umerzogen" zu sein und energisch darum bat, sie möchten dies auch bleiben. Bei jedem anderen Redner hätte das Publikum ob der positiven Diagnose seinem "Unmut Luft gemacht".[34] So blieb man stumm und wünschte sich vielleicht die Zeit zurück, als der Pahl-Rugenstein-Verlag und seine 'Blätter für deutsche und internationale Politik' noch von der SED "finanziell ausgehalten" wurden,[35] und Lobreden auf das bundesdeutsche Establishment dort nicht anhört werden mußten.

---

wenig neues. Er beschränkt sich darauf, ein anderes Bild des Morgenthau-Plans zu zeichnen. Originellerweise rechtfertigt er ihn und die damit beabsichtigte Zerstörung der deutschen Industrie. Seine Kritik gilt der aus seiner Sicht offenbar ärgerlichen Selbstkontrolle eines demokratischen Staatswesens wie der USA, die in diesem Fall den vom Finanzminister seinem Präsidenten aufgedrängten Plan zunächst verwässerte und dann außer Kraft setzte. Es sind solche im Grunde simplen Perspektivwechsel, mit denen seitens des Hamburger Instituts die Forschung und Überlieferung der letzten Jahrzehnte zur 'Legende' heruntergedrückt werden soll, der dann, unter weitgehender Ignoranz gegenüber einem bedeutenden Teils der vorherigen Forschung eine selbstkonstruierte 'Wahrheit' entgegengesetzt wird.

[33] Vgl. Reemtsma, Fragen, S. 151 u. S. 153 f. Reemtsma zieht im weiteren eine Parallele zwischen dem Erfolg von Goldhagens "willigen Vollstreckern", den Klemperer-Tagebüchern und der ersten Wehrmachtsausstellung. Zusammengenommen zeige das eine kollektive Bereitschaft, die dort gegebenen Antworten zu akzeptieren. Diese Feststellung trifft Reemtsma wohl zu Recht. Allerdings scheint er die Akzeptanz dieser Antwort als Beleg ihrer 'Wahrheit' mißzuverstehen, ein kategorischer Fehlschluß, der bei einer allgemeineren Anwendung beispielsweise alle bestehenden und allgemein akzeptierten gesellschaftlichen Vorurteile für 'wahr' erklären würde.

[34] Vgl. Reemtsma, Fragen, S. 163.

[35] Vgl. Geiss, Hysterikerstreit, S. 171.

Beiläufig entpuppt sich bei solchen Anlässen die heute häufige Beschwörung der Kollektivschuldthese als Bedienung und Stärkung eines Klischees der deutschen Gesellschaft von sich selbst, das so attraktiv ist, daß es auch mit platten Argumentationslinien vorgetragen werden kann. Bei der Arbeit an der Wehrmachtsausstellung hat ähnliches Vorgehen in jedem Fall Tradition, besonders die Abqualifizierung von Andersdenkenden. Schon für das alte Ausstellungsteam galt als 'Leugner', wer immer den dort ausgebreiteten Klischees widersprochen hat und sei es der frühere Bundeskanzler Helmut Schmidt.[36] Aus der Sicherheit der eigenen Vorurteile trauten sich die Ausstellungsmacher nicht heraus - und bezeichneten ihre Kritiker gleichzeitig als 'Philister'. Mit Wissenschaft hat das wenig zu tun, es ist ein Prozeß gegen einen toten Angeklagten, dem der Verteidiger verweigert wird.

Die Konstruktion einer Legende

Die deutsche Militärgeschichtsschreibung ... weigert sich aber einzugestehen, daß die **Wehrmacht an allen Verbrechen aktiv und als Gesamtorganisation beteiligt** war. Die Ausstellung will genau diesen Beweis führen. ...

Und sie demonstriert die Schwierigkeit dieser Beweisführung: **Von Beginn an versuchte die Wehrmacht, die Spuren ihrer Verbrechen zu verwischen und die Erinnerung daran zu beseitigen.**

Die Legendenbildung der Nachkriegszeit setzte diese Politik nur fort. Daß dies - zum Beispiel in der Traditionspflege der Bundeswehr - auch heute noch geschieht, ist ein bestürzender Gedanke, der über die Ausstellung hinausweist.[37]

Dies war also der Einstieg in die erste Ausstellung, an deren Thesen die neue Ausstellung ja festhalten will. Sie tut es gleich ganz praktisch, indem sie die von ihr verdammte Literatur dem Ausstellungsbesucher komplett vorenthält. Innovativ wird sie dadurch dennoch nicht. Sie stützt sich auf Dokumente, die dem Nürnberger Gerichtshof 1945 vorlagen, sowie auf Autoren wie Alexander Dallin und Helmut Krausnick, die ebenfalls schon in den fünfziger und sechziger Jahren publiziert haben.[38] Andreas Hillgruber, Hans-Adolf Jacobsen, P.E. Schramm, Jost Dülffer, Manfred Funke, Joachim Hoffmann und viele andere bekannte Historiker, die sich zeitgleich oder später mit der Materie beschäftigt haben und zu anderen Einschätzungen gekommen sind, finden sich dagegen in ihrem

---

[36] Hannes Heer zu Helmut Schmidts Äußerungen: "In einem Interview vom Oktober 1995 ... leugnet er nicht nur sein Mitwissen am Judenmord, sondern behauptet auch, vom millionenfachen Tod sowjetischer Kriegsgefangener und als partisanenverdächtig geltender Zivilisten ... erst nach 1945 erfahren zu haben." Zit. n. Manoschek, Wehrmacht, S. 117.

[37] Aus der Einleitung der Begleitbroschüre zur ersten Ausstellung, zit. n. HIS, Katalog, S. 690. Hervorhebung im Original.

[38] So läßt sich etwa das in dem Ausstellungsabschnitt "Handlungsspielräumen" erwähnte Beispiel dreier unterschiedlicher Reaktionsweisen, bereits bei Helmut Krausnick nachlesen. Vgl. Krausnick, Truppe, S. 248.

Literaturverzeichnis nicht. Doch nicht nur einem wesentlichen Teil der deutschen Militärgeschichte wird unterstellt, bewußt das Eingeständnis einer klaren Erkenntnis zu verweigern und damit praktisch zu leugnen.

Selbst neue, innovative und ausländische Literatur wie Bogdan Musials Veröffentlichungen über den sowjetischen Anteil an der Eskalation des Krieges sucht man dort vergebens. Dabei liefert Musial exakt zu der Thematik der Ausstellung einen wesentlichen Beitrag, hat sich intensiv mit der alten Ausstellung beschäftigt und wurde wegen seiner Kompetenz in diesem Bereich auch von der Reemtsmaschen Historikerkommission gehört. Eingearbeitet wurden seine Erkenntnisse dennoch nicht, worauf wir später an manchen Stellen noch zurückkommen werden. Sich solchermaßen über einen Großteil der Fachliteratur und über alle Einwände hinwegsetzend behauptet die Ausstellung erneut, es gebe eine Legende von der "sauberen Wehrmacht", die es zu zerstören gelte. Als 'Beginn einer Legende' wird folgerichtig der letzte Wehrmachtbericht vom 9. Mai 1945 dargestellt, wo es hieß:

> Die deutsche Wehrmacht ist am Ende einer gewaltigen Übermacht ehrenvoll unterlegen. Der deutsche Soldat hat, getreu seinem Eid, im höchsten Einsatz für sein Volk für immer Unvergeßliches geleistet. ... Die einmalige Leistung von Front und Heimat wird in einem späteren gerechten Urteil der Geschichte ihre endgültige Würdigung finden. Den Leistungen und Opfern der deutschen Soldaten zu Land, zu Wasser und in der Luft wird auch der Gegner die Achtung nicht versagen.[39]

Das tat der Gegner auch nicht. In der angelsächsischen Militärgeschichtsschreibung ist die Anerkennung der deutschen militärischen Leistungen geradezu ein Gemeinplatz geworden. Für die Reaktion während und nach dem Krieg mag ein Urteil von Winston Churchills Sekretär Colville stehen, der aus der Kenntnis ungezählter Informationen und auch aus eigener Fronterfahrung schrieb:

> Man muß dem Mut und der Standhaftigkeit der deutschen Soldaten allen Respekt zollen. Zunächst für eine ungerechte Sache angetreten, kämpften sie nun verbissen um das Überleben ihres Landes - gegen die Übermacht des gesamten britischen Weltreichs, der USA und der Sowjetunion, unterlegen in der Luft und allein schon dadurch im Nachteil, daß wir durch unsere Dechiffreure ... von allen ihren beabsichtigten Operationen im voraus Bescheid wußten. Ihre Stärke betrug höchstens ein Siebtel derer, die sich gegen sie verbündet hatten und denen die nie versiegende Nachschubquelle der Vereinigten Staaten zur Verfügung stand. Es bedeutet keine Verunglimpfung der britischen, amerikanischen und russischen Truppen, die im Zweiten Weltkrieg - genauso wie im Ersten - kämpften, wenn man feststellt, daß die deutschen Soldaten die besten der Welt waren.[40]

Colville sagte das nicht aus blinder Romantik. Es war eine sachliche Anerkennung der Realität. Über seinen Tisch waren auch Informationen über deutsche Kriegsgreuel gegangen. Er war bei Fronteinsätzen selbst

---

[39] Der deutsche Wehrmachtbericht, Bd. 3, S. 569, hier zit. n. HIS, Katalog, S. 639.

[40] Zit. n. Colville, Tagebücher, S. 357.

Zeuge von Verstößen gegen das Kriegsrecht geworden. Colville und mit ihm Winston Churchill waren sich aber bewußt, daß zwischen dem NS-Regime und der Wehrmacht unterschieden werden konnte und erst der alliierte Druck, verbunden mit der immer deutlicher werdenden Aussicht auf die Vernichtung Deutschlands beide Parteien zusammenschweißen mußte. Churchill wußte, was der Morgenthau-Plan und die Forderung nach bedingungsloser Kapitulation bedeuteten:

> Er (Churchill) bemitleidete die Deutschen, die jetzt mit dem Rücken zur Wand kämpfen müßten und meinte: "Wenn ich ein Hunne wäre, würde ich rennen was das Zeug hält, um Hitler zu Hilfe zu kommen."[41]

Genau dies taten viele Deutsche offenbar auch angesichts der alliierten Vernichtungspläne, die sich früh seit 1939 in Teilungs- und Vertreibungsabsichten geäußert hatten und von der nationalsozialistischen Propaganda ja auch ausgiebig dargestellt wurden. Die Politik der großen Drei zielte auf die Zerschlagung Deutschlands sowie auf die Auslöschung Ostdeutschlands und nahm den Tod von Millionen Deutschen nur als nützliches Mittel zum Erreichen dieser Ziele wahr, wie der Dialog zwischen Stalin und Churchill in Jalta anschaulich zeigt:

> Churchill: Then there is a problem of how to handle them (d.h. die Vertriebenen,, d. Verf.) in Germany. We have killed six or seven million and probably will kill another million before the end of the war.

> Stalin: One or two?

> Churchill: Oh I am not proposing any limitation on them. So there should be room in Germany for some who will need to fill the vacancy.[42]

Den deutschen Soldaten stand dieser kalkulierte Tod über die alliierte Luftkriegsführung täglich vor Augen. Dieser existentiellen Situation der Soldaten wird die Ausstellung nicht gerecht, sie wird in dem dahinterstehenden intellektuellen Milieu gar grundsätzlich verneint. Dies entwickelt mittlerweile Tradition, denn seit etlichen Jahren beginnt sich ein unpolitischer Mythos geradezu zu einer Lebenslüge der Bundesrepublik auszuwachsen, nach dem es alliierte Feindschaft gegen Deutschland nie gegeben habe und der ganze Zweite Weltkrieg als Operation des guten Willens 'Vereinter Nationen' erscheint. Ganz im Gegenteil zu Colvilles Anerkennung hat beispielsweise der bloße Versuch Andreas Hillgrubers, sich als deutscher Historiker in die Motive deutscher Soldaten für den Winter 1944/45 hineinzufühlen und ihren fortgesetzten Widerstand gegen den militärischen Gegner zu erklären, 1986 jenen 'Historikerstreit' kreiert, der sich im Nachhinein als Auftakt zur Wehrmachtsausstellung liest.

---

[41] Churchill am Donnerstag, den 20. April 1944, zit. n. Colville, Tagebücher, S. 347.

[42] Zit. n. Department of State: Foreign Relations of the United States. Diplomatic Papers (1.), The Conferences at Malta and Yalta, Washington 1955, S. 720.

Dem wissenschaftlichen Beirat der Ausstellung sitzt mit Prof. Hans Mommsen ohnehin einer der Hauptprotagonisten von damals vor, der mit seiner damaligen Einlassung, die stalinistischen Massenmorde ließen sich anders als die Ermordung der Juden auf "immerhin erklärliche feindselige Gefühle" zurückführen,[43] den Tiefpunkt der Diskussion markierte. Stärker läßt sich der kalkulierte Mord an wahrscheinlich vierzig Millionen Menschen kaum noch banalisieren. Mommsen ging auch nicht ins Detail, benannte weder die Gruppe, die feindselige Gefühle gehabt habe, noch wem gegenüber dies so gewesen sein soll, noch Gründe, die dies "erklärlich" machen könnten. Es wäre unmöglich und Mommsen dürfte dies auch selbst kaum ernst meinen. So diente dies alles einem bloßen argumentativen Zweck, das Dritte Reich als "Sonderfall" jedem "Vergleich" zu entziehen und dafür müssen sich etwa die zu Millionen verhungerten Bauern der Ukraine eben schon einmal recht deutlich sagen lassen, Feindseligkeit ihnen gegenüber sei "erklärlich" gewesen und sie hätten ihren Tod daher bis einem gewissen Grad selbst zu verantworten.[44]

Jürgen Habermas, der damals an der Seite Mommsens gegen die angeblich bevorstehende konservative Wende in der Geschichtsschreibung polemisierte, konstruierte aus Andreas Hillgruber, Ernst Nolte, Klaus Hildebrand und Michael Stürmer eine Art intellektuelle Verschwörergruppe, die an der Apologie des Nationalsozialismus arbeite und zwar bewußt mit politischen Zielen.[45] Mit dieser Konstruktion gab er die Richtung vor, in die sich auch die Ausstellung jenes Jan Philipp Reemtsma bewegt, den er sich fünfzehn Jahre später als Laudator gewünscht hat, als er den Friedenspreis des deutschen Buchhandels erhielt. Manches, was 1986 geschrieben wurde, könnte mit wenig Änderungen auch für die Ausstellung des Hamburger Instituts für Sozialforschung gelten, so etwa die Einschätzung von Immanuel Geiss:

> Mit der Art ihrer Attacken gegen angeblich oder wirklich neokonservative Historiker bedrohen Augstein und Habermas unseren wissenschaftlich-politischen Pluralismus - von der anderen Ecke: Sie drücken Andersdenkende in die Nähe des Nazismus (Augstein) und suggerieren dem arglosen Leser, der sich nicht die Mühe macht, vor allem Hillgrubers Originalzitate mit denen seiner Zensoren zu vergleichen, daß die Neo-Konservativen Faktum oder historische Relevanz der NS-Verbrechen leugnen oder bagatellisieren.[46]

---

[43] Vgl. Mommsen, Neues Geschichtsbewußtsein und Relativierung des Nationalsozialismus, in: Historikerstreit, S. 182.

[44] Vgl. dazu die Zusammenstellung von Immanuel Geiss zu Mommsens, Hans-Ulrich Wehlers und Jürgen Habermas' verharmlosenden Beschreibungen stalinistischer Mordtaten. "Noch nicht einmal die simpelste grundsätzliche Distanzierung vom Stalinismus konnte sich irgend ein 'Historikerstreiter' abringen." Zit. n. Geiss, Hysterikerstreit, S. 202.

[45] Vgl. den Habermas-Text in: Historikerstreit, S. 62-76.

[46] Immanuel Geiss, damals Professor für Geschichte an der Universität Bremen, in einem Leserbrief an den Spiegel, vom 20. Oktober 1986. Hier zit. n. Historikerstreit, S. 221.

Der Blick zurück auf den Historikerstreit braucht trotz allem nicht im Zorn zu erfolgen, eher in Trauer über so viel verlorene Illusionen. Die letzte war der Glaube an die demokratische Gesinnung und die Rationalität jenes Teils der Linken, der sich an Habermas orientiert.[47]

Man kennt dies alles in der Ausstellung wieder. Die irrationalen, psychoanalytisch "motivierten" Unterstellungen, die Ausblendung der stalinistischen Methoden, Ziele und Verbrechen, die aus dem Zusammenhang gerissenen und manipulierten Zitate, die Methode der Suggestion, die Behauptung, nur man selber treibe Wissenschaft und die anderen Geschichtspolitik, den Vorwurf der Leugnung an jeden, der anderer Meinung ist und natürlich den Versuch, ihn dann in die Nähe des Nationalsozialismus zu rücken oder wenigstens zu dessen Apologeten zu machen. Dahinter steht ein prägendes Vorurteil: Eine wirkliche Differenz zwischen Nationalsozialisten und Wehrmacht kann es danach nicht gegeben haben. Die bürgerliche deutsche Gesellschaft und die Wehrmacht als ihr 'militärisches Pendant' sollen als ganzes unter Faschismusverdacht gestellt werden.

In den verschiedenen Reden zur Ausstellungseröffnung wurde des öfteren darauf hingewiesen, daß nur das aufgeklärte Erinnern vor der Wiederholung schütze. Nun ist letzteres eine sehr beliebte Gedankenfigur. Sie wird gerade in Deutschland ungebrochen wiederholt, obwohl das Gegenteil nicht weniger richtig ist: Erst die permanente Erinnerung an die Vergangenheit verdammt die Nachlebenden dazu, sie ständig zu wiederholen. So notwendig es für eine Gesellschaft ist, "Geschichte" zu haben, so gefährlich ist es auch. Man möchte manchen Vertretern der Erinnerungs-These die Lektüre von Friedrich Nietzsches Unzeitgemäßer Betrachtung über den Nutzen und Nachteil der Historie empfehlen, aber das kann an dieser Stelle nicht ausdiskutiert werden.[48] Diskutiert werden muß dagegen die Redeweise von der 'Legende', jenes typischen Produkts

---

[47] Zit. n. Geiss, Hysterikerstreit, S. 232. Dies ist, um eine persönliche Bemerkung einzufügen, treffend bemerkt. Die intellektuelle und antidemokratische Selbstentlarvung der Linken in diesem Streit hat auch den Autor dieser Zeilen nachhaltig beeindruckt. Allerdings muß aus dem Rückblick von mehr als zehn Jahren nach dieser Bilanz von Geiss gesagt werden, daß er den Selbstheilungskräften der deutschen Historiker zu viel zugetraut hat. Sie lassen sich entgegen seiner Diagnose "den Mißbrauch ihrer akademischen und publizistischen Macht" von Habermas und anderen weiterhin bieten. Zit. n. Geiss, Hysterikerstreit, S. 231.

[48] Reemtsma ging in einem Vortrag auf Nietzsches Text ein und wies dessen Formulierung selbstverständlich zurück, "nur der, dem eine gegenwärtige Not die Brust klemmt, und der um jeden Preis die Last von sich abwerfen will, (habe) ein Bedürfnis zur kritischen, das heißt richtenden und verurteilenden Historie." Dabei läßt sich mit Nietzsches Satz treffend der zwanghafte Hintergrund der heutigen Auseinandersetzung mit der NS-Zeit und ihre absurde Dynamik begreifen, in der die Vorstellungen über das Dritte Reich statt präziser immer abwegiger werden und der "Widerstand gegen Hitler täglich wächst", wie Johannes Gross schon vor Jahren spöttisch bemerkte. Man habe in Deutschland heute keine "historisch verfaßte Gesellschaft", so Reemtsma dagegen. Weiter kann man kaum von der Realität entfernt sein. Vgl. Reemtsma, Fragen, S. 67 f.

einer Rhetorik, die dem Gegenüber eine passende und leicht zu widerlegende Behauptung unterstellt, die dieser gar nicht gemacht hat. Das ist im Fall der Ausstellung um so offensichtlicher, als Jan Philipp Reemtsma in seiner Argumentation anläßlich der Ausstellungseröffnung der Existenz einer 'Legende' selbst eine deutliche Absage erteilt hat:

> Versuche, eine Veteranenkultur aufzubauen wie nach dem Ersten Weltkrieg, scheiterten, anders als etwa in Österreich. Es war wie ein Vertrag: Schweigt von euren Heldentaten, und wir wollen von euren Verbrechen schweigen. ...
>
> Wer diesen Umstand zu Recht moralisch verurteilt, sollte sich übrigens gleichzeitig fragen, ob dieses kollektive Schweigen nur negative Folgen gehabt hat.[49]

Reemtsma hat an dieser Stelle durchaus Recht, widerspricht damit aber dem Konzept und der expliziten Aussage der von ihm selbst verantworteten Ausstellung. Es gab nach 1945 eben keine militärpolitischen Legenden, die es jetzt aufzuklären gäbe. Auch ist dies von namhaften Historikern klargestellt worden, wie ebenfalls von Horst Möller:

> Die Ausstellungsmacher behaupten, jahrzehntelang sei der Mythos einer sauberen Wehrmacht gepflegt worden, und sie würden nun antreten, erstmals das Gegenteil zu verkünden und in der Ausstellung zu beweisen. Dies ist falsch.[50]

Es gab die Legende der sauberen Wehrmacht nie. Erst das Hamburger Institut für Sozialforschung hat sie geschaffen, um sie widerlegen zu können. Wollen wir nun dem Ausstellungskatalog folgen und sehen, wie die neue Wehrmachtsausstellung gegen diesen selbsterzeugten Gegner vorgeht.

---

[49] Vgl. HIS, Krieg, S. 11 f.

[50] Horst Möller im Focus vom 25.10.1999.

Thesen der Ausstellung zur
Wehrmacht im NS-Staat

Krieg und Recht

Das im Zweiten Weltkrieg geltende Kriegsvölkerrecht bestand aus vertraglichen und gewohnheitsrechtlichen Regelungen. ... Das internationale Kriegsrecht verpflichtete Staaten zu seiner Einhaltung.[51]

Zunächst beginnt alles ganz sachlich. Der zu Anfang eingefügte Abschnitt 'Krieg und Recht' dokumentiert anfänglich in Auszügen die damals geltenden Regelungen des Kriegsrechts. Er zielt im Zusammenhang mit dem Thema der Ausstellung darauf ab, die Gültigkeit bestimmter rechtlicher Normen des Kriegsrechts für den deutsch-russischen Krieg von 1941 bis 1945 nachzuweisen. Erst auf dieser Basis kann ja von Verbrechen, also von Gesetzes- und Pflichtverletzung gesprochen werden. Nun kommt auch die Ausstellung nicht um die Aussage herum, daß die Sowjetunion dem Genfer Abkommen von 1929 nicht beigetreten war, daß also wesentliche Teile des Völkerrechts in einem Krieg gegen die UdSSR nicht gültig waren. Diese Aussage findet sich aber erstaunlicherweise gerade nicht im Kapitel über 'Krieg und Recht', wo sie unbedingt hätte diskutiert werden müssen, sondern wird nur in der Einleitung zum Katalog kurz gestreift.[52] Den Ausstellungsteil 'Krieg und Recht' kann man absolvieren, ohne mit der Tatsache konfrontiert zu werden, daß die UdSSR niemals bekundet hatte, sich an das geltende Völkerrecht halten zu wollen. Auch die Haager Landkriegsordnung, der das zaristische Rußland beigetreten war, war von den Bolschewiki gekündigt worden. Daß "ihre zentralen Regeln auch für das Deutsche Reich im Verhältnis zur Sowjetunion" galten, wie der Ausstellungstext schreibt,[53] ist eine kühne Interpretation. Sie ist in jedem Fall umstritten.[54] Ein Staat, der sich so ausdrücklich von allen völkerrechtlichen Regelungen distanziert hatte, wie es die UdSSR getan hatte und dies während des Krieges in unzähligen öffentlichen Erklärungen und Propagandaschriften wiederholte, konnte sich schwerlich auf deren Gültigkeit als "Gewohnheitsrecht" berufen.

Selbst wenn dies aber doch der Fall gewesen wäre und die Haager Landkriegsordnung in Teilen als Gewohnheitsrecht im Krieg zwischen

---

[51] Zit. n. HIS, Katalog, S. 15.

[52] Vgl. HIS, Katalog, S. 11.

[53] Vgl. HIS, Katalog, S. 16.

[54] Vgl. Betz, Landkriegsvölkerrecht, S. 65, der beide Positionen skizziert.

Deutschland und der UdSSR gültig gewesen sein sollte, wäre es für die Seriosität der Ausstellung unbedingt notwendig gewesen, auf das zentrale Element des Völkerrechts überhaupt und des Gewohnheitsvölkerrechts im besonderen hinzuweisen: den Grundsatz des 'tu quoque', des: wie du mir, so ich dir.

Alle völkerrechtlichen Regelungen werden üblicherweise aufgehoben, wenn sich eine Vertragsseite nicht mehr an sie hält. Das gilt auch für das geschriebene Recht und es erwies sich später beispielsweise als eine wesentliche Voraussetzung dafür, daß es der Wehrmacht gelang, die Kriegsgefangenen anderer Nationen als der UdSSR dem Zugriff des nationalsozialistischen Apparats zu entziehen. Das galt auch für die jüdischen Kriegsgefangenen. Zugespitzt gesagt: Die beste Chance, den Zweiten Weltkrieg zu überleben, hatte etwa ein polnischer Jude als Gefangener der Wehrmacht mitten in Deutschland. Alle Versuche des Reichssicherheitshauptamts, Zugriff auf diese Personen zu bekommen, wurden von der Wehrmacht abgeblockt, auch 1944 noch. Dabei konnte die Wehrmachtsführung eben auf die Gültigkeit der Haager Landkriegsordnung und der Genfer Konventionen im Verhältnis zu diesen Kriegsgegnern verweisen und den Grundsatz des 'tu quoque' anführen, der die Gefahr von Repressalien an deutschen Gefangenen in der Hand der Westmächte beinhaltete. Das genügte, um der SS den Zugriff zu verweigern.

Im Fall der UdSSR waren diese Einschränkungen nicht durchsetzbar. Der Sicherheitsdienst der SS erhielt Zugang zu den Gefangenenlagern und bekam Gefangene überstellt. Das ging ebenfalls direkt auf eine Anordnung Hitlers zurück, die sich in dem oft zitierten Satz äußerte:

> Wir müssen vom Standpunkt des soldatischen Kameradentum abrücken. Der Kommunist ist vorher kein Kamerad und nachher kein Kamerad.[55]

Unter 'Kommunisten' verstand Hitler selbst ausdrücklich nicht die gesamten Soldaten der Roten Armee, sondern deren politisierten Teil, also die Kommissare und Funktionäre, wohl auch allgemein die Juden, den er durch Isolation und Erschießung vom Rest der Armee trennen wollte, die danach seiner Meinung nach "willig und brauchbar" sein würde. Möglicherweise entstand gerade aus solchen Ideen überhaupt erst der berüchtigte Kommissarbefehl, dessen Sinn Hitler gegenüber dem bulgarischen Außenminister damit begründete, daß die Russen erst wieder Menschen würden „wenn diese bedauernswerten Kreaturen mit eigenen Augen sähen, daß ihre Kommissare erschossen worden wären".[56] Hier kulminierte das doppelte Klischee vom "jüdischen Bolschewismus" und vom "unfähigen Slawen" in einem Erschießungsbefehl, der auf Hitlers

---

[55] Zit. n. HIS, Katalog, S. 69.

[56] Ranki, Hitlers Verhandlungen, in: Hildebrand, Deutsche Frage, S. 213.

ureigene Vorurteile und seinen persönlichen Befehl zurückging. Die traditionellen Maßstäbe von Krieg und Recht wurden dagegen von der Wehrmacht nicht willkürlich außer Kraft gesetzt, sondern von ihr so weit wie möglich beachtet.

Das internationale Vertragsrecht

Am 22. Juni 1941 überfiel die deutsche Wehrmacht die Sowjetunion.[57]

In dem Ausstellungsabschnitt über 'Krieg und Recht' fehlt jede Beschäftigung mit der politischen Vorgeschichte des deutschen Angriffs auf die Sowjetunion und den damals gültigen internationalen Verträgen. Lediglich die Redewendung "Überfall" impliziert bereits, daß in der Aufnahme von Kampfhandlungen gegen die Sowjetunion ein drastischer Rechtsbruch gesehen werden soll. Nun kommt eine ins Allgemeine und Völkerrechtliche gehobene Abhandlung über "Wehrmachtsverbrechen" kaum daran vorbei, auch diesen Komplex zu behandeln. Er ist ja extrem wichtig für die Frage nach der Berechtigung des Krieges, den deutsche Soldaten in Rußland führten und für die Einschätzung ihrer Motive.

Gerade der deutsche Angriff auf die Sowjetunion zeigt, wie wenig geeignet das internationale Vertragsrecht zur moralischen und selbst zu einer neutralen rechtlichen Beurteilung solcher kriegerischen Konflikte ist. Es gab damals und gibt bis heute keine überstaatliche Macht, die einen Rechtsbruch feststellen oder die Einhaltung rechtlicher Maßstäbe erzwingen könnte, es gibt kein unabhängiges "Gericht" und keine "Polizeistreitkraft". Eine Weltordnung mit "international gültigen Gesetzen ... hat zu keiner Zeit der Geschichte existiert".[58] Vor diesem Hintergrund ist das Völkerrecht lediglich der Versuch, den Naturzustand zwischen den Staaten einzuschränken, ihre Handlungen berechenbarer zu machen und den Ausbruch von Feindseligkeiten gewissen Regeln zu unterwerfen. Diese Regeln, die etwa in der Völkerbundsatzung und im Briand-Kellogg-Pakt festgeschrieben waren, waren bereits im Vorfeld des Zweiten Weltkrieges von allen machtpolitisch aktiven Staaten vielfach gebrochen worden. Man muß daher kein Zyniker sein, um den Grad staatlicher Macht unter anderem an den Fähigkeiten eines Staates ablesen zu können, das geschriebene Völkerrecht ohne politischen Schaden zu übergehen.

In einer ausführlichen Rede hatte Hitler den Angriff nach dessen Beginn öffentlich mit einer bevorstehenden sowjetischen Agression begründet. Die UdSSR wolle an der Seite Englands das deutsche Reich erwürgen,

---

[57] Zit. n. HIS, Katalog, S. 9.

[58] Zit. n. Kissinger, Vernunft, S. 13.

wahrscheinlich zunächst mit einem Angriff auf Rumänien. Er hatte seitenweise aus dem Protokoll seiner Verhandlungen mit Rußlands Außenminister Molotow im November 1940 berichtet, in denen Molotow Forderungen auf sowjetische Stützpunkte bis nach Bulgarien, die Türkei und Dänemark erhoben hatte, einen deutschen Rückzug aus Rumänien forderte und durchblicken ließ, die Sowjetunion werde demnächst Finnland angreifen.[59] Dies alles sollte Deutschland der sowjetischen Politik zugestehen, was zusammengenommen die Aufforderung zu einer strategischen Kapitulation bedeutete. Nebenbei und in diesem Zusammenhang besonders wichtig, hatte Molotow auch das deutsch-sowjetische Geheimprotokoll von 1939 als "überholt" bezeichnet und damit auch den deutsch-sowjetischen Nichtangriffspakt in Frage gestellt, der durch dieses Protokoll überhaupt erst möglich gemacht worden war.

"Präventivkrieg": Das wurde also von deutscher Seite als Grund für den Angriff genannt und von ungezählten Soldaten geglaubt, die bald danach Augenzeuge der russischen militärischen Vorbereitungen geworden waren.[60] Darüber wird heute mehr diskutiert denn je. Die Präventivkriegsthese wird in immer weiteren Details bestätigt. Ein Angriffsplan des russischen Generalstabschefs Schukow wurde gefunden, der nach 30 Tagen in Oberschlesien sein wollte,[61] und die Rote Armee stand in der Tat zum Angriff bereit: der Angriffsbefehl hätte "ab dem 10. Juli 1941 gegeben werden können - falls Stalin ihn wirklich geben wollte oder gegeben hätte und falls Hitler mit seinem Angriffsbefehl dem nicht zuvorgekommen wäre."[62] Die militärische Bedrohung durch die UdSSR fand ihren Eingang in zahlreiche Äußerungen Hitlers und schließlich gar in die Berichte sowjetischer Agenten aus der deutschen Führungsspitze:

> Hitler ist der Initiator des Angriffsplans auf die Sowjetunion. Er meint, daß ein Präventivkrieg gegen die UdSSR nötig sei, um nicht in eine Falle des stärkeren Feindes zu geraten.[63]

So berichtete der sowjetische Agent mit dem Decknamen "Doyen" am 14. April 1941 nach Moskau. All dies läßt es möglich erscheinen, der Angriff auf die UdSSR könnte zur Selbstverteidigung geschehen sein. Das kann

---

[59] Hitler Proklamation zum Angriff auf die vom 22. Juni 1941, vgl. Domarus, Hitler, S. 1726 ff.

[60] Vgl. etwa den Feldpostbrief von Walter F. auf Katalogseite 632: "Wenn diese verhurten Soldatenhaufen über Deutschland hergefallen wären, es wäre vorbei gewesen mit allem was deutsch ist."

[61] So Schukow am 15. Mai 1941, vgl. Ueberschär, Angriff, S. 187.

[62] Zit. n. Bonwetsch, Kriegsvorbereitungen, S. 185. Bonwetsch spricht im übrigen von russischen "Präventivkriegsabsichten" und fügt hinzu, daß eine endgültige Klärung noch aussteht.

[63] Zit. n. Ueberschär, Angriff, S. 204.

hier natürlich nicht ausgiebig diskutiert werden.[64] Interessant gerade an der eben zitierten Äußerung Hitlers ist im Zusammenhang mit dem Kriegsbeginn und der Rolle der Wehrmacht zunächst jedenfalls die klare und richtige Zuweisung der Initiative: Hitler ist der Initiator. Die Führung der deutschen Armee wäre ohne sein Drängen niemals darauf verfallen, einen Angriff auf die UdSSR zu führen.

Um auf Rechtsfragen zurückzukommen: Es handelte sich beim Streit der UdSSR und Deutschland um die Einflußzonen in Nord-, Mittel-, Ost- und Südosteuropa um einen Konflikt zweier rivalisierender Mächte, der zwar spezifische Merkmale des totalitären Zeitalters trug, sichtbar etwa in den ethnischen Säuberungen und Deportationen in den von beiden Staaten besetzten Gebieten, der sich aber auch in traditionellen Begriffen beschreiben läßt. Totalitäre Machtpolitik bleibt in vieler Hinsicht den Methoden und Zwängen verbunden, die allgemein mit Machtpolitik verbunden sind. Was Molotow und Hitler im November 1940 ergebnislos unter sich aufzuteilen versuchten, war im August und September 1939 auch Verhandlungsgegenstand der sowjetischen Gespräche mit den Westmächten gewesen und noch während des Krieges fuhr Winston Churchill nach Moskau, um erneut über das Land anderer Leute in dieser Region zu verhandeln und als Ergebnis wurde der britisch-sowjetische Einfluß dort in Prozentzahlen aufgeteilt.[65] Dies ist während des imperialistischen Wettrennens die Praxis aller beteiligten Staaten gewesen und man zögert, diese frivole Art der Machtausübung mit dem Wort "Recht" in Verbindung zu bringen. Dennoch gibt es keinen Zweifel, daß die heute bestehenden internationalen Strukturen und Grenzziehungen ihre Existenz zu einem wesentlichen Teil genau solchen Geschäften verdanken. Sollten sich die streitenden Parteien dabei nicht einigen, so gab es traditionell für solche zwischenstaatlichen Konflikte eine mögliche und rechtlich zulässige Lösung: den Griff zu den Waffen, oder völkerrechtlich gesprochen, das 'jus ad bellum'.

Bis zum Ersten Weltkrieg galt es als selbstverständliches Recht jedes souveränen Staates, zur Wahrung seiner selbstdefinierten Interessen Krieg zu führen, was logischerweise auch einen Angriffskrieg mit erlaubte. Erst die Völkerbundsatzung änderte das nach dem Weltkrieg und schränkte dieses Recht durch Vorgaben ein, nach denen vor einem Krieg internationale Verhandlungen und Schlichtungen stattzufinden hatten und ein Staat, der eine einstimmige Entscheidung des Völkerbunds über den

---

[64] Es wird Gegenstand meiner eingangs erwähnten Studie über die internationale Politik der Zeit zwischen Sommer 1940 und Winter 1941 sein. Aus der Menge der bisher zum Thema erschienen Untersuchungen sei erwähnt: Walter Post, Unternehmen Barbarossa, Hamburg 1995; Ernst Topitsch, Stalins Krieg, Herford 1990; Joachim Hoffmann, Stalins Vernichtungskrieg, München 1999 und natürlich die Veröffentlichungen von Viktor Suworow.

[65] Vgl. Kissinger, Vernunft, S. 440.

Streitfall akzeptiert hatte, nicht mehr angegriffen werden durfte.[66] Einige Jahre später wurde 1928 der Briand-Kellogg-Pakt geschlossen, der das 'jus ad bellum' noch weiter einschränkte und dem auch Staaten beitraten, die nicht Mitglied im Völkerbund waren, wie etwa die Vereinigten Staaten und die Sowjetunion.

Völkerrechtlich wurde die UdSSR im Jahr 1941 gegen einen Angriff von deutscher Seite prinzipiell durch zwei Verträge geschützt: den erwähnten Briand-Kellogg-Pakt von 1928 und den deutsch-russischen Nichtangriffspakt von 1939. Diesen Verträgen waren beide Staaten beigetreten. Die Bestimmungen des Völkerbunds über Schlichtungsfragen und ähnliches konnten zwischen beiden dagegen keine Anwendung finden. Mitglied im Völkerbund waren sie nicht, Deutschland war 1933 aus eigenem Antrieb ausgetreten, nachdem der Völkerbund die Abrüstungsproblematik nicht in den Griff bekam. Die Sowjetunion war nach ihrem Überfall auf Finnland Ende 1939 wegen der Verletzung der Völkerbundsatzung ausgeschlossen worden.

Dies hatte zwangsläufig Folgen auch für die Gültigkeit des Briand-Kellogg-Pakts. Er verbot überhaupt jeden Krieg gegen einen anderen Staat und hatte bei Verbotsübertritt als ebenso einzige wie drastische Strafe vorgesehen, daß der Vertragsbrecher den Schutz des Vertrags verlieren sollte. Er war danach "Vogelfrei" und durfte von jedem anderen Staat angegriffen werden.[67] Dies traf auf die Sowjetunion nach ihrem Ausschluß aus dem Völkerbund wegen des Angriffskriegs gegen Finnland ohne jeden Zweifel zu. Die internationale Gemeinschaft hatte sie rechtskräftig als Aggressor verurteilt. Wenn der Briand-Kellogg-Pakt zu diesem Zeitpunkt noch gültig und rechtswirksam war, und das war nach Auffassung etwa des Nürnberger Gerichtshofs der Fall, dann war ein Angriffskrieg gegen die UdSSR nach seinen Bestimmungen eindeutig erlaubt.[68] Diesem Sachverhalt trugen auch die alliierten Juristen bei der Vorbereitung des

---

[66] Vgl. Betz, Landkriegsvölkerrecht, S. 52.

[67] Vgl. Betz, Landkriegsvölkerrecht, S. 95 f. und Scheil, Vereinte Entfesselung, S. 98 ff.

[68] An der Wirksamkeit des Vertrags bestehen in jedem Fall Zweifel. Keine der streitenden Parteien hat sich 1939/40 darauf berufen. Dies hätte Deutschland theoretisch etwa wegen der polnischen Kriegsvorbereitungen und der Sabotage jeder Verhandlung durch die polnische Regierung tun können, oder andererseits die Westmächte wegen des deutschen Angriffs auf Polen. Auch die französischen und englischen Pläne für einen Angriff auf den sowjetischen Kaukasus und seine Ölfelder wären ein mögliches Einsatzfeld für den Vertrag gewesen. Eine andere Frage ist es, ob auch Deutschland sich für den Angriff auf die UdSSR auf seine Bestimmung hätte berufen können. Wie das Nürnberger Tribunal 1946 entscheiden sollte, hatte Deutschland mit dem Angriff auf Polen und seinen militärischen Vorbereitungen den Pakt bereits gebrochen. Nach dieser Auffassung wäre er 1941 sowohl für Deutschland und als auch die UdSSR nicht mehr wirksam gewesen, so daß aus ihm weder ein Recht noch ein Verbot eines Angriffskriegs abzuleiten gewesen wäre. Zwischen beiden Staaten herrschte danach Naturzustand.

Nürnberger Prozesses Rechnung. Eine Vorlage der britischen Delegation vom Juli 1945 etwa sprach nicht davon, es sei mit dem deutschen Angriff auf die UdSSR ein internationaler Vertrag gebrochen wurden, nur ein bilateraler Vertragsbruch wurde gesehen.[69]

Denn es blieb der von allen anderen völkerrechtlichen Bindungen losgelöste Nichtangriffspakt zwischen Deutschland und der UdSSR. Dies war eine besondere und außergewöhnliche Eigenschaft dieses Vertrags.[70] Seine Bestimmungen sahen unter anderem vor, beide Seiten hätten "Streitigkeiten und Konflikte ausschließlich auf dem Wege freundschaftlichen Meinungsaustauschs oder nötigenfalls durch Einsetzung von Schlichtungskommissionen (zu) bereinigen".[71] Nun war es eine riskante Sache, mit der UdSSR einen Nichtangriffspakt abzuschließen. Jedes europäische Nachbarland der Sowjetunion, das dies getan hatte, wurde zwischen 1939 und 1941 zum Opfer einer sowjetischen Aggression. Nacheinander traf es Polen, Finnland, Estland, Lettland und Litauen. Alle bilateralen oder multilateralen Zusicherungen der UdSSR hatten sich in kurzer Zeit als wertlos herausgestellt. Später kam außerhalb Europas etwa auch noch Japan hinzu, das sich entgegen den mit Moskau getroffenen Vereinbarungen 1945 angegriffen sah. Vertragliche Bestimmungen interessierten die stalinistisch geführte UdSSR wenig.

Es war nicht nur der "freundschaftliche Meinungsaustausch" zwischen Deutschland und der UdSSR im November 1940 gescheitert. Die UdSSR hatte die Bestimmungen des Nichtangriffspakts auch mehrfach gebrochen und beispielsweise Teile Litauens wie auch Rumäniens besetzt, die eindeutig nicht in ihre Interessensphäre gehörten. Deutsche Proteste nutzten nichts, die Gebiete blieben besetzt, die Konsultationen erwiesen sich einmal mehr als fruchtlos. Schlimmer noch, der Nichtangriffspakt war von russischer Seite von vornherein mit der Absicht geschlossen worden, ihn als Mittel zur Entfesselung eines Krieges und zum Schaden Deutschlands zu nutzen und damit seine Bestimmungen zu brechen. Sein Artikel II legte fest:

> Falls einer der Vertragschließenden Teile Gegenstand kriegerischer Handlungen einer dritten Macht werden sollte, wird der andere Vertragschließende Teil in keiner Form diese dritte Macht unterstützen.[72]

---

[69] Vgl. Jackson, Conference, S. 259 f.

[70] Als einziger Bezugspunkt wurde der deutsch-russische Vertrag von 1926 genannt. Der deutsch-polnische Nichtangriffspakt von 1934 beispielsweise bezog sich dagegen ausdrücklich auf den Briand-Kellogg-Pakt und damit auf internationales Recht. Vgl. Berber, Locarno, S. 65 ff. bzw. S. 88 f.

[71] Zit. n. ADAP, D, VII, Dok. 228, S. 206.

[72] Zit. n. ADAP, D, VII, Dok. 228, S. 205.

Tatsächlich beabsichtigt war von russischer Seite etwas ganz anderes. Eine Woche nach Kriegsausbruch erläuterte Stalin seine Taktik am 7. September gegenüber Georgij Dimitrov:

> Der Krieg wird zwischen zwei Gruppen kapitalistischer Staaten (armen und reichen in bezug auf Kolonien, Rohstoffe usw.) um die Aufteilung der Welt und um die Weltherrschaft geführt. Wir haben nichts dagegen, wenn sie ordentlich gegeneinander Krieg führen und sich gegenseitig schwächen. Es wäre nicht schlecht, wenn durch die Hand Deutschlands die Position der reichsten kapitalistischen Länder (besonders Englands) zerrüttet werden würde. Ohne es zu wissen und zu wollen untergräbt Hitler das kapitalistische System. ...
>
> Wir können manövrieren und die eine Seite gegen die andere aufhetzen, damit sie sich um so heftiger gegenseitig zerfleischen. Der Nichtangriffspakt hilft Deutschland in gewisser Weise. Bei nächster Gelegenheit muß man die andere Seite aufhetzen. [73]

Man wird vor dem Hintergrund solcher Äußerungen und der folgenden sowjetischen Politik zögern, dem "Nichtangriffspakt" für 1941 noch irgendeine rechtliche Bedeutung zukommen zu lassen. "Kriege sind selten rechtsfreie Räume", lautet der erste Satz der Einleitung zur Ausstellung "Verbrechen der Wehrmacht". Die stalinistische Sowjetunion hatte alles dafür getan, um diese seltene Situation möglichst herbeizuführen. Stalins "totaler Wille zur Macht" (Robert Conquest) machte vor keiner rechtlichen Einschränkung halt.

Befehl und Gehorsam

> Die Gehorsamspflicht des Soldaten hatte allerdings Grenzen. So bestimmte das Militärstrafgesetzbuch, daß ein Soldat bestraft werden konnte, "wenn ihm bekannt gewesen ist, daß der Befehl des Vorgesetzten eine Handlung betraf, welche ein bürgerliches oder militärisches Verbrechen oder Vergehen bezweckte". Wußte also ein Soldat, daß von ihm die Begehung eines Verbrechens verlangt wurde, durfte er den Befehl nicht befolgen. Für eine solche Verweigerung durfte er nicht bestraft werden. [74]

In den Nachkriegsdebatten um Schuld und Verantwortung hat die Frage des Befehlsnotstands eine große Rolle gespielt. Die Alliierten fanden diesen Punkt so wichtig, daß beispielsweise eigens zur Verurteilung deutscher Militärs die Richtlinien angelsächsischer Militärgesetzbücher geändert wurden. Unmittelbar vor Beginn des Nürnberger Prozesses strich man im amerikanischen 'Basic Field Manual of Rules of Land Warfare' und im englischen 'Manual of Military Law' die bis dahin vorhandene Möglichkeit für die eigenen Soldaten, sich auf Befehlsnotstand zu berufen. [75] Das fiel insofern nicht ins Gewicht, als die Kriegsverbrechen der westlichen Länder ohnehin nicht verfolgt wurden. Es nahm den deutschen Angeklagten aber die Chance, sich auf angelsächsisches Recht zu berufen

---

[73] Zit. n. Bonwetsch, Politik, S. 146.

[74] Zit. n. HIS, Katalog, S. 34.

[75] Vgl. Betz, Landkriegsvölkerrecht, S. 83.

und stellte eine jener Rechtsmanipulationen dar, mit denen im Vorfeld des Nürnberger Prozesses ihr Erfolg garantiert wurde.

Auch hohe Wehrmachtsoffiziere haben sich vor alliierten Gerichten dennoch auf den Befehlsnotstand gegenüber dem Oberbefehlshaber Adolf Hitler berufen, der zudem noch Staatschef und oberster Gerichtsherr war, alles in allem ein Diktator mit unbegrenzten Vollmachten. Im Juni 1934 hatte sich dies ganz praktisch gezeigt, als auf Hitlers Befehl ohne jeden Prozeß oder vorherige Mahnung etliche Mitglieder der SA-Führung erschossen wurden, zudem am gleichen Tag der frühere Reichskanzler und Oberbefehlshaber der Reichswehr General Schleicher und selbst völkische Vordenker wie Edgar Jung. Hitler übernahm öffentlich die Verantwortung für diesen Rechtsbruch, mit dem der herkömmliche Rechtsstaat in Deutschland auf spektakuläre Weise sein für jedermann sichtbares Ende gefunden hatte. Als Begründung mußten besondere Umstände und sogenannte Staatsnotwehr dienen. Vor diesem Hintergrund ist die Behauptung des Ausstellungstextes, ein Soldat hätte für die Verweigerung eines strafbaren Befehls "nicht bestraft werden dürfen" offenkundig naiv. Sie setzt einen Rechtsstaat voraus, den es nicht gab. Das ist den Ausstellern übrigens auch klar und wird bei passender Gelegenheit verwendet, etwa wenn es gilt, die Erzählungen jener zu diskreditieren, die von einer Befehlsverweigerung berichten. So etwa Hannes Heer zur Schilderung von "Herrn O.", der sagt, er hätte befehlswidrig ukrainische Zwangsarbeiter entkommen lassen, indem er eine Tür nicht verschloß:

> 40 Gefangene in einer überschaubaren, ruhigen Lage bei klar geregelter Verantwortlichkeit flüchten zu lassen, wäre blanker Selbstmord gewesen - sie wären binnen einer Stunde eingefangen und zusammen mit dem Diensthabenden erschossen worden.[76]

Hier wird aus Opportunität plötzlich zugestanden, was sonst in der Ausstellung bestritten wird: Befehlsnotstand. Es war zwischen 1933 und 1945 weder den Soldaten der Wehrmacht noch sonst einer juristischen oder natürlichen Person möglich, sich im Zweifelsfall auf formaljuristische Garantien in bürgerlichen Gesetzesbüchern zu verlassen. Für das Ermessen von "Handlungsspielräumen" der Wehrmachtsangehörigen muß das berücksichtigt werden. Statt wie die Ausstellung davon zu sprechen, es sei kein Fall der Bestrafung beim Verweigern eines "verbrecherischen" Befehls bekannt, ließe sich außerdem zunächst über die Größenordnung nachdenken, in der Soldaten solche Befehle auszuführen hatten. Für den Respekt, der Befehlen gegenüber einzuhalten war, müßte dann die Rolle der Wehrmachtsjustiz berücksichtigt werden. Die nationalsozialistische Umwandlung des Rechtsstaats und die mit dem Kriegsverlauf zunehmend immer uferlosere

---

[76] Zit. n. HIS, Besucher, S. 90.

Interpretation geltender Rechtsvorschriften führten zu nicht weniger als 30.000 Todesurteilen gegen deutsche Soldaten.[77]

Dies alles schuf in der Armee ein Klima der Rechtsunsicherheit, wie es auch im Zivilleben dieser Zeit gegeben war. Der bürgerlichen Justiz und dem geschriebenen Recht galten Hitlers ganz besondere persönliche Verachtung, das wirkte sich auch auf die Rechtspraxis in der Armee aus. Dennoch waren diese Bestimmungen andererseits formal weiter in Kraft, wie es die Ausstellungstafeln korrekt zitieren. Sie wurden auch weiterhin in den meisten Fällen angewandt. Deutsche Soldaten blieben an das Gesetz gebunden, und wenn sie es gebrochen hatten, wurde das regelmäßig disziplinarisch oder gerichtlich untersucht.[78]

Hinter dieser Betonung der Rechtsstaatlichkeit wird die argumentative Absicht der Aussteller erkennbar. Denn nachdem er bisher durch diesen Abschnitt der Ausstellung praktisch nur erfahren hat, daß die Wehrmacht ein Hort der Rechtsstaatlichkeit geblieben ist, mußte dem Ausstellungsbesucher noch eine andere Aussage nahegebracht werden. Als bloße Zitatenreihe würde dieser Abschnitt des Katalogs sonst wenig im Sinn der Aussteller sagen. Um nun einen Bezug zum Ausstellungsthema 'Verbrechen' herzustellen, schließt der Katalog dieses Kapitel daher mit einem Resümee von Adalbert Rückerl, dem langjährigen Leiter der Zentralen Stelle zur Aufklärung nationalsozialistischer Verbrechen in Ludwigsburg. So soll offenbar ein Zusammenhang zwischen 'Befehl und Gehorsam' und einem schuldhaften Verhalten von Wehrmachtsangehörigen hergestellt werden. Rückerl schreibt in seinem Buch über 'NS-Verbrechen vor Gericht':

> Manche Beschuldigten haben bei dem Versuch ihrer Rechtfertigung erklärt, sie hätten die 'von oben' kommenden Befehle für rechtmäßig gehalten ... . Fast ausnahmslos haben sie jedoch eingeräumt, daß sie sehr wohl das Gefühl hatten, das was dort geschah, vor allem wenn es sich um die Tötung von Greisen, Frauen und Kindern oder um die unter grauenvollen Umständen durchgeführten Massenexekutionen handelte - sei 'irgendwie doch Unrecht'.[79]

Das läßt aufhorchen: "Tötung von Greisen, Frauen und Kindern" und "Massenexekutionen". Sollte hier von der Wehrmacht die Rede sein? Waren die erwähnten "Beschuldigten" Wehrmachtsangehörige? Geht es hier also um gerichtlich verhandelte und erwiesene 'Verbrechen der Wehrmacht'? Der Ausstellungskatalog will dies nahelegen, anders läßt sich die Zitatauswahl an dieser Stelle wohl nicht deuten. Das wäre außergewöhnlich. Ein Blick in den Originaltext von Rückerl löst diesen Zusammenhang aber gleich in Nichts auf. Zwar ist das Zitat formal

---

[77] Vgl. Volkmann, Verantwortlichkeit, S. 1201.

[78] Für die Praxis der Rechtsfindung sei pauschal auf Franz W. Seidlers Untersuchung über die "Militärgerichtsbarkeit der Deutschen Wehrmacht" verwiesen.

[79] Zit. n. HIS, Katalog, S. 35, bei Rückerl, Gericht, S. 287 f.

korrekt wiedergegeben und Rückerl spricht an dieser Stelle seines Buchs wirklich vom "Handeln auf Befehl - § 47 Militärstrafgesetzbuch". Von der Wehrmacht ist aber auf diesen Seiten an keiner Stelle die Rede, schon gar nicht von gerichtlich untersuchten Verbrechen ihrer Soldaten. Überhaupt müßte Rückerl als Zeuge für die Aussteller eigentlich ausscheiden, liest sich seine fundierte Zusammenstellung doch wie eine einzige Absage an das Konzept der Wehrmachtsausstellung. Einer Beteiligung der Wehrmacht an NS-Verbrechen widmet er ganze drei von über dreihundervierzig Seiten und sieht sie in der Behandlung der sowjetischen Kriegsgefangenen bei einzelnen Wehrmachtsangehörigen gegeben. Ansonsten streift er von Babij Jar über den Partisanenkrieg bis nach Lemberg und den Nürnberger Prozeß viele wesentliche Themen der Ausstellung, ohne die Wehrmacht je zu erwähnen. Er ist sich jederzeit bewußt, daß die NS-Verbrechen nicht von ihr ausgingen und nicht von Soldaten ausgeführt wurden. Selbst den SS-Kampfeinheiten billigt er zu, daß sich nur "einzelne an der Ausrottung der in ihrem Bereich angetroffenen Juden beteiligt" hätten.[80]

Ausdrücklich spricht er zudem an mehreren Stellen von der Empörung in Wehrmachtseinheiten beim Bekanntwerden solcher Verbrechen und auch davon, daß der Großteil der Bevölkerung und damit auch der Armee erst 1945 von diesen Verbrechen erfahren habe.[81] Warum Rückerl trotzdem über den Paragraphen 47 schreibt und den Ausstellern das erwähnte Zitat liefert, erläutert er dagegen gleich am Beginn des Kapitels: "

> Diese Bestimmung galt nicht nur für die Wehrmacht, sondern auch für Angehörige von SS- und Polizeiverbänden.[82]

Als einziges Beispiel für die Anwendung dieses Paragraphen bringt Rückerl dann folgerichtig den Fall eines Polizeibeamten und seine Mitwirkung an einer Ghetträumung in einer Stadt nahe Dünaburg. Ein Zusammenhang mit der Wehrmacht taucht bei Rückerl dagegen nicht auf. Es gibt keinen Hinweis darauf, daß die "Beschuldigten" des Katalogzitats aus seinem Buch irgend etwas mit der Wehrmacht zu tun hätten, wie es der Katalog suggerieren will. Das ist ein an späteren Stellen wiederkehrendes Beispiel dafür, wie die neue Ausstellung arbeitet. Die "Beschuldigten" sind genau so wenig Wehrmachtsangehörige wie der "Uniformierte" im Fall Tarnopol, der sich bei genauem Hinsehen als Unteroffizier der Waffen-SS herausstellt. Es ist den Ausstellungsmachern offenbar nicht möglich gewesen, an dieser Stelle ein einziges konkretes Beispiel für die Anwendung des Paragraphen auf einen Wehrmachtsangehörigen zu bringen. Statt dessen wurde ein Zitat

---

[80] Zit. n. Rückerl, Gericht, S. 46.

[81] Ebd. Rückerl, Gericht, S. 90.

[82] Zit. n. Rückerl, Gericht, S. 286.

einmontiert, das aus seinem Zusammenhang gerissen und mit der Wehrmacht in eine Verbindung gebracht wurde, die es im Original nie hatte. Suggestion geht an dieser Stelle vor Information. Eine offene und auch bei genauerer Recherche nachvollziehbare Benennung von Verantwortung findet nicht statt. Das gilt auch für den folgenden Abschnitt.

Wehrmacht und SS

Aufgrund dieser Erfahrungen (in Polen d. Verf.) war das Oberkommando des Heeres an einer eindeutigen Regelung der zukünftigen Verantwortlichkeiten interessiert. Die Ziele des Weltanschauungskrieges teilten die Verantwortlich zwar weitgehend, die daraus resultierenden politischen Säuberungen wollte das Heer aber nicht selbst durchführen.[83]

Einmal mehr muß an dieser Stelle die Behauptung von der prinzipiellen Übereinstimmung zwischen Wehrmacht und NS-Führung eine argumentative Notlage überbrücken. Einen Beleg für diese Übereinstimmung liefert der Text auch diesmal nicht, er diskreditiert statt dessen die Proteste von Wehrmachtsoffizieren gegen jene Erschießungen, die von Einsatzgruppen in Polen vorgenommen wurden, als bloße Kompetenzstreitigkeit. Vor diesem Hintergrund wird dann die doppelte Behauptung aufgestellt, die Wehrmachtsführung habe die Pläne für die Einsatzgruppen nicht nur gebilligt, nein sogar die Initiative zu der gewählten Gebietsaufteilung für das "Unternehmen Barbarossa", die eine erhebliche Einschränkung der Kompetenzen der Armee mit sich brachte, soll nach Aussage der Ausstellung vom Oberkommando des Heeres ausgegangen sein.

Hier liegt eine glatte Fehlinformation vor. Hätten die Aussteller einen Blick in das Standardwerk von Helmut Krausnick zu diesem Thema geworfen (das sie im Anhang selbst empfehlen),[84] dann hätten sie schnell und leicht feststellen können, daß die Heeresführung aus den Vorgängen in Polen völlig andere Schlüsse gezogen hatte:

Durch diese Vorgänge *gewarnt,* bestand von Brauchitsch 1940 für den West-Feldzug darauf, daß eine Beigabe oder Nachführung der Gestapo in Frankreich und Belgien bzw. Holland unterblieb.[85]

Sie unterblieb tatsächlich, diese Nachführung, und das OKH erließ vor dem Westfeldzug Vorschriften wie die folgende, die im Jahre 5 nach den

---

[83] Zit. n. HIS, Katalog, S. 56.

[84] Krausnick, Helmut/Wilhelm, Hans-Heinrich: Die Truppe des Weltanschauungskrieges, Stuttgart 1981.

[85] Zit. n. Krausnick, Truppe, S. 107. Es handelt sich um eine Aussage Keitels, die Krausnick für sich allein bezweifeln würde, die aber durch andere Beobachtungen "bestätigt und aufschlußreich ergänzt wird", wie Krausnick schließt." Mit "Gestapo" meinte Keitel die Einsatzgurppen allgemein.

Nürnberger Rassegesetzen entweder grobe Unwissenheit oder eine bewußte Provokation gegen das NS-Regime bedeutete:

> Allein auf den Umstand hin, daß ein Landesbewohner Jude ist, dürfen Sondermaßnahmen gegen ihn nicht getroffen werden. Das gleiche gilt auch für Freimaurer.[86]

Hitler duldete wohl den Erlaß solcher Verordnungen, aber er setzte sich in der Praxis dann einmal mehr vergleichsweise schnell darüber hinweg, was im OKH mit Empörung und als Zeichen "für die völlige Unaufrichtigkeit der obersten Führer gegenüber dem OKH" gewertet wurde.[87] Noch immer war die Wehrmachtsführung offensichtlich nicht im NS-Staat angekommen. Von einer Übereinstimmung in Zielen und Methoden konnte zwischen NS-Führung und Wehrmacht einmal mehr keine Rede sein, anders als die Ausstellung behauptet.

Aus diesen Konflikten des Vorjahres nun hatte Hitler den Schluß gezogen, die Wehrmacht sei ungeeignet für das, was in Rußland an Widerstand zu erwarten sei. Die Initiative zur Aufhebung der Militärverwaltung ging eindeutig von ihm aus, nicht von der Wehrmachtsführung. Hitler lehnte die Vorschläge des Militärs diesmal offen ab. Krausnick zeichnet diesen Vorgang plastisch nach:

> Die ihm von der Abteilung Landesverteidigung des OKW im Dezember 1940 vorgelegten "Richtlinien auf Sondergebieten ..." - ein Entwurf für eine Militärverwaltung, der nicht erhalten geblieben ist, aber wohl dem traditionellen Muster entsprach - lehnte er ab und gab ... selber genaue Anweisungen. ... Danach wollte Hitler eine Militärverwaltung nur im jeweiligen Operationsgebiet eingerichtet wissen, das überdies 'der Tiefe nach so weit wie möglich zu beschränken sei'.[88]

Mißtrauischer gegenüber den Absichten und Fähigkeiten der Wehrmachtsspitze hätte er es kaum formulieren können. Ob auch im Operationsgebiet Einsatzgruppen operieren würden, sei nach Absprache - sprich nach den Wünschen - von Heinrich Himmler festzulegen. Im übrigen: "Militärgerichte müßten für alle diese Fragen ausgeschaltet werden, sie hätten sich nur mit den Gerichtssachen innerhalb der Truppe zu befassen."[89] So zurechtgewiesen und den direkten und eindeutigen Wünschen von Adolf Hitler und Heinrich Himmler ausgesetzt, hat die Wehrmachtsführung dann einen entsprechenden Entwurf vorgelegt und ein Treffen von Generalquartiermeister Wagner mit der SS-Führung besiegelte diesen Maßnahmenkatalog nach Wunsch der Führungsspitze des NS-Regimes. Der Oberbefehlshaber des Heeres wurde "von Hitler 'reichlich hart abgetan' und resignierte", bilanziert Krausnick den

---

[86] Bestimmungen des OKH für die Verwaltung eroberter Gebiete vom 22. Februar 1940, hier zit. n. Krausnick, Truppe, S. 108.

[87] Halder, KTB I, S. 302, 17. Mai 1940.

[88] Zit. n. Krausnick, Truppe, S. 116.

[89] Ebd. Krausnick, Truppe, S. 116.

Vorgang.[90] Von Initiative und Billigung auf Wehrmachtsseite kann, um es noch einmal zu sagen, nicht die Rede sein. Deswegen geht auch die sechsseitige Faksimile-Strecke des Katalogs am Thema vorbei und kann die einleitende Aussage nicht bestätigen.

Kriegsplanungen

Hitler bekräftigte am 30. März 1941 in einer Rede vor der Heeresgeneralität die ideologische Ausrichtung des zukünftigen Krieges und verlangte von den Anwesenden die Teilnahme am Weltanschauungskrieg. Seine Kriegsziele riefen bei den Generälen keinen erkennbaren Widerspruch hervor.[91]

Wie bereits in der oben in dem Kapitel "Befehl und Gehorsam" zitierten Annahme "es hätte niemand bestraft werden dürfen", steckt auch hier eine merkwürdige Vorstellung hinter diesem Vorwurf des mangelnden Widerspruchs. Eine Rede von Adolf Hitler ist selten der Auftakt zu einer Diskussionsveranstaltung gewesen, seine Ansprachen vor der Wehrmachtsgeneralität beinah nie, nur ein einziges Mal im August 1938. Damals hatte Hitler eine Rede vor den Generalen gehalten, um seinen politischen Kurs gegenüber der Tschechoslowakei zu rechtfertigen. Danach gab es beim Tee Gelegenheit zur Aussprache. Es wurde die letzte Veranstaltung dieser Art, denn die Generalität zeigte sich nicht überzeugt und widersprach Hitlers Ausführungen, was ihn zu einem Wutanfall brachte, der die Diskussion im größeren Kreis für dieses Mal und für die Zukunft verstummen ließ.[92] Mit dem von Hitler beanspruchten Nimbus des allwissenden und einsamen "Führers" waren solche argumentativen Auseinandersetzungen nicht vereinbar.

Die Ansprachen vor der Generalität fanden zwar weiter statt, aber seit dem Vorfall von 1938 rief Hitler die höheren Offiziere zusammen, um ihnen eine Meinung vorzugeben, nicht um ihre Meinung zu hören. So war es auch im März 1941. Wer Widerspruch anzumelden hatte, konnte dies jetzt durch Denkschriften oder im Rahmen einer persönlichen Aussprache tun, was von verschiedenen Offizieren dann und wann versucht worden ist, aber kaum je mit Erfolg. Diese geringen Erfolgsaussichten wären durch einen offenen Auftritt vor mehr als zweihundert Zeugen zweifellos auf Null reduziert worden. Überhaupt ist die Annahme seltsam, wenn nicht gar erheiternd, eine charismatische Autorität wie der deutsche Diktator ließe sich auf diese Art brüskieren. Hitler war es jedoch offenbar bewußt, daß Widersprüche vorhanden waren. Es war gerade der Sinn dieser

---

[90] Vgl. Krausnick, Truppe, S. 117.

[91] Zit. n. HIS, Katalog, S. 38.

[92] Vgl. die Schilderung der Szene bei Manstein, Soldat, S. 127 f.

Ansprache, solche Ansätze zu bekämpfen und die Armee auf Linie zu bringen:

Die Führer müssen von sich das Opfer verlangen, ihre Bedenken zu überwinden.[93]

So lautet der letzte Satz der Rede.

Aber welcher Art waren die Formulierungen, die Hitler am 30. März 1941 gebrauchte? Warum er den Krieg gegen Rußland führen wollte, zu welchem Ziel, und mit welchen Mitteln, darüber gibt es Auskunft. Zu dieser bestimmten Rede gibt es ein Protokoll in Halders Tagebuch, und dort steht unter "Ziele" ganz deutlich vermerkt:

Unsere Aufgaben gegenüber Rußland: Wehrmacht zerschlagen, Staat auflösen.[94]

Dies folgte soweit den Zielen deutscher Großmachtpolitik im östlichen Europa, wie sie auch während des Ersten Weltkriegs im Frieden von Brest-Litowsk sichtbar geworden waren, als das geschlagene Rußland 1918 gezwungen wurde, die in den zweihundert Jahren zuvor eroberten Länder an seinen westlichen und südlichen Grenzen aus dem Staatsverband zu entlassen. Finnland, Estland, Lettland, Litauen, Polen, die Ukraine und die Kaukasusrepubliken verdankten ihre erste staatliche Existenz dieser deutschen Politik, die den Nationalismus in diesem Gebiet aus eigenem Nutzen gezielt förderte und der aus der Perspektive des Jahres 2003 die historisch-politische Substanz kaum abgesprochen werden kann, wurden die genannten Staaten doch nach dem Auseinanderfallen der UdSSR auch ohne deutsches Zutun aus eigenem Willen wieder unabhängig. In diesem Sinn argumentierten die Veröffentlichungen des OKW auch während des Krieges, so etwa die Tornisterschrift über "Möglichkeiten und Gegebenheiten des Ostraums" von 1943, deren Hauptanliegen es war, dem Soldaten die Existenz verschiedener Nationalitäten in der UdSSR nahezubringen. Er sollte sich als Förderer dieser Nationen zu verstehen, die bisher "in einem Staatsmonstrum zusammengeschlossen" gewesen seien und gemeinsam mit den dort lebenden Deutschen befreit werden sollten.[95]

Das war Propaganda, aber es erstaunt doch immer wieder, in solchen Texten nichts von einem angeblichen "Untermenschentum" der slawischen Völker zu finden, wie es gelegentlich in der nationalsozialistischen Propaganda zu lesen war. Das OKW zog hier einen deutlichen Trennungsstrich und verwendete solche Begriffe selten oder nie.[96] Der

---

[93] Zit. n. Halder, KTB, II, S. 337.

[94] Zit. n. Halder, KTB, II, S. 335.

[95] Vgl. OKW, Gegebenheiten, S. 61 f.

[96] Wegen dieser ideologischen Unzuverlässigkeit mußte zur Sicherheit jede dieser Schriften des OKW laut einem "Arbeitsabkommen" vom Dezember 1940 dem "Beauftragten des Führers" zur Begutachtung und Genehmigung vorgelegt werden. Das OKW mußte die Meinung des

Krieg gegen die UdSSR wurde nicht als Eroberungskrieg dargestellt, sondern als militärische Operation gegen einen geplanten sowjetischen Angriffskrieg und als Befreiungskrieg, der über die Zerschlagung der UdSSR den militärischen Druck von Deutschland und Europa nehmen sollte, den Rußland seit Anfang des 18. Jahrhunderts ausübte und der die russischen Streitkräfte im siebenjährigen Krieg ja auch schon einmal nach Berlin geführt hatte und gegen Ende der napoleonischen Ära gar über Berlin hinaus bis nach Paris. Dieses Modell hätte Joseph Stalin gern kopiert, wie er auf der Potsdamer Konferenz 1945 zu erkennen gab.[97]

Der Angriff Deutschlands auf die UdSSR sollte den russisch dominierten Großstaat in seine nationalen Einzelteile auflösen. Dies sei, so Hitler, der einzige Weg, zu einem Frieden zu kommen. Von diesen Motiven hatte er auch im März 1941 gesprochen, zunächst intern gegenüber General Jodl. Das sei hier etwas ausführlicher zitiert, denn es ist wichtig für sowohl für die Einschätzung der Absichten Hitlers als auch für das Bild, das sich die Militärs davon machen mußten:

> Dieser kommende Feldzug ist mehr als nur ein Kampf der Waffen; er führt auch zur Auseinandersetzung zweier Weltanschauungen. Um diesen Krieg zu beenden, genügt es bei der Weite des Raums nicht, die feindliche Wehrmacht zu schlagen. Das ganze Gebiet muß Staaten aufgelöst werden mit eigenen Regierungen, mit denen wir Frieden schließen können.
> Die Bildung dieser Regierungen erfordert sehr viel politisches Geschick und allgemeine wohlüberlegte Grundsätze.
> Jede Revolution großen Ausmaßes schafft Tatsachen, die man nicht mehr wegwischen kann. Die sozialistische Idee ist aus dem heutigen Rußland nicht mehr wegzudenken. Sie kann allein die innerpolitische Grundlage für die Bildung neuer Staaten und Regierungen sein. Die jüdisch-bolschewistische Intelligenz, als bisheriger 'Unterdrücker' des Volkes, muß beseitigt werden. Die ehemalige bürgerlich-aristokratische Intelligenz, so weit sie vor allem in Emigranten noch vorhanden ist, scheidet ebenfalls aus. Sie wird vom russischen Volk abgelehnt und ist letzten Endes deutschfeindlich. Dies gilt auch in besonderem Maß für die ehemaligen baltischen Staaten.
> Außerdem müssen wir unter allen Umständen vermeiden, an Stelle des bolschewistischen nunmehr ein nationales Rußland treten zu lassen, das, wie die Geschichte beweist, letzten Endes wieder deutschfeindlich sein wird. Unsere Aufgabe ist es, mit einem Minimum an militärischen Kräften sozialistische Staatsgebilde aufzubauen, die von uns abhängen.
> Diese Aufgaben sind so schwierig, daß man sie nicht dem Heere zumuten kann.[98]

Tatsächlich ist es weder dem Heer noch der nationalsozialistischen Besatzungspolitik später gelungen, während des Kriegs funktionierende

---

Beauftragten als "bindend" anerkennen, hinter dem sich niemand anderer als Martin Bormann verbarg, So waren auch in OKW-Veröffentlichungen Elemente typisch nationalsozialistischer Propaganda unvermeidlich vorhanden, wie etwa der Verweis auf den "jüdischen Bolschewismus". Zum Arbeitsabkommen vgl. Messerschmidt, Wehrmacht, S. 247.

[97] Er wies amerikanische Glückwünsche zur Eroberung Berlins ärgerlich zurück und berief sich auf Zar Alexander I., der bis Paris gekommen sei. Vgl. Scheil, Vereinte Entfesselung, S. 139.

[98] So Jodls Zusammenfassung von Hitlers Äußerungen vom 3. März 1941, hier zit. n. Betz, Landkriegsvölkerrecht, S. 109.

Staatswesen aufzubauen. Es dauerte bis zum Jahreswechsel 1943/44, bis etwa in Weißrußland eine Regierung mit dem Namen "Weißruthenischer Zentralrat" die Arbeit aufnahm.[99] Zuvor hatte man doch ausgiebig auf weißrussische Exilkreise in Deutschland, Polen und Litauen zurückgegriffen, die sich als weitgehend ungeeignet und nicht selten korrupt erwiesen. Es mußte daher ganz voraussetzungslos "Staat gemacht" werden, das fing bei der Rechtschreibung an und hörte bei der Gründung einer weißrussischen Nationalkirche noch lange nicht auf, ein Auftrag, den der Metropolit im Oktober 1941 erhielt.[100] Als in den Vororten von Minsk schon wieder die Rote Armee stand, da wurden immer noch Seminare zur Bildung einer weißrussischen Elite abgehalten.

Hitler wiederholte die gegenüber Jodl formulierten Ansichten im größeren Kreis, nachdem er als Grund für den Krieg zuvor überhaupt "Rußlands Rolle und Möglichkeiten" erläutert und die UdSSR damit einmal mehr als potentielle Bedrohung der deutschen Position gekennzeichnet hatte. Solange die drei Weltmächte, die USA, Großbritannien und eben die UdSSR eine kompromißlose Politik mit dem Ziel der Ausschaltung Deutschlands als selbständige Macht betrieben, gab es zu einem Angriff auf Rußland keine Alternative. Ein Sieg dort war die einzige Chance, einen längerdauernden Konflikt mit den angelsächsischen Weltmächten zu überstehen. Im November 1940 hatte der sowjetische Außenminister Molotow das erst ein Jahr zuvor geschlossene Nichtangriffsabkommen mit Deutschland als "überholt und erschöpft" bezeichnet und in Berlin Forderungen vorgetragen, die den Sieg der Westmächte bereits geradezu voraussetzten.[101] Sie bedeuteten bei ihrer Verwirklichung eine kampflose strategische Kapitulation Deutschlands.[102] In der Konsequenz hieß das nichts anderes, als daß der Angriff auf Rußland "im Rahmen des Gesamtkrieges in der Situation des Spätherbstes 1940 tatsächlich wohl unvermeidbar war, wenn Hitler nicht 'kapitulieren' wollte."[103]

Das war die Situation, vor der Deutschland stand, vor der daher auch die Militärs standen, als Hitler ihnen die "ideologische Ausrichtung" des kommenden Krieges nahebringen wollte, wie die Ausstellung sagt. Genaugenommen brachte er den Militärs allerdings eher die Nachricht, daß er sie für diese Art Krieg für weitgehend ungeeignet hielt. Dies war kein Ausdruck einer nur momentanen Stimmungslage. Anfang März hatte er ja bereits gesagt, die "Aufgaben", die er in der UdSSR sehe, seien "so

---

[99] Dafür und für das folgende vgl. Chiari, Alltag, 98 ff.

[100] Vgl. ebd. Chiari, Alltag, S. 104.

[101] Vgl. ADAP, D, XI/1, S. 454 u. Hillgruber, Strategie, S. 306.

[102] Vgl. Scheil, Logik, S. 227.

[103] Zit. n. Hillgruber, Strategie, S. 393.

schwierig, daß man sie dem Heere nicht zumuten" könne.[104] Es war deshalb ja seine Entscheidung gewesen, der Armee die üblichen Zuständigkeiten der Militärverwaltung zu entziehen. Mit spürbarem Bedauern mußte er zwar zugeben, ganz ohne die Armee gehe es nicht:

> Das Heer brauche ein Operationsgebiet. Man müsse es aber der Tiefe nach soweit wie möglich beschränken. Dahinter sei keine militärische Verwaltung einzurichten.[105]

Der "ideologische Krieg" sollte dort im Hinterland stattfinden und von den Einsatzgruppen und Polizeibataillonen geführt werden. Der Wehrmacht war es dagegen von Hitler selbst explizit untersagt worden, sich daran zu beteiligen. Es gab allerdings eine Nahtstelle, an der auch die Wehrmacht eine ideologische Auseinandersetzung würde führen müssen, und es war eines der Ziele von Hitlers Ansprache, dazu die Voraussetzungen zu schaffen.

Von der zweieinhalbstündigen Ansprache, in der er das tat, gibt es als einzige zusammenhängende Aufzeichnung offenbar nur die wenigen Zeilen der Tagebuchaufzeichnung Halders, aus denen auch der Ausstellungskatalog zitiert. Welchen Zeitraum diese Äußerungen innerhalb der Rede eingenommen haben, darüber gibt es nur Mutmaßungen. Auch spricht Hitler in Halders Aufzeichnung eindeutig von "Kommunisten" als Verbrecher, nicht von der sowjetischen Armee als Ganzes. Wie aus den von Jodl zusammengefaßten Äußerungen Hitlers deutlich wird, sprach er von der "Beseitigung" der "jüdisch-bolschewistischen Intelligenz". Das dürfte eben der Versuch gewesen sein, den Kommissarbefehl zu rechtfertigen, der die Erschießung kommunistischer Funktionäre auch durch die Wehrmacht anordnete. Andere Tagebuchaufzeichnungen der insgesamt 200-250 anwesenden Offiziere widmen diese Stellen praktisch keine Aufmerksamkeit. Generalfeldmarschall Bock notierte lediglich knapp:

> Scharfes Zufassen. Wir sind nicht dazu da, Verbrecher zu konservieren.[106]

Schon das war für ihn - und nicht nur für ihn - Grund genug, sofort zu widersprechen. Die gegenteilige Behauptung der Ausstellung ist nicht richtig. Von widerspruchsloser Hinnahme von Hitlers Ausführungen kann ebensowenig die Rede sein wie von Zustimmung. Natürlich stand niemand einfach auf und rief dazwischen. Aber noch am Nachmittag des 30. März 1941 nahmen alle drei Oberbefehlshaber der Heeresgruppen, Ritter v. Leeb, v. Rundstedt und eben von v. Bock den Dienstweg. Zusammen mit einigen Armeeoberbefehlshabern bewegten sie den Generalstabschef Halder zu dem Plan, die Rücknahme des Kommissarbefehls durch eine

---

[104] KTB, OKW/WFSt I, S. 341, 3. März 1941, hier zit. n. Krausnick, Truppe, S. 115.

[105] Zit. n. Betz, Landkriegsvölkerrecht, S. 110.

[106] Zit. n. Hillgruber, Strategie, S. 526.

Rücktrittsdrohung von Halder selbst und dem Oberbefehlshaber des Heeres, Brauchitsch zu erzwingen.[107] Brauchitsch gab sich allerdings zuversichtlich, den Befehl mit entsprechenden Erlassen verwässern zu können, während er eine offene Rücktrittsdrohung wohl zu Recht als wirkungslos einschätzte. Hitler hielt seine Militärs für durchaus ersetzbar. Statt sich von solchen und anderen Widersprüchen beeindrucken zu lassen, entließ er während des Krieges 10 von 17 Feldmarschällen und 18 von 36 Generalobersten. Vor diesem Hintergrund hatte Brauchitsch schon 1938 auf die drohende Perspektive hingewiesen, "die Leitung der Armee könne am Ende einem Himmler übertragen werden".[108] Wenn man nicht genügend mitmache, verliere man die Zügel aus den Händen, ließ er damals einen seiner Offiziere dem englischen Militärattaché in Berlin ausrichten. Über diese Mischung aus Resignation und der fast schon trotzigen Illusion, dennoch "Zügel" in der Hand zu halten, mit denen man den deutschen Diktator lenken könnte, kam die deutsche Armeeführung nicht hinweg. So blieb der Widerspruch der Offiziere auch in diesem Frühjahr 1941 beim Oberbefehlshaber des Heeres stecken, dessen - aus Sicht des Diktators - mangelnde Militanz von Hitler schon 1938 als "Enttäuschung" empfunden worden war.[109] Brauchitsch Brauchitschsuchte sich andere Wege, die von Hitler gegebenen Befehle zu verwässern und ihnen die Schärfe zu nehmen, wie im nächsten Abschnitt sichtbar werden wird. In einer Ausstellung, die mit der behaupteten Zustimmung der Wehrmachtsführung operiert, hätte der Protest der Generale in jedem Fall erwähnt werden müssen.

Verbrecherische Befehle

Der Kriegsgerichtsbarkeitserlaß

Die Wehrmachtsführung stimmte den ideologischen Kriegszielen Hitlers grundsätzlich zu. Seiner Aufforderung zur Teilnahme am Weltanschauungskrieg entsprach sie mit der Erarbeitung konkreter Erlasse und Richtlinien.[110]

Wie bereits eingangs gesagt, wußte Hitler sehr genau, daß die Generäle in ihrer Mehrheit weder den ideologischen Zielen des Nationalsozialismus noch den nationalsozialistischen Methoden zustimmten. Eben dies war ja der Grund für die wiederholte Versammlung der Generalität zur persönlichen Einstimmung durch den Diktator selbst, der ihnen immer wieder einhämmerte, sie sollten von ihren Vorstellungen vom

---

[107] Vgl. Hillgruber, Strategie, S. 527.

[108] Vgl. Krausnick, Vorgeschichte, S. 328.

[109] Vgl. Krausnick, Vorgeschichte, S. 327.

[110] Zit. n. HIS, Katalog, S. 43.

"ritterlichen" Kampf Abstand nehmen. Damit hatte er nach eigenem Empfinden wenig Erfolg gehabt und er klang schon 1939 recht resigniert:

> Ich verlange nicht, daß meine Generäle die Befehle verstehen, sondern daß sie sie befolgen.[111]

Daran änderte sich nach dem Kriegsausbruch nur wenig, so daß die Konflikte zwischen der Wehrmachtsführung und den Nationalsozialisten unvermindert andauerten und Hitler voller Mißtrauen in immer stärkerem Ausmaß dazu überging, jede Kleinigkeit selbst zu überwachen und bis ins Detail zu befehlen. Das haben die Autoren der Ausstellung nicht berücksichtigt, wenn sie schreiben, Hitler habe zum Weltanschauungskrieg "aufgefordert" und damit insinuieren, diese Aufforderung hätte zurückgewiesen werden können wie eine Aufforderung zum Tanz. Deutschlands Diktator pflegte zu befehlen, nicht nur aufzufordern, und er hat das auch in diesem Fall getan. Alle verbrecherischen Befehle sind bis ins Detail seine Befehle. Die Aussage der Ausstellung, "am 13. Mai 1941 verfügte das Oberkommando der Wehrmacht ... den Kriegsgerichtsbarkeitserlaß"[112] ist sachlich nicht richtig, wie ein Blick auf den Kopf des Dokuments zeigt, das in der Ausstellung selbst als Photographie zu finden ist. Dort steht klar ausgesprochen, wer den Befehl erlassen hat:

> Der Führer   Führerhauptquartier 13. Mai 1941
> und Oberste Befehlshaber
> der Wehrmacht

Unterzeichnet hat der Chef des OKW lediglich "im Auftrag".[113] Einmal mehr widerspricht der einleitende Text eines Ausstellungsabschnitts den später präsentierten Dokumenten.

> Mit beiden Befehlen setzte die Wehrmachtsführung wesentliche Bestandteile des damals geltenden Kriegs- und Völkerrechts für den Krieg gegen die Sowjetunion außer Kraft. Sie schuf damit die Grundlagen des Rassen- und Vernichtungskrieges. Zugleich demonstrierten die verantwortlichen Militärs nicht nur ihre Übereinstimmung mit Hitlers Kriegszielen, sondern setzten diese auch konkret um.[114]

Noch einmal wird die Behauptung von "Übereinstimmung" wiederholt, die sich, wie wir oben gesehen haben, so nicht halten läßt. Die Ausgabe eines von Adolf Hitler detailliert formulierten Befehls dann dahingehend umzudeuten, die Befehlsempfänger hätten "somit die Grundlagen des Rassen- und Vernichtungskrieges" geschaffen, zeugt entweder von einem starken Irrtum oder von bewußtem Verschweigen der Machtverhältnisse im nationalsozialistischen Deutschland. Niemand konnte Hitler daran

---

[111] Zit. n. Scheil, Logik, S. 156.

[112] Vgl. HIS, Katalog, S. 43.

[113] Vgl. HIS, Katalog, S. 46-48.

[114] Zit. n. HIS, Katalog, S. 43.

hindern, diese Befehle auf dem Weg über das OKW zu erlassen, das faktisch nicht mehr als sein Sekretariat und ohne jeden Befehl über Truppenteile war. Alles was möglich war, war ihre stillschweigende Umgehung und der Erlass widersprechender Ausführungsbestimmungen. Beides ist geschehen.

Schon der ursprüngliche Entwurf des Oberkommandos des Heeres zum Kriegsgerichtsbarkeitserlaß hatte den Satz enthalten:

> Es bleibt unter allen Umständen Aufgabe aller Vorgesetzten, willkürliche Ausschreitungen einzelner (Wehrmachts-) Heeresangehöriger zu verhindern und einer Verwilderung der Truppe vorzubeugen.[115]

Das Oberkommando der Wehrmacht, also Generalfeldmarschall Keitel, hatte wahrscheinlich nach Rücksprache mit Hitler diesen Passus nicht übernommen, worauf der Chef des Heeres, Generalfeldmarschall v. Brauchitsch, ihn durch einen eigenen einschränkenden Erlaß zum Kriegsgerichtsbarkeitserlaß erstens wörtlich wieder einfügte, daran erinnerte, daß der "Kampf mit der feindlichen Wehrmacht die eigentliche Aufgabe der Truppe sei" und ausdrücklich noch dazusetzte:

> Der einzelne Soldat darf nicht dahin kommen, daß er gegenüber den Landesbewohnern tut und läßt, was ihm gut dünkt, sondern er ist in jedem Fall gebunden an die Befehle seiner Offiziere.[116]

Die Ausstellung bringt ein Faksimile dieses Erlasses, der ihren Behauptungen von Übereinstimmung zwischen der Wehrmacht und den Intentionen von Teilen der NS-Führung drastisch widerspricht.[117] Dieser Einschätzung hat sich auch Prof. Manfred Messerschmidt in seiner umfangreichen Arbeit über die "Wehrmacht im NS-Staat" deutlich angeschlossen:

> *Jeder*, der sich den politischen Charakter der Weisungen Hitlers vor Augen hält, wird erkennen *müssen*, daß hinter der Weisung des Heeresführung wesentlich andere Motive gestanden haben als hinter den Befehlen Hitlers.[118]

Wichtig ist in diesem Zusammenhang, daß Messerschmidt als langjähriger Chef des Militärgeschichtlichen Forschungsamts und Mitglied der Reemtsmaschen Historikerkommission eine Stimme ist, die das Hamburger Institut zweifellos kennt. Dennoch wird über seine

---

[115] Zit. n. Broszat/Jacobsen/Krausnick: Anatomie des SS-Staates, S. 179.

[116] Zit. n. HIS, Katalog, S. 50.

[117] Aus den zahlreichen eidesstattlichen Erklärungen zu diesem Themenkomplex während des Nürnberger Prozesses sei hier die Aussage des Generalrichters Block erwähnt, der im Januar 1943 vor der Versetzung nach Rußland den Barbarossa-Erlaß kennenlernte, aber auf Anfrage bei seinem Oberbefehlshaber v. Mackensen die lapidare Auskunft erhielt, der Erlaß sei für die Armee "als nichtverbindlich anzusehen". Vgl. IMT, Bd. XLII, S. 281.

[118] Zit. n. Messerschmidt, Wehrmacht, S. 258, Hervorhebungen von mir. Messerschmidt bezieht sich als Beleg ausdrücklich auf die auch von mir zitierte Passage aus dem Befehl Brauchitschs.

Einschätzung, die nach dem Gang der Ereignisse und dem Wortlaut der Dokumente wirklich bestätigt werden *muß*, in der Ausstellung einfach hinweggegangen. Der Kriegsgerichtsbarkeitserlaß und seine möglichen Folgen waren der Wehrmachtsspitze überaus suspekt. Man fürchtete um die "Manneszucht", was in der Ausstellung als bloße Besorgnis über möglicherweise fehlende Effizienz der Truppe dargestellt wird, was aber eher als altertümlicher Begriff für die Furcht vor einem Mißbrauch der Macht verstanden werden muß, die dem einzelnen Soldaten mit diesem Erlaß theoretisch gegeben war und vor dem er so wenig gefeit war wie irgendein anderer Mensch sonst. Auf der Gegenseite teilte etwa Stalin solche Bedenken nicht. Die Beschwerden einer jugoslawischen Delegation über mehr als 1200 Plünderungs- und 121 Vergewaltigungsverbrechen der als "Befreier" eingerückten Roten Armee im Nordwestzipfel Jugoslawiens, von denen 111 tödlich endeten, schmetterte er Milovan Djilas gegenüber lapidar ab:

> Weiß er denn nicht, was Menschenleid und Menschenherz sind? Kann er es nicht verstehen, wenn ein Soldat, der Tausende von Kilometern durch Blut und Feuer und Tod gegangen ist, an einer Frau eine Freude hat oder eine Kleinigkeit mitgehen läßt?[119]

Es kam mir beim Betrachten dieses Ausstellungsabschnitts auch ein nicht unähnlicher Erlaß dieser Zeit in den Sinn, der Straftaten gegenüber einer anderen Bevölkerungsgruppe allerdings nicht nur vom Verfolgungs*zwang* ausnahm, sondern ihre Verfolgung sogar ausdrücklich *verbot*. Es handelt sich um das Benesch-Dekret aus dem Jahr 1945, wonach jede gegen Deutsche und Ungarn begangene Gewalttat nicht verfolgt werden konnte, wenn sie in irgendeinem Zusammenhang als Antwort auf angebliche oder tatsächliche deutsche Aggressionen darstellbar war. Es war fast alles erlaubt, so teilte auch die tschechische Botschaft in Berlin auf Anfrage mit und stellte die Dekrete in einen europäischen Rahmen:

> Dieses Gesetz legalisiert nicht Straftaten, die in der Zeit vom 30. September 1938 bis zum 28. Oktober 1945, dem Tag der ersten Sitzung der Vorläufigen Nationalversammlung, gegen Deutsche aus Niedertracht begangen wurden. Ähnliche Einschränkungen gibt es übrigens auch in vergleichbaren ausländischen Gesetzen. In Frankreich wurden zum Beispiel in einem analogen Amnestiegesetz, in welchem für die Taten zwischen dem 10. Juni 1940 und dem 1. Januar 1946 Straffreiheit nur unter Bedingung eingeräumt, daß es sich nicht um Delikte handelte, 'die den Interessen des Widerstandes völlig fremd waren'. In Italien forderte ein fast identisches Gesetz, daß während der nazi-faschistischen Besetzung bis zum 11. Juli 1945 nicht solche Taten straffrei bleiben sollen, bei denen 'aufgrund sicherer Beweise hervorgeht, daß diese gewöhnliche Strafdelikte sind'.[120]

So mußte dem Mörder denn auch erst "sicher" bewiesen werden, daß er ein gewöhnlicher Mörder war. In der Praxis führte dies auch in Frankreich

---

[119] Zit. n. Djilas, Gespräche, S. 123.

[120] So Botschaftssekretär Zdenek Aulicky in einer Antwort auf eine Anfrage des "Ostpreußenblatts".

zu zehntausenden Toten, denn damit wurden Millionen Menschen der jeweiligen Gegenseite für Vogelfrei und jede Straftat bis zum Beweis des Gegenteils für erlaubt erklärt. Schließlich hatte etwa nach tschechischer Lesart etwa jeder Sudetendeutsche, der sich für das Selbstbestimmungsrecht und für den Beitritt zu Deutschland erklärt hatte, automatisch eine Agression gegen den tschechoslowakischen Staat begangen. Dies diente und dient auch heute noch zur juristischen Rechtfertigung von zehn- vielleicht hunderttausenden Gewaltverbrechen, begangen nach Ende der Kampfhandlungen und an Zivilisten, denen schon die bloße die Wahrnehmung ihrer demokratischen Recht vorgeworfen wurde, die auch keinerlei bewaffneten Widerstand leisteten oder eine gegnerische Streitmacht hätten unterstützen können. Die "Wehrmachtsausstellung" läßt hier die krasse Differenz im Umgang mit solchen aus der Vergangenheit überlieferten Begebenheiten sichtbar werden.

Was in der Wehrmachtsausstellung als "Grundlage eines Rassen- und Vernichtungskrieges" dargestellt wird, wird in anderem Zusammenhang von höchster Stelle gerechtfertigt. So gibt es denn auch keine Ausstellung "Verbrechen unter den Benesch-Dekreten", die aufklärend durch deutsche Orte wandern könnte. Statt dessen mußten sich die Mordopfer auch des Brünner Todesmarschs von der deutschen Bundesregierung im Jahr 2001 dahingehend belehren lassen, ihre Ermordung als Antwort auf vorhergegangenes "deutsches Unrecht" aufzufassen. So fand denn auch das Europäische Parlament nach einigem ehrenwerten Zögern nichts dabei, diese Regelung im Jahr 2003 mit der Aufnahme der Tschechischen Republik als Mitglied der Europäischen Union in das geltende europäische Rechtssystem zu übernehmen, ohne auf ihrer Aufhebung zu bestehen. Die Ausstellung des Hamburger Instituts für Sozialforschung wird hier als Teil eines geschichtspolitischen Trends sichtbar, der trotz aller vorgeblichen Aufklärungsabsichten tatsächlich unter vielen Aspekten das allzu "alte Europa" repräsentiert, jenes Europa des nationalistischen Zynismus, das keine allgemeingültigen Menschenrechte kennt und nur pragmatische Wahrheiten. Sie trägt nichts dazu bei, diesen Trend zu stoppen und viel, ihn zu fördern.

Kommissarbefehl

Wie oben gesehen, protestierten mehrere Generäle gegen die Äußerungen Hitlers über den Kommissarbefehl. Dennoch konnte er zunächst nicht gestoppt werden, es wurden statt dessen andere Wege gesucht, in denen sich die Differenz zwischen Wehrmacht und SS einmal mehr widerspiegelt. Der mittlerweile in manchen Publikationen vielgescholtene Generalquartiermeister Eduard Wagner, dem von Christian Gerlach geradezu eine aktive Forderung nach Beteiligung der Wehrmacht an

Verbrechen vorgeworfen wird, hat den Grund genannt, warum seiner Ansicht nach beispielsweise das gewählte Verfahren für den Kommissar-Befehl akzeptabel sei:

> Wenn ein schriftlicher Befehl Hitlers das Heer und nicht den SD mit der Durchführung der Gefangenenbehandlung im Hitlerschen Sinne beauftrage, werde OKH ohne Schwierigkeiten Mittel und Wege finden, um die Durchführung der verbrecherischen Anordnungen in der Praxis zu vereiteln.[121]

Dies war der Hintergedanke, der Wagner im Gespräch mit Heydrich im Frühjahr 1941 leitete. Der Streit darüber, ob das in der Praxis tatsächlich geschehen ist, oder ob der Kommissarbefehl doch zum Großteil ausgeführt wurde, ist bisher nicht entschieden. Es gibt Meldungen einzelner Truppenteile, die von solchen Erschießungen berichten. Die Ausstellung dokumentiert dies auch. Dabei ist zu bedenken, daß wenn das Heer tatsächlich die Erschießung von Kommissaren sabotieren wollte, solche Meldungen unbedingt gemacht werden mußten, damit diese Sabotage unbemerkt und also erfolgreich bleiben konnte.[122] Zugleich zeugt die hohe Zahl an Kommissaren, die erst bei den Aussonderungen in den Gefangenenlagern von der SS entdeckt wurden, davon, daß der Befehl von den deutschen Fronttruppen weitgehend ignoriert worden sein muß.[123] Generalstabschef Halder notierte ebenfalls, die Kommissare würden "zum größten Teil erst in den Gefangenenlagern festgestellt".[124] Auch gibt es hier wieder einen prominenten Zeitzeugen, der dies bestätigt. Adolf Hitler beschwerte sich bei seinem Adjutanten:

> Er wisse ja, daß man im Heer die gegebenen Befehle, wie z. B. den Kommissarbefehl ... gar nicht oder nur zögernd befolgt habe. Schuld daran trage das Oberkommando des Heeres, das 'aus dem Soldatenberuf möglichst einen Pastorenstand' machen wolle. Wenn er seine SS nicht hätte, was wäre dann noch alles unterblieben ... ![125]

Die Reaktion der deutschen Armeeführung auf den Kommissarbefehl ist wegen solcher Tatsachen im Plädoyer der Verteidigung während des Nürnberger Prozesses als Beispiel dafür bezeichnet worden, in welcher Form Widerstand innerhalb des autoritären Staates möglich sei. Bald nach Beginn der Kämpfe begannen erste konkrete Anfragen von Kommandeuren aufzulaufen, den Befehl in seiner jetzigen Form aufzuheben. Verbunden mit der Behauptung, der Kommissarbefehl stärke den Widerstand auf russischer Seite, forderte das Oberkommando des Heeres dessen Aufhebung, eine Forderung, die von Hitler persönlich

---

[121] Zit. n. Broszat/Jacobsen/Krausnick: Anatomie des SS-Staates, S. 178.

[122] Dies ist gegen Jürgen Förster einzuwenden, der diese Meldungen als "deutliche Sprache" einstuft. Vgl. Förster, Lebensraum, S. 1062.

[123] Vgl. Broszat/Jacobsen/Krausnick: Anatomie des SS-Staates, S. 182.

[124] Zit. n. Halder, KTB III, S. 139.

[125] Zit. n. Schramm, KTB, I, S. 152 f.

abgelehnt wurde.[126] Der Nachrichtenoffizier Frhr. v. Gersdorff spricht in einem Bericht davon, daß die Erschießungen "als eine Verletzung der Ehre der Deutschen Armee, in Sonderheit des Deutschen Offizierskorps betrachtet" werden.[127]

Die Wehrmachtsführung erreichte am Ende die Aufhebung des Kommissarbefehls. Hitler selbst war, wie eben gesehen, der Meinung, er sei nicht ausgeführt worden, und die Erschießungen wären wie andere Dinge ohne die SS "unterblieben". Es wäre wahrscheinlich alles unterblieben, was zur typisch nationalsozialistischen Zielsetzung dieses Krieges gehörte, das läßt sich aus dem Verhalten der Wehrmachtsführung und der Einschätzung Hitlers schließen. Für eine Billigung der nationalsozialistischen Ziele und Methoden durch sie gibt gerade der Kommissarbefehl keinen Beweis. Das letzte Wort dazu soll Manfred Messerschmidt haben, der Wehrmachtsausstellung heutzutage merkwürdigerweise wahrhaft wohlgesonnen und verbunden, der dies einmal ebenfalls für richtig erkannt hat. Es gab Zeiten, da konnte auch "kritische" Geschichtsschreibung noch ausgewogene Urteile fällen:

> Richtig ist, daß die Heeresführung von den Generalen bestürmt worden ist, daß hohe Offiziere zum Ausdruck brachten, eine solche Kriegführung sei unzumutbar, richtig ist auch, daß der Oberbefehlshaber des Heeres diesen Männern Recht gab, daß die Heeresführung gern die Hitlerschen Pläne umgangen hätte. Aber am Ende hat die Armee den Gehorsam nicht aufgekündigt, sie hat vielfach Hitlers Mordbefehl umgangen und sich vor allem um die Wahrung der Disziplin bemüht, also den Versuch unternommen, mit typischen Mitteln der fachmilitärischen Menschenführung den durch die politischen Befehle drohenden Auswüchsen zu steuern. Ein durchschlagender Erfolg konnte auf diese Weise nicht erreicht werden. Man ist in den Krieg hineingegangen mit einer oktroyierten Konzeption, die man nicht billigte (sic!), der man sich entziehen wollte und verschiedentlich auch entziehen konnte, der man aber nicht offen bis zur letzten Konsequenz entgegenzutreten wagte.[128]

Jeder dieser Sätze widerspricht den Kernaussagen der Wehrmachtsausstellung.

Antijüdische Maßnahmen

Es gibt wohl kein heikleres Kapitel deutscher Zeitgeschichtsschreibung als die Verfolgung und Ermordung der europäischen Juden. Eins der zentralen Vorhaben der Ausstellung besteht darin, die Beteiligung "der Wehrmacht als Institution" an diesem Verbrechen nachzuweisen. Folgerichtig beginnt der Abschnitt "Völkermord" mit einer Beschreibung dessen, was die Ausstellungsleitung als erwiesen ansieht:

---

[126] Vgl. HIS, Katalog, S. 203.

[127] Vgl. HIS, Katalog, S. 204.

[128] Zit. n. Messerschmidt, Wehrmacht, S. 400.

Die Ermordung der sowjetischen Juden war ein von mehreren Institutionen gemeinschaftlich durchgeführtes Verbrechen, für das die Einsatzgruppen der Sicherheitspolizei und des SD sowie die Verbände der Höheren SS und Polizeiführer die Hauptverantwortung trugen. Ohne die Zusammenarbeit mit der Wehrmacht hätte der Massenmord an der jüdischen Bevölkerung allerdings nicht durchgeführt werden können. Die Wehrmacht war für die Erfassung, Kennzeichnung und Ghettoisierung der Juden verantwortlich, solange das Gebiet unter militärischer Verantwortung stand. Bei den Erschießungen leisteten Wehrmachtseinheiten immer wieder administrative und logistische Unterstützung, sie beteiligten sich aber auch in Kooperation mit der SS an den Erschießungen selbst oder waren für diese sogar allein verantwortlich.

Die Zahl der jüdischen Opfer, die durch Wehrmachtsbeteiligung starben, läßt sich nicht abschätzen.[129]

Beginnen wir mit dem letzten Satz, durch den die neue Ausstellung sich erst einmal positiv von der alten abhebt. Deren Leiter Hannes Heer hatte auch an dieser sensiblen Stelle mit seinen Urteilen nicht zurückstehen wollen und neben anderen Zahlen auch hier eine drastische und nur seiner eigenen Phantasie entsprungene Zahl in den Raum geworfen. Neben "3,3 Millionen von der Wehrmacht getöteten sowjetische Kriegsgefangenen" und "5 bis 7 Millionen von der Wehrmacht, in Zusammenarbeit mit Polizei und SS, außerhalb von Kampfhandlungen getötete 'partisanenverdächtige' Zivilisten" setzte er die Zahl:

1 bis 1,5 Millionen von der Wehrmacht direkt oder durch Beihilfe getöteten Juden.[130]

Im Katalog der alten Ausstellung klang dies aus Heers eigener Feder ganz anders:

Hinweise auf Exekutionen von Juden sucht man ebenso vergebens wie Angaben über die Selektionen in den Kriegsgefangenlagern oder über den Mord an Frauen und Kindern im Rahmen des Partisanenkampfes.[131]

Irgendwo im unermeßlichen Zwischenraum von "Hinweise sucht man ... vergebens" und "1 bis 1,5 Millionen direkt ... getöteten Juden" fand sich dann auch noch Platz für die Aussage, man arbeite "wissenschaftlich". Darüber ließe sich eine Satire schreiben.

Genaugenommen habe ich während der Arbeit an dieser Studie oft feststellen müssen, wie schwierig es ist, über die Vorgänge besonders im Umfeld der alten Ausstellung *keine* Satire zu schreiben.[132] Was hier gedruckt vorliegt, ist unter anderem das Ergebnis einer Selbstzensur in

---

[129] Zit. n. HIS, Katalog, S. 77.

[130] So Heer in einer Rede zur Ausstellungseröffnung in Karlsruhe im Februar 1997, zit. n. HIS, Krieg, S. 107. Ausrichter in diesem Fall der "Badische Kunstverein", anwesend u.a. die Präsidentin des Bundesverfassungsgerichts Jutta Limbach. Zu den anderen Zahlen und die Verantwortung der Wehrmacht vgl. die entsprechenden Kapitel.

[131] Zit. n. Heer, Vernichtungskrieg, S. 161.

[132] Auch der eingangs bereits erwähnte Bernd Greiner kolportierte in einer Rede zur Ausstellungseröffnung in Marburg am 13.9.97 die Zahl von 1,5 Millionen jüdischen Zivilisten, für deren Tod "die Wehrmacht verantwortlich" sei. Vgl. HIS, Krieg, S. 177.

dieser Hinsicht, denn eine Satire wäre dem Thema nicht angemessen. Sehen wir also nun, wie die neue Ausstellung damit fertig wird, daß man Hinweise auf Exekutionen von Juden durch die Wehrmacht "vergebens sucht". Zu den beiden Komplexen "Kriegsgefangene" und "Partisanenkrieg" werden wir ebenfalls noch kommen, da sie auch in der neuen Ausstellung auftauchen.

Dankenswerterweise hat sich jedenfalls diese neue Ausstellung von solchen Phantasiezahlen wie den eben von Heer genannten distanziert. Immerhin bleibt sie aber dabei, "Wehrmachtseinheiten" hätten sich an den "Erschießungen beteiligt" oder seien "für diese sogar allein verantwortlich" gewesen. Der letzte Satz läßt sich eigentlich nur so verstehen, daß es nach Meinung der Aussteller während des Völkermords Erschießungen gegeben hat, an denen mehrheitlich oder sogar ausschließlich Wehrmachtseinheiten beteiligt waren und die außerdem von der Wehrmacht in Eigenregie angeregt und durchgeführt wurden. Die Ausstellung nennt in diesem Abschnitt insgesamt zwölf verschiedene Orte,[133] an denen nach ihrer Einordnung also "Völkermord" durch die Wehrmacht stattgefunden haben soll. Einzelne Darstellungen aus dieser Reihe wie das Verhalten der 707. Infanteriedivision in Weißrußland oder die Vorgänge in Kamenez-Podolsk, Dubno, Lemberg sowie die erneute Präsentation von Tarnopol werde ich weiter unten detaillierter untersuchen. Allgemein kann aber gesagt werden, daß keiner der präsentierten Fälle eine von der Wehrmacht im Rahmen des Völkermords inszenierte und selbst durchgeführte Tötungsaktion darstellt.

In einzelnen Fällen wie Mogilew ist offenbar nicht einmal die Identität der Getöteten geklärt. Nur einer der in der Ausstellung zitierten Zeugen spricht explizit von einer "Anzahl von jüdischen Menschen" - und zwar derjenige, der am Ort gar nicht anwesend war. Ein anderer spricht von einer Gruppe "Männer in russischen Uniformen", die seiner nicht näher begründeten "Meinung nach ... Juden" waren. Der einzige direkt "Tatbeteiligte" spricht nicht von Juden.[134] Zudem fehlt in diesem Fall jeder Versuch der juristischen Einordnung der Exekution, was für ihre Beurteilung schließlich entscheidend ist, wie im Fall Pancevo noch deutlich werden wird. Wie dort war auch der Erschießung in Mogilew ein tödliches Attentat vorangegangen. In welcher Verbindung die später Getöteten zu diesem Attentat gestanden haben, geht aus den Zeugenaussagen nicht hervor, daß "zahlreiche Juden in der Stadt

---

[133] Vgl. HIS, Katalog, S. 77-185.

[134] Vgl. HIS, Katalog, S. 152 f. Ein Detail sei noch erwähnt: "Tatbeteiligt" war Wolfgang S. nach dieser Aussage nur insofern, als er Zeuge wurde.

zusammengetrieben wurden", wie der Ausstellungstext behauptet,[135] ebenfalls nicht.

Nun wäre es auch überraschend, wenn die Ausstellung solche Erschießungen durch die Wehrmacht präsentieren könnte, wie sie von den eigens dafür geschaffenen Einsatzgruppen und Polizeibataillonen durchgeführt wurden. Nach Absperrung wurde dabei die jüdische Bevölkerung ganzer Ortschaften getötet. Dies war die Art und Weise, wie der Völkermord durchgeführt wurde, so lange er noch nicht industriell geworden war. Es ist der Ausstellung nicht gelungen, auch nur eine einzige Aktion dieser Art glaubwürdig zu dokumentieren, die von der Wehrmacht in Eigenverantwortung durchgeführt wurde.[136] Gemessen am eigenen Maßstab ist auch die neue Ausstellung den Nachweis der eingangs zitierten Sätze schuldig geblieben.

> Die Verfolgung und Ermordung der sowjetischen Juden wäre ohne die durch das Militär ausgeübte Kontrolle über die eroberten Städte und Gemeinden nicht möglich gewesen. Die Wehrmacht errichtete flächendeckend Feld- und Ortskommandaturen, welche die regionale Verwaltung übernahmen und das zivile Leben bestimmten, solange das Gebiet unter militärischer Besatzung stand.[137] Dies galt auch für die "Behandlung" der jüdischen Bevölkerung.[138]

Dies ist ein schönes Beispiel für die Formulierungskunst der Aussteller bei dem Versuch etwas anzudeuten, ohne es doch direkt zu behaupten. Was genau "galt auch für die Behandlung der jüdischen Bevölkerung"? Daß die Wehrmacht für kurze Zeit auf dem Durchmarsch das zivile Leben bestimmte? Dies wäre richtig, aber banal. Es ist zudem gerade kennzeichnend für die besonderen Anordnungen vor dem Rußlandfeldzug, daß die Reichweite und Dauer der Militärverwaltung gegenüber den anderen Feldzügen erheblich eingeschränkt worden war. Und welche "Behandlung" ist hier gemeint? Soll das eine Anspielung auf die Ermordung der Juden durch die Einsatzgruppen sein? Falls das so ist, wie steht diese Behauptung über die Wehrmachtskommandaturen zu der im Katalog selbst zitierten Anordnung für die innere Verwaltung vom 11. August 1941, wo es heißt:

> Alle die Juden betreffenden Maßnahmen berühren die FKs und Oks grundsätzlich nicht.[139]

Das ist doch das Gegenteil der gerade drei Seiten zuvor behaupteten Aussage, die Kommandaturen seien für antijüdische Maßnahmen

[135] Zit. n. HIS, Katalog, S. 150.

[136] Das gilt auch für den Fall Mir, auf den ich später eingehen werde.

[137] Das war immer nur sehr kurz der Fall, die Militärverwaltung war zuvor ausdrücklich auf einen kleinen Raum beschränkt worden.

[138] Zit. n. HIS, Katalog, S. 78.

[139] Zit. n. HIS, Katalog, S. 81.

zuständig gewesen und es wäre ohne sie gar nicht gegangen. Diese Behauptung der Ausstellung wird wiederum drei Seiten später erneuert:

> Die Durchführung des Genozids setzte die personelle, organisatorische und logistische Unterstützung durch Wehrmachtsstellen voraus.[140]

So der Katalogstext. Es scheint sich bei der Aufstellung dieser Behauptung niemand Gedanken darüber gemacht zu haben, was eigentlich die Täter selbst zu diesem Punkt zu sagen hatten. Hielten Himmler oder Heydrich die Zusammenarbeit mit der Wehrmacht für notwendig, um die Ermordung der Juden bewerkstelligen zu können? Die Antwort findet sich an einer zentralen Stelle, an der zentralsten Stelle überhaupt.

Die Wannsee-Konferenz

Am 20. Januar 1942 berief Heydrich zu einem ursprünglich für den Herbst 1941 terminierten, dann aber noch einmal verschobenen Treffen nach Berlin ein, an dem die "Endlösung der Judenfrage" besprochen werden sollte. Er tat dies, um sich als alleiniger Beauftragter für den Judenmord darzustellen und er schrieb deshalb "alle in Betracht kommenden Zentralinstanzen" an, von denen er dabei abhängig sein würde und die deshalb in gewisser Form beteiligt sein mußten. Das wurde eine Liste mit insgesamt vierzehn Teilnehmern, die aus sehr unterschiedlichen Bereichen kamen, zunächst selbstverständlich aus verschiedenen SS- und SD-Strukturen, wie dem Reichssicherheitshauptamt und dem Amt für Rasse- und Siedlungsangelegenheiten, dann aus der Reichskanzlei, dem Auswärtigen Amt ebenso wie aus dem Innen- und Justizministerium, von dem Bevollmächtigten für den Vierjahresplan, dem Generalgouvernement und schließlich gar der Parteikanzlei. Es wird nach dieser Zusammenstellung und den Behauptungen des Katalogs überraschen, aber aus der für diesen Plan angeblich so unentbehrlichen Wehrmacht war niemand eingeladen worden. Sie kam aus Heydrichs Sicht für eine größere Rolle im Rahmen des Judenmords offenkundig nicht "in Betracht". Auch ein Legitimationsschreiben Heydrichs vom 25. Januar 1942, er sei für die Endlösung der Judenfrage zuständig, ging zwar an die Einsatzgruppen und SS bzw. SD, aber an *keine* Wehrmachtsstelle.

Der Ausstellungskatalog thematisiert dies nicht, obwohl es eine gute Gelegenheit wäre, über die Rolle der Wehrmacht innerhalb des nationalsozialistischen Machtapparates und seiner Entscheidungsfindungen grundsätzlich zu berichten. Hier wie bei allen anderen nationalsozialistischen Vorhaben ging von der Wehrmacht keine Initiative aus. "Die Ermordung der sowjetischen Juden war ein von mehreren Institutionen gemeinschaftlich durchgeführtes Verbrechen,"

---

[140] Zit. n. HIS, Katalog, S. 84.

schreibt der Katalog richtig.[141] Er vergißt zu erwähnen, daß die Wehrmacht nach nationalsozialistischer Ansicht nicht zu diesen Institutionen gehörte. In diesem Fall wurde sie, eingedenk der obersten Hitlerschen Devise, „es dürfe niemand etwas wissen, der es nicht unbedingt wissen muß,"[142] als "Institution" nicht einmal informiert. Wer über "die Wehrmacht" unter dieser Perspektive eine Ausstellung macht, verbunden mit dem Ziel, mögliche Verbrechen der Armee „als Institution" aufzuzeigen, und in der Absicht, zu demonstrieren, daß "die Wehrmacht als Institution an der Planung und Durchführung eines beispiellosen Rassen- und Vernichtungskrieges umfassend beteiligt war", müßte das an dieser Stelle berücksichtigen, wo er eine Beziehung zwischen der Wehrmacht und der Ermordung der europäischen Juden herstellt.

Statt dessen präsentiert der Katalog auf den folgenden Seiten ein selbsterarbeitetes Organogramm der Kontakte zwischen Wehrmacht und SS, zeigt die Zusammensetzung der Einsatzgruppe A, zu der nach diesen Angaben offenbar *keine* Wehrmachtsangehörigen gehört haben. Präsentiert wird eine schematische Darstellung des Einsatzwegs dieser Einsatzgruppe A durch das Baltikum und ein Foto einer schematischen Landkarte des nördlichen Ostmitteleuropa, auf der handschriftliche, undatierte Eintragungen eine Bilanz der Erschießungen dieser Einsatzgruppe bis zum Januar 1942 darstellen sollen. Unter anderem zeigt das Foto eine Zahl von 41821 neben Minsk, wo diese Einsatzgruppe A nach dem von den Ausstellungsmachern selbst erstellten Schema auf der gegenüberliegenden Katalogseite gar nicht gewesen war. Weißrußland gehörte danach zum Operationsgebiet der Einsatzgruppe B.[143] Das ist nur ein weiteres Beispiel für das merkwürdig zwanglose Vorgehen der Ausstellung bei der Präsentation von Fakten.

Ein paar Zitate aus Berichten der Einsatzgruppen, in denen pauschal die gute Zusammenarbeit mit der Wehrmacht gelobt wird, runden das Kapitel dann ab. Aus diesen Formulierungen, die als Floskeln beinahe jeden Geschäftsbrief deutscher Sprache zieren - und oft genug noch die Kündigung des Geschäftsverhältnisses - wollen die Ausstellungsmacher den weitreichenden Schluß auf völliges Einverständnis und Zusammenarbeit zwischen beiden Stellen ziehen. Einen direkten Bezug zu den Erschießungsaktionen der Einsatzgruppen gibt es aber in keinem dieser Zitate, die, wie man ja immer im Auge behalten muß, aus Hunderten von Berichten mit Tausenden von Seiten zusammengesucht sind. Es gibt dagegen durchaus Berichte über Spannungen zwischen

---

[141] Ebd. HIS, Katalog, S. 77.

[142] Vgl. Sitzung vom 23. Mai 1939.

[143] Auch Helmut Krausnick ist nicht klar, was diese Zahl genau beinhalten soll. Vgl. Krausnick, Truppe, S. 608.

Wehrmacht und SS und Beispiele für angedrohte oder durchgeführte Strafversetzungen von SS-Angehörigen, die gegenüber der Wehrmacht nicht hart genug aufgetreten waren.[144]

Initiative und Verantwortung

In der Neufassung der Wehrmachtsausstellung ist ebenso wie in der alten eine große Zahl an Dokumenten und vor allem an Bildern enthalten, die für die Ausstellungsthese offenkundig irrelevant sind. Sie zeigen weder 'Verbrechen der Wehrmacht', noch lassen sie auf solche schließen. Dies war ein wesentlicher Kritikpunkt schon bei der alten Ausstellung, den die von Jan Philipp Reemtsma eingesetzte Historikerkommission mit folgenden Ausführungen zu entkräften versuchte:

> Bei dem zentralen Vorwurf an die Ausstellung „Vernichtungskrieg", sie zeige Verbrechen, für die die Wehrmacht nicht verantwortlich sei, sind drei Aspekte zu unterscheiden: (1) Wo liegt der Kritik ein Begriff von Verbrechen zugrunde, der die Arbeitsteilung zwischen verschiedenen Institutionen unberücksichtigt lässt und aus diesem Grund die Anzahl der Fotografien einschränkt? (2) Wo konnten den Autoren falsche Identifizierungen (Uniformen, Zeit- bzw. Ortsangaben) nachgewiesen werden? (3) Wurden mittels Fotografien Mordaktionen derWehrmacht angelastet, die tatsächlich die sowjetische Geheimpolizei NKWD zu verantworten hatte?
>
> (zu 1) Unhaltbar ist die Ansicht, nur solche Fotos gehörten in die Ausstellung, die Wehrmachtsoldaten und -offiziere im Augenblick der Exekution zeigen, um dann daraus zu folgern, lediglich ca. 10% des in der Ausstellung verwendeten Bildmaterials zeigten Verbrechen der Wehrmacht. Die Ermordung der Juden, der sowjetischen Kriegsgefangenen und der Zivilbevölkerung war nur als arbeitsteiliger Vorgang innerhalb des militärischen und polizeilichen Exekutivapparates des „Dritten Reiches" möglich (Heereseinheiten, Feldgendamerie, Geheime Feldpolizei, Waffen-SS-Einheiten, einheimische Milizen, Einsatzgruppen der Sicherheitspolizei und des SD, Ordnungspolizei etc.). Mit anderen Worten: Aufnahmen von Bahnbeamten, SS oder Milizen gehören somit durchaus in eine Ausstellung über „Verbrechen der Wehrmacht".[145]

Dies ist die Kollektivschuldthese in ihrer banalsten Version. Alles hängt irgendwie mit allem zusammen und kreiert eine Gesamtverantwortung, in der dann Fotos von Bahnbeamten auf Gleisanlagen die gleiche Relevanz haben wie Bilder von Einsatzgruppen bei der Exekution. Norbert Blüm hat ähnliches vor Jahren ausgedrückt mit dem denkwürdigen Satz, die KZ hätten nur solange stehen können, wie auch die Front stand. Er hat Recht und man kann den Satz wie jede andere Banalität mühelos noch weiter ausdehnen, ohne daß er seine Gültigkeit verliert, denn wenn die KZ von den Soldaten abhingen, dann hingen die Soldaten noch viel direkter vom Nachschub ab und der Krieg hätte vorbei sein können, wenn die Bahn

---

[144] Der HSSPF der Ukraine, Prützmann, wollte seinen Befehlshaber der Ordnungspolizei v. Oelhafen aus diesem Grund nach Deutschland zurückversetzen. Vgl. Dienstkalender, S. 323.

[145] Zit. n. HIS, Bericht, S. 31.

gestreikt hätte, und die Bahn braucht schließlich Ersatzteillieferungen ... . Irgendwie hängt eben alles zusammen.

Man muß der Kommission dankbar sein, daß sie diesen Hintergrund jener Gedankenwelt, von der sich sowohl in der alten wie in der neuen Ausstellung vieles findet, einmal offengelegt hat. Aus diesem Punkt wird verständlich, wie es zu der oft zusammenhanglos und beliebig zusammengestellten Ausstellung von Dokumenten und Fotos kommen konnte, die nur allzuoft gar nichts beweisen, weil sie weder einen Zusammenhang mit der Wehrmacht noch eine Verbindung zu Verbrechen haben. So ein Konzept kann nur verfolgen, wer im Grunde alle für verantwortlich hält. Die Nationalsozialisten taten das nicht. Sie betrieben eine totalitäre Diktatur, verstanden etwas von Machtausübung und luden die Bahnbeamten so wenig zur Wannsee-Konferenz ein wie die Wehrmachtsführung.

Ereignismeldungen

Um ihre Behauptungen zu illustrieren, greift die Ausstellung häufig auf die sogenannten "Ereignismeldungen" des Reichssicherheitshauptamts zurück. Sie werden immer dann ins Spiel gebracht, wenn es gilt, die Beteiligung von Wehrmachtseinheiten an den Morden der Einsatzgruppen zu insinuieren. So wird die Wehrmacht im Spiegel der Einsatzgruppen gezeigt. Dazu ist zu sagen, daß erstens die Ereignismeldungen keineswegs den Originalton der Einsatzgruppen wiedergeben. Sie sind statt dessen aus einer viel größeren Anzahl von Meldungen im Reichssicherheitshauptamt zusammengestellt und dabei sowohl redaktionell ausgewählt wie auch stilistisch verändert worden. Keine der Meldungen gibt direkt wieder, was die Einsatzgruppen an die Vorgesetzten weitergaben, sondern sie gibt wieder, was die Chefs des SD wiedergegeben sehen wollten, zumal auch Hitler selbst sich anhand dieser Meldungen orientiert zu haben scheint.[146] Zu den Inhalten der Ereignismeldungen gehörte in erster Linie die Anzahl und der Ort der Exekutionen.

Aus diesen Ereignismeldungen ließe sich mühelos eine Zitatensammlung zusammenstellen, die den Konflikt zwischen Wehrmacht und SD verdeutlicht. Was mochte etwa wohl jener Berichterstatter von dem angeblich guten Verhältnis zwischen beiden gehalten haben, der am 25. September 1941 in der Ereignismeldung 94 schrieb:

> Die Juden in den Städten (des Ostlandes) werden von allen deutschen Dienststellen als kostenlose Arbeitskräfte benutzt. Schwierigkeiten mit solchen Arbeitgebern sind an der Tagesordnung, wenn gegen arbeitende Juden sicherheitspolizeilich eingeschritten werden muß. Wiederholt wurden von Wirtschaftsstellen sogar Gesuche eingereicht, Juden vom Tragen des Davidsterns zu befreien und ihnen den Besuch von öffentlichen

---

[146] Vgl. Breitman, Staatsgeheimnisse, S. 78 f.

Gaststätten usw. zu genehmigen. ... Derartige Versuche werden von den Dienststellen der Sicherheitspolizei selbstverständlich unterdrückt.[147]

Auch die hier angesprochene Beschäftigung von Juden wird der Wehrmacht von Seiten der Ausstellung als "Zwangsarbeit" noch ausschließlich negativ ausgelegt. Tatsächlich bot jedoch diese Zwangsarbeit den beschäftigten Juden eine - wohl die einzige - Chance, dem SD vorläufig zu entgehen und wurde von der Wehrmacht auch zu diesem Zweck benutzt, wie etwa das obige Zitat zeigt. Die Behauptung des Ausstellungstexts, die Rekrutierung zur Zwangsarbeit sei "in Absprache mit dem SD" vorgenommen worden, ist lediglich insofern richtig, als der SD in diesen Angelegenheiten immer das letzte Wort behielt und die Arbeit bei der Wehrmacht kein endgültiger Schutz für die beschäftigten Menschen war. Daraus resultierten statt reibungsloser Zusammenarbeit ausgedehnte Konflikte. Es gibt viele Beispiele für solche Gegensätze zwischen dem SD und anderen Dienststellen, die das von der Ausstellung skizzierte Bild der Interessenidentität und des guten Einvernehmens trüben würden. Nichts davon wird in der Ausstellung gezeigt. Auch dieser Bericht vom September 1941 nicht, der lapidar feststellt:

> Die Klagen über häufig festzustellendes enges Einvernehmen zwischen Wehrmachtsangehörigen und Juden (in Lettland) halten an.[148]

Auch jene Klage von SS-Standartenführer Karl Jäger vom 1. Dezember 1941 spricht Bände:

> Diese Arbeitsjuden incl. ihrer Familien wollte ich ebenfalls umlegen, was mir jedoch scharfe Kampfansage der Zivilverwaltung und der Wehrmacht eintrug und das Verbot auslöste: Diese Juden und ihre Familien dürfen nicht erschossen werden.[149]

Wie zäh dieser Konflikt ausgetragen wurde und wie dauerhaft die von der Wehrmacht getroffenen Maßnahmen die jüdische Bevölkerung schützen konnten, darüber gibt eine Stellungnahme von Eckhard Strauch Auskunft, der am 10. April 1943 immer noch feststellte:

> Als die Zivilverwaltung kam, fand sie Betriebe vor, die von der Wehrmacht mit Juden in Gang gebracht waren. Während die Weißruthenen die Juden totschlagen wollten, hat die Wehrmacht die Juden an die Spitze gebracht. So kamen die Juden in Schlüsselstellungen und es ist heute schwierig, sie wieder völlig herauszubekommen.[150]

Die Wehrmacht bringt "die Juden an die Spitze". Mit etwas polemischer Neigung ließen sich aus diesem und anderen Sätzen mühelos vergleichbar einprägsame Formeln bilden wie die in der Ausstellung oft wiederholten "zig Millionen" sowjetischer Zivilisten, die angeblich verhungern sollten

---

[147] Zit. n. Krausnick, Truppe, S. 616.

[148] Ereignismeldung Nr. 96 vom 27. September 1941, hier zit. n. Krausnick, Truppe, S. 617.

[149] Zit. n. Krausnick, Truppe, S. 536.

[150] Zit. n. Krausnick, Truppe, S. 539.

und Christian Streits vielfach verwendbare "Keine Kameraden", jene
Hitlersche Bezeichnung für die Kommissare der Roten Armee, die von der
Ausstellung auf die gesamten russischen Kriegsgefangenen ausgedehnt
wird. Es scheint der Ausstellungsleitung nicht bewußt zu sein, wie
beliebig solche suggestiven Formulierungen verwendbar sind, das gilt
auch für die von ihr betonte "gute Zusammenarbeit" zwischen Wehrmacht
und SD.

Worin im übrigen diese gelobten Kontakte zwischen Einsatzgruppen und
Wehrmacht in der Regel bestanden, darüber gibt Otto Ohlendorfs Aussage
vor dem IMT Auskunft. Entschieden wurde:

> Dass die Armeen oder Heeresgruppen die Einsatzgruppen mit Quartier, Verpflegung,
> Reparatur, Benzin und ähnlichem auszustatten haben.

Diese Aussage wurde im Nürnberger Prozeß durch zahlreiche
eidesstattliche Erklärungen detailliert bestätigt.[151] Die Einsatzgruppen
unterhielten keine eigenen Versorgungsstrukturen, sondern sollten ihre
Wagen bei der Wehrmacht betanken, Proviant übernehmen und ähnliches.
Berichte über die Erschießungen gingen dagegen nicht an die Wehrmacht,
was zudem den oben skizzierten allgemeinen Richtlinien
nationalsozialistischer Geheimhaltung ebenso widersprochen hätte wie der
dokumentierten Entscheidung der NS-Führung, die Wehrmacht nicht über
den Hintergrund der Aktionen der Einsatzgruppen zu informieren.

Am Ende des Kapitels folgt dann der berüchtigte Reichenau-Tagesbefehl
vom 10. Oktober 1941, der auf persönliche Anordnung Hitlers als Vorlage
für ähnliche Befehle dienen sollte, die in allen Armeen zu erlassen waren.
Gefordert wurde Verständnis für die „harte, aber gerechte Sühne am
jüdischen Untermenschentum".[152] Dieser Befehl wurde von Hitler zum
Anlaß genommen, von allen anderen Oberbefehlshabern ähnliche
Befehlserlasse zu verlangen. Wer sich weigerte oder die Sache
verschleppte, wie Erich v. Manstein, der wurde so lange nachdrücklich
daran erinnert, bis er doch etwas ähnliches erließ. Möglicherweise hat
nicht einmal Reichenau diesen Befehl von sich aus erlassen, denn wenige
Tage zuvor hatte er in Nikolajew Besuch aus Berlin bekommen und zwar
von niemand anderem als von Heinrich Himmler persönlich, in dessen
Dienstkalender der Namen Reichenau an diesem 4. Oktober 1941 zum
ersten Mal auftaucht.[153]

Himmler war für einige Tage in den Osten gereist, unter anderem um die
Angehörigen der Einsatzgruppe D ideologisch zu orientieren und deshalb

---

[151] Vgl. etwa IMT, Bd. XLII, S. 252 ff.

[152] Vgl. HIS, Katalog, S. 89.

[153] Vgl. Dienstkalender, S. 225.

dort eine Rede zu halten, die unter anderem folgende Sätze enthalten haben soll:

> Der Krieg gegen die Sowjetunion diene der Vernichtung des Bolschewismus und der Gewinnung von Siedlungsraum. Die Massenerschießungen von Juden und politischen Gegnern seien eine schwere Aufgabe, die aber zum erreichen der gesetzten Ziele erfüllt werden müsse.[154]

Was Himmler vor der Einsatzgruppe, die selbst mit den Morden beauftragt war, offen aussprach, dürfte er in ähnlicher, aber verklausulierter Form auch Reichenau gesagt haben, denn Reichenaus kurz darauf abgefaßter Befehl griff diese Wortwahl zum Teil auf:

> Das wesentliche Ziel des Feldzugs gegen das jüdisch-bolschewistische System ist die völlige Zerschlagung der Machtmittel und die Ausrottung des asiatischen Einflusses im europäischen Kulturkreis.[155]

Das ist der Originalton der inneren nationalsozialistischen Führungsspitze, wie er von Himmler auch an anderer Stelle wiederholt gebraucht wurde, etwa in der Posener Rede. Ob Himmler gegenüber Reichenau tatsächlich den Erlaß eines solchen Befehls gefordert hatte, um ihn dann als Muster für den flächendeckenden Erlaß ähnlicher Erklärungen in der übrigen Wehrmacht zu benutzen, ist nicht eindeutig nachzuweisen. Genau dies war aber der weitere Gang der Dinge. Reichenau erhielt für diesen Befehl das persönliche Lob Hitlers, und man darf sagen, daß er in den wenigen Monaten, die er noch zu leben hatte, eine recht steile Karriere machte, die ihn zum Oberbefehlshaber der Heeresgruppe Süd werden ließ und nach seinem Tod durch Schlaganfall ein sorgfältig arrangiertes Staatsbegräbnis bescherte, mit dessen Details sich Himmler persönlich mehrere Tage beschäftigte.[156] Es war den Nationalsozialisten in diesem Fall offenbar gelungen, einen einzelnen hohen Militär für ihre Zwecke einzuspannen.

Das war eine Ausnahme, wie auch der bereits einmal zitierte Bericht der von Jan Philipp Reemtsma eingesetzten Untersuchungskommission ausdrücklich feststellt:

> Reichenau und einige andere Armeeführer repräsentieren nicht die Gesamtheit, ebenso nicht einige radikale Kommandeure von Sicherungsdivisionen, -bataillonen und Kommandanten von Orts- und Feldkommandanturen.[157]

Sätze wie diesen sucht man in der Ausstellung vergeblich. Auch gibt es zwei weitere Aspekte, die für die Beurteilung des Briefs wichtig sind und dort vernachlässigt werden. Zum einen ist es kaum angemessen, dem Befehl überhaupt jenen Stellenwert zu geben, den er in der Ausstellung

---

[154] Nachkriegsaussage des ehemaligen Chefs des Einsatzkommandos 11a, Paul Zapp, vgl. Dienstkalender, S. 225.

[155] Zit. n. HIS, Katalog, S. 89.

[156] Vgl. Dienstkalender, S. 319 ff.

[157] Zit. n. HIS, Bericht, S. 79.

und Teilen der Literatur hat. Es handelt sich nicht um einen Befehl, der Verbrechen anordnet, sondern um Propaganda zu politischen Zwecken, angewandt gegenüber der eigenen Armee. Dies war in einem totalen Krieg wie dem Zweiten Weltkrieg keine Seltenheit. Selbst die beiden Westmächte gaben ähnliche Texte heraus, von den Sowjets ganz zu schweigen. Reginald Paget wies darauf hin:

> Ersetzen wir einmal den Haß der Deutschen durch unseren, so würde der (Reichenau-, d. Verf.) Befehl lauten: 'Die Truppen legen in ihrem Verhalten gegenüber dem Nazi-System häufig Gedankenlosigkeit an den Tag und müssen sich vor Augen halten, daß der Hauptzweck des Feldzugs gegen das preußische Nazi-System die völlige Vernichtung ihres teuflischen Einflusses auf das kulturelle Leben Europas ist. Die Truppen sehen sich daher Aufgaben gegenüber, die weit über den Rahmen des normalen soldatischen Bereiches hinausgehen. Der Soldat ist auf diese Weise nicht nur Kämpfer, sondern verkörpert gleichzeitig das demokratische Ideal und tritt als Rächer für alle von Deutschen begangenen Grausamkeiten auf. Die Truppen müssen sich der Notwendigkeit einer strengen, doch gerechten Vergeltung gegenüber den deutschen Hunnen bewußt sein usw.'
>
> Klingt das sehr viel anders als das Zeug, das wir 1944 und 1945 herausgaben?[158]

In der Tat muß man mit viel nachgeborenem Vorwissen an den Text herangehen, um ihn als Aufforderung zu und Rechtfertigung von Verbrechen interpretieren zu können. Es bleibt sehr fraglich, ob die Adressaten, die deutschen Soldaten, dies 1941 so sehen konnten oder mußten. Dies zeigt eine andere Affäre, die in unmittelbarem zeitlichem Zusammenhang mit dem Reichenau-Befehl steht.

Denn Walter von Reichenau galt mancherorts nicht als überzeugter Anhänger des NS-Regimes, sondern als sehr von sich selbst überzeugter Opportunist,[159] wenn nicht sogar als Gegner des Nationalsozialismus und als Hoffnung der konservativen Opposition. In diesem Sinn protestierte er etwa 1939 gegen Ausschreitungen nationalsozialistischer Stellen im besetzten Polen. Im November 1939 tat er dann, was so viele andere deutsche Militärs auch taten, intrigierte gegen die NS-Regierung und nahm auf dem Weg über die Goerdeler-Gruppe des deutschen Widerstands gar Kontakt mit den Alliierten auf.[160] Hans von Dohnanyi sah in ihm den Mann für eine "Kerenskij-Lösung", also einen Regierungschef für eine Übergangzeit nach dem Sturz des Regimes. Diese Vorgänge zeitigten offenbar eine späte Wirkung. Im September 1941 liefen Berichte des in Berlin aktiven polnischen Untergrunds ein, in denen von einem bevorstehenden Putsch gegen die Hitlerregierung und einem zukünftigen

---

[158] Zit. n. Paget, Manstein, S. 194.

[159] Vgl. hierzu auch die von Einschätzung General Johann Adolf Graf Kielmansegg, Reichenau sei weniger dem Nationalsozialismus zugeneigt gewesen als der eigenen Person, in: Messerschmidt, Wehrmacht, S. X.

[160] Vgl. Simms, Reichenau, S. 436.

Militärdiktator die Rede war, dem "Marschall Reichenau".[161] Gerade Anfang Oktober 1941, kurz bevor der in der Ausstellung präsentierte Befehlstext datiert ist, hatte sich die Führung des polnischen Untergrundstaates dann angesichts des sich abzeichnenden Scheiterns des deutschen Ostfeldzugs entschlossen, einen deutschen General zum Oppositionellen und zum möglichen Chef einer neuen deutschen Regierung aufzubauen. Dies sollte unter anderem über die deutschsprachige Untergrundpresse des polnischen Widerstands geschehen. Die Wahl fiel entsprechend der Informationslage auf Walter von Reichenau. Ziel war es unter anderem, innerhalb der NSDAP Mißtrauen gegen ihn zu wecken, aber er wurde auch ganz ernsthaft als Leiter bei einem bevorstehenden "inneren Umsturz" und als "zukünftiger Diktator" Deutschlands ins Auge gefaßt.[162]

Vor diesem Hintergrund stehen der Besuch Heinrich Himmlers bei Reichenau am 4. Oktober 1941 und der wenige Tage später folgende Befehl möglicherweise in einem ganz anderen Zusammenhang. Es ist Spekulation, scheint aber nicht unplausibel, daß Himmler über die Aktivitäten des polnischen Untergrunds informiert war[163] und den dringenden Bedarf sah, die offenbar allzu offensichtliche Kluft zwischen Wehrmachtsführung und NSDAP mit dem Erlaß solcher Texte wie dem Reichenau-Befehl öffentlich schließen zu lassen. Die Wortwahl des Textes spiegelt eine solche Absicht demonstrativ wider, gerade deshalb wurde der Befehl ja später auch als Beleg für die Nähe des Militärs zum NS-Staat verwendet. Was der polnische Widerstand von Reichenau erwartete, blieb jedenfalls nicht geheim, sondern wurde bald in einer Artikelserie deutlich, die im Generalgouvernement, in den besetzten Gebieten der UdSSR und sogar in Deutschland selbst verbreitet wurde. 'Der Soldat', eine deutschsprachige Zeitschrift des polnischen Widerstands, die sich als Zeitschrift des deutschen Widerstands ausgab, schrieb:

> Wir wollen den Völkern, die wir in diesem Kriege besiegt haben, Freiheit bringen. ... Das ist der deutsche Soldat seiner Ehre, seinem Ansehen vor der Welt und seiner weltgeschichtlichen Aufgabe schuldig.[164]

So wie sich die deutsche Armee angesichts des Zerfalls des Kaiserreichs im Jahr 1918 "in ihrem innersten und wertvollsten Kern" um Hindenburg sammelte, werde jetzt Reichenau die Führung übernehmen und sich für

---

[161] Vgl. Wiaderny, Untergrundstaat, S. 141.

[162] Vgl. Wiaderny, Untergrundstaat, S. 175.

[163] Daß die Zeitung 'Der Soldat', in der bald die Reichenau betreffenden Artikel erscheinen sollten, ein Organ des polnischen Widerstands war, wußte der deutsche Polizeiapparat jedenfalls. Vgl. Wiaderny, Untergrundstaat, S. 176.

[164] 'Der Soldat', 15. Dezember 1941, zit. n. Wiaderny, Untergrundstaat, S. 175.

"das andere, bessere Deutschland" einsetzen.[165] Es war im Oktober 1941 zweifellos Zeit für Reichenau, um des eigenen Überlebens Willen solchen Eindrücken entgegenzuwirken.

Die 707. Infanteriedivision

Der Kommandeur der 707. Infanteriedivision, Generalmajor Gustav Freiherr von Bechtolsheim, verfolgte eine radikale Vernichtungspolitik gegen die in seinem Zuständigkeitsbereich lebende jüdische Bevölkerung. Allerdings fehlte es ihm an genügend Personal zur Durchführung seines Mordprogramms. ... Das von Major Franz Lechthaler geführte Reserve-Bataillon 11 traf mit zwei Kompanien und verstärkt durch litauische Freiwillige Anfang Oktober 1941 in Weißrußland ein, um die 707. Infanteriedivision bei ihren 'Säuberungsaktionen' zu unterstützen. Wehrmacht, Polizei und litauische Kollaborateure verübten eigenständig oder in Kooperation miteinander zahlreiche Massenmorde in Weißrußland, denen Tausende jüdische Zivilisten zum Opfer fielen.[166]

Die besondere Erwähnung der 707. Infanteriedivision in der Ausstellung könnte auf Christian Gerlach zurückgehen, der diese Einheit in seiner Dissertation eigens herausgestellt hat und dabei auch die jetzt in der Ausstellung gezeigten Zitate verwendet hat. Gerlach tat das mit einer einleitenden Bemerkung, die in diesem Rahmen zweifellos erwähnenswert gewesen wäre:

Nirgendwo sonst ist bisher nachgewiesen, daß Wehrmachtseinheiten selbständig und systematisch große Massaker an Juden mit vielen tausend Opfern organisierten und durchführten.[167]

In der Tat, bei genauem Hinsehen lagen weder die Initiative noch die Durchführung der Morde an Juden in den Händen der Wehrmacht. Das ist auch einer dieser Sätze, die man um der richtigen Einordnung willen in die Ausstellung hätte aufnehmen müssen, sagt er doch einiges über deren These aus, es hätten verschiedene Wehrmachtseinheiten an vielen Orten in Rußland selbständig Erschießungen durchgeführt. Mit Gerlach widerspricht einmal mehr einer der von den Ausstellern selbst empfohlenen Autoren dieser These. Er hat aber nun die 707. Division besonders beschrieben, weil er dies hier anders sieht. Frhr. v. Bechtolsheim hat seiner Ansicht nach selbständig gehandelt. Aber auch Gerlach schränkt zunächst einmal ein:

Braemers und v. Bechtolsheims Ziel war es trotz ihrer Brandreden keineswegs, alle Juden im GK Weißruthenien sofort zu ermorden.[168]

Bechtolsheim hat offenbar niemals direkt die Ermordung von Juden befohlen. Überhaupt war er der Ansicht, "daß zuviel erschossen wird, hier

---

[165] Vgl. Wiaderny, Untergrundstaat, S. 175.

[166] Zit. n. HIS, Katalog, S. 136.

[167] Zit. n. Gerlach, Morde, S. 620.

[168] Zit. n. Gerlach, Morde, S. 620.

im Osten."[169] Er wurde denn auch in der Nachkriegszeit von den deutschen Ermittlungsbehörden lediglich als Zeuge vernommen. Auch die Ausstellung kann nichts anderes zeigen, verzichtet sowohl auf Fotos wie auf Zeugenaussagen und beschränkt sich auf den Abdruck einiger allgemeiner Berichte. Sie bringt unter anderem ein aus russischen Archiven stammendes Zitat aus einem 'Lagebericht' des dort nicht namentlich genannten 'Kommandaten in Weißruthenien' vom 19. Oktober 1941, der offenbar eine verschärfte Abwandlung des Reichenau-Befehls darstellt. Hier wird gesagt, die Juden "sind zu vernichten", denn sie seien "keine Menschen mehr", sondern als "Verbrecher geschulte Bestien" und "Bestien müssen vernichtet werden."[170] Welche Folgen diese Wortwahl genau hatte und welche Differenzen im einzelnen zwischen der 707. Infanteriedivision und anderen Einheiten bestanden, wäre zu zeigen. Die Ausstellung tut dies nicht ausreichend, besonders weil hier im einleitenden Kommentar zum Abschnitt über diese Division noch einmal explizit die Behauptung aus der Einleitung zum Kapitel "Völkermord" wiederholt wird: "Wehrmacht, Polizei und litauische Kollaborateure verübten eigenständig oder in Kombination miteinander zahlreiche Massenmorde".[171] Wenn also die eigenständige Mitwirkung von Wehrmachtseinheiten schon "nirgendwo sonst" nachgewiesen worden ist, dann muß dies doch wenigstens hier eindeutig anders sein.

Was diese Frage der "Eigenständigkeit" betrifft, so geht auch aus dem Ausstellungskatalog zunächst einmal hervor, daß die angesprochenen Morde an der jüdischen Bevölkerung nicht von der 707. Infanteriedivision verübt wurden, wenn auch angeblich nur, weil die personellen Möglichkeiten fehlten.[172] Bechtolsheim hätte sich deshalb bemüht "Verstärkung zu erhalten", daraufhin das Polizeibataillon 11 zugeteilt bekommen und sei deshalb für dessen Taten verantwortlich. Ein Auszug aus dem "Schriftwechsel zur Entsendung" auf Katalogseite 138 soll das offenbar illustrieren. Ein namenloses "ich" hat demnach am 4. Oktober 1941 das Bataillon in Marsch gesetzt. Da sonst auf der gleichen Seite nur Berichte des Kommandanten in Weißruthenien abgedruckt werden, kann für den Besucher leicht der Eindruck entstehen, dieses "ich" sei Bechtolsheim. Dahinter verbirgt sich aber - für den Ausstellungsbesucher nicht erkennbar - der Generalmajor der Polizei und SS-Brigadeführer Georg Jedicke. Jedickes Schreiben ist auch nicht, wie man vermuten

[169] So laut Tagebucheintrag von Carl Freiherr von Andrian, Kommandeur des 747. Infanterieregiments, das der 707. ID unterstellt war, vom 6. November 1941. Zit. n. Haberfeld, 707. ID, S. 13.

[170] Belorussisches Nationalarchiv Minsk, hier. zit. n. Katalog, S. 138.

[171] Zit. n. HIS, Katalog, S. 136.

[172] Vgl. HIS, Katalog, S. 136.

könnte, an Bechtolsheim gerichtet, sondern an den in Riga residierenden Reichskommissar Hinrich Lohse. Der Name Bechtolsheim taucht nicht auf, was seinen simplen Grund darin findet, daß es nicht Bechtolsheim war, der das Polizeibataillon angefordert hatte.[173] Insofern liegt die Ausstellung einmal mehr falsch.

Das gilt auch für den zweiten Punkt, denn das durch Bechtolsheim nicht angeforderte Bataillon war ihm auch nicht unterstellt. Dies ist sogar gerichtlich geklärt. Im Prozeß gegen den oben erwähnten Bataillonskommandeur Lechthaler war Bechtolsheim als Zeuge geladen und hat entsprechend ausgesagt, was durch verschiedene Dokumente auch bestätigt wurde: Eine komplette Aufstellung über die Unterstellungen des Bataillons zwischen 1939 und 1943 beispielsweise erwähnt die 707. Infanteriedivision nicht.[174] Auch sonst gibt es kein Dokument, aus dem etwas anderes ersichtlich wäre, und in diesem Sinn hat das Landgericht Kassel am 28. April 1961 auch entschieden. Die Behauptung der Ausstellung, das Polizeibataillon und drei Kompanien litauischer Hilfspolizisten seien der "707. Infanteriedivision ... für eine gewisse Zeit unterstellt (gewesen) und erhielten von dort ihre Befehle",[175] ist haltlos.

Nach diesem Befund folgt nun ein Blick auf die konkreten Vorwürfe an die Wehrmacht unter der Überschrift "707. Infanteriedivision". Die Ausstellung vertraut dafür auf die Wiedergabe von zwei Fallbeispielen, mit denen die Mitwirkung der Division am Völkermord illustriert werden soll: Newish und Mir. Sie gibt sich nur wenig Mühe, dem Besucher einen klaren Beweis zu präsentieren.

Newish

Der Vorwurf der Ausstellung an die Wehrmacht in Gestalt des Ortskommandanten Oberfeldwebel Anton Specht lautet wie folgt:

> Specht wurde von dem geplanten Massenmord in Newish einige Tage vorher informiert und ließ ... Gruben ausheben. Zudem forderte Specht den Judenrat auf, zu veranlassen, daß sich die gesamte jüdische Bevölkerung am 30. Oktober 1941 am Marktplatz versammle. Die 8. Kompanie sperrte ... die Ausfahrtstraßen der Stadt.[176]

Mit Hilfe dieser Unterstützung sei es dem Reserve-Polizei-Bataillon 11 und litauischen Einheiten möglich gewesen, zwischen 1500 und 4000 Menschen zu töten. Dies ist ein Vorwurf des Mitwissens und der Mithilfe. Die Initiative für das Verbrechen ging danach nicht von der Wehrmacht aus, sie hat es auch nicht selbst ausgeführt, sondern es wurde von einer

---

[173] Vgl. Haberfeld, 707. ID., S. 5.

[174] Vgl. Haberfeld, 707. ID, S. 16.

[175] Zit. n. HIS, Katalog, S. 469.

[176] Zit. n. HIS, Katalog, S. 138.

Einheit begangen, die - wie gerade gesehen - der Wehrmacht nicht
unterstand. Insofern gibt dieser Fall keine Begründung für den pauschal
erhobenen Vorwurf, die Wehrmacht habe in Eigenregie oder
"eigenständig" Völkermord verübt. Bleibt die Beihilfe bei Vorbereitung
und Ausführung. Zum Beleg dafür werden vier Nachkriegsaussagen
zitiert.[177] Von den Aussagen des Ausstellungstextes können sie
erstaunlicherweise keine einzige bestätigen. Keiner der Zeugen sagt aus,
daß die Ortskommandantur vorher benachrichtigt worden sei, keiner sagt
aus, daß sie Gruben ausheben ließ, keiner spricht von einer Aufforderung
der Ortskommandantur an den Judenrat und keiner von einer Absperrung
der Stadt durch die Wehrmacht. Der Ausstellungsbesucher kann die
entsprechenden Aussagen der Ausstellung nicht überprüfen. An dieser
Stelle, wo sie den von ihr erhobenen drastischen Vorwurf an die
Wehrmacht anschaulich hätte begründen müssen, versagt die Ausstellung.

So weit führt zunächst eine Analyse der Ausstellungspräsentation: Der
Fall Newish wird völlig unzureichend präsentiert. Aber damit ist die
Geschichte noch nicht zu Ende. Um dies richtig einzuordnen, muß man
auch noch wissen, daß Newish keineswegs das erstemal zum Gegenstand
einer Veröffentlichung des Hamburger Instituts gemacht wird. Es war
Hannes Heer, der den Fall der dort "Nieswicz" geschriebenen Stadt in
seinem parallel zur ersten Ausstellung erschienen Buch
"Vernichtungskrieg" behandelt hat. Hier ging er, wie der "Focus" schrieb,
"bei seiner Fälschung ins Detail".[178] Heer behauptete damals nämlich nichts
anderes, als daß die 8. Kompanie das Ghetto von Nieswicz geräumt und
4500 Juden ermordet habe. Unter anderen Umständen wäre es allein schon
skandalös, wie Heer hier bei den seriösen Schätzungen der Opferzahlen
von 1500-4000 der höchsten Zahl aus eigener Phantasie noch fünfhundert
Opfer hinzufügte. Im Umfeld der Ausstellung sind solche Fehler allzu
häufig, man zögert schon sie zu erwähnen. Es ist aber alles immer noch
etwas unglaublicher, und dies ist ein echter Skandal gewesen. Als Quelle
gab Hannes Heer die in Ludwigsburg gefundene Ermittlungsakte zu
diesem Fall an. Aber:

> Den Experten in Ludwigsburg stockte bei dieser Lektüre 'der Atem'. Die von Heer
> eingesehene Akte hält als Ermittlungsergebnis in Sachen Nieswicz fest: "Die
> Massenerschießungen wurden unter Leitung der unbekannten Polizeiangehörigen durch
> die litauischen Hilfswilligen durchgeführt.[179]

Es mußte also dem Hamburger Institut für Sozialforschung spätestens seit
dem Erscheinen des Focus-Berichts im April 1997 bekannt sein, daß der
Fall Newish/Nieswicz für ihre These eines von der Wehrmacht

---

[177] Vgl. HIS, Katalog, S. 142/143.

[178] Zit. n. Prantl, Wehrmachtsverbrechen, S. 204.

[179] Vgl. "Focus" vom 21.4.1997, hier zit. n. Prantl, Wehrmachtsverbrechen, S. 204.

durchgeführten Mordprogramms wenig hergibt.[180] Das hat die Entscheidung nicht verhindert, den Fall in die neue Ausstellung aufnehmen zu lassen. Ja, es hat nicht einmal dazu geführt, die gegen den Kommandanten Anton Specht vorliegenden Indizien für seine "Beihilfe zum Mord", wegen der er 1972 angeklagt wurde, für den Ausstellungsbesucher nachvollziehbar zu präsentieren. Die Beihilfe eines Einzelnen würde der Ausstellungsthese allerdings auch widersprechen. So beläßt es der Ausstellungstext bei bloßen, für die Besucher nicht prüfbaren Behauptungen.

Mir

Ähnliches gilt auch für den Fall Mir, obwohl er von den präsentierten Einzelfällen zweifellos einem Völkermord-Verbrechen am nächsten kommt und immerhin manche Indizien für die Beteiligung einer Wehrmachtseinheit sprechen. Hier behauptet die Ausstellung eine Alleintäterschaft:

> Angehörige der 8. Kompanie trieben am 5. November 1941 mit Hilfe weißrussischer Hilfspolizei mehrere hundert Juden zusammen und selektierten eine unbekannte Zahl von Facharbeitern. Alle anderen, Zeugen sprechen von mindestens 800 Menschen, darunter Frauen, Greise und Kinder, wurden von Soldaten durch Genickschuß ermordet.[181]

Nur eine der diesmal drei zitierten Zeugenaussagen spricht aber von einer Wehrmachtseinheit als Täter. Es ist die von Anton G., der die Aussage später zurückgezogen hat, weil sie in sowjetischer Gefangenschaft erpreßt worden sei - was für viele solcher Geständnisse etwa im Minsker Prozeß auch nachgewiesen ist. Seine Aussage steht in zwei Punkten im Widerspruch zu den anderen zitierten Zeugen, da er behauptet hat (oder behaupten mußte), die jüdische Bevölkerung sei von seiner Kompanie zusammengetrieben worden und man habe sich persönlich bereichert. Die anderen Aussagen sprechen dagegen vom Zusammentreiben durch weißrussische Polizei, von unbekannten Deutschen und zudem ohne Zusammenhang mit der Exekution auch davon, "deutsche Funktionäre aus Stolpce" hätten - ob zeitgleich, davor oder danach bleibt unklar - jene Wertsachen beschlagnahmt, deren Eingang in die Reichshauptkasse im Katalog nachgewiesen wird.[182] Stolpce aber war nun der Sitz der Ortskommandatur des Oberleutnant Göbel, der diese beschlagnahmten Werte mit dem Vermerk, sie seien bei Erschießungen in Mir eingezogen worden, an die Feldkasse weiterleitete. Ob sie von seiner Einheit während

---

[180] Es sei erwähnt, daß solche Beispiele auch frühzeitig einen eindeutigen Befund über die Seriosität der Arbeit des Ausstellungsleiters Hannes Heer ermöglicht hätten.

[181] Zit. n. HIS, Katalog, S. 144.

[182] Vgl. HIS, Katalog, S. 148, Aussage Joel M., bzw. 145 f.

der Morde, zuvor oder eben danach beschlagnahmt wurden, ergibt sich aus den Dokumenten nicht.

Auch hat sich hier bei der Darstellung in den Ausstellungstext offenbar einer jener leider häufigen Fehler eingeschlichen, die für einen zu sorglosen Umgang mit dem Material sprechen. Der Satz, "Zeugen sprechen von mindestens 800 (ermordeten) Menschen", dürfte sich auf die Aussage von Fanja B. beziehen, die als einzige diese Zahl nennt. Sie spricht aber von 800 *geretteten* Menschen.[183]

Dies ist die Präsentation des einzigen Falls, der als Beleg für die "nirgendwo sonst" nachgewiesenen eigenständigen Morde von Wehrmachtseinheiten während des Völkermords angeführt wird. Alles hängt in der Ausstellung an der einzigen, in wichtigen Einzelheiten offensichtlich unzutreffenden und später zurückgezogenen Aussage von Anton G., dem "Tatbeteiligten". Ruft man sich ins Gedächtnis zurück, um welche Dimensionen an Vorwürfen es hier geht, steht dies in keinem Verhältnis zu den Behauptungen des Ausstellungstextes über die Mitwirkung der Wehrmacht. Wer Anklagen dieser Dimension für erwiesen erklärt, der muß dem Ausstellungsbesucher klare und für einen kritischen Besucher nachprüfbare Beweise zeigen. Dies geschieht in der Ausstellung auch an dieser Stelle nicht, obwohl es hier ebenfalls nötig gewesen wäre, denn es gibt einmal mehr ein Vorspiel in einer solchen Angelegenheit. In einem jener Abschnitte seines Schaffens, die ein besonders klares Licht auf den "wissenschaftlichen" Charakter seiner Arbeit werfen, hat sich auch Hannes Heer des Falles Mir angenommen, in jenem Sammelband, auf dessen Inhalt die erste Ausstellung beruhte:

... den 9. November, den nationalen Ehrentag, feierten die Soldaten der 8. Kompanie mit dem Abschlachten aller 1800 Juden von Mir.[184]

Wie man bemerken wird, stimmt daran nicht einmal das Datum. Die Täterschaft der Wehrmacht weist Heer zudem genausowenig nach, wie der neue Ausstellungstext es tut. Auch die Zahl der Opfer ist eine reine und offenbar deutlich zu hoch angesetzte Spekulation gewesen, und daß es hier um "Feiern" durch "Abschlachten" ging, ist wohl nur als eine weitere phantasievolle Projektion des von Jan Philipp Reemtsma erläuterten Erklärungsansatzes der Aussteller zu deuten, beinah jeder Wehrmachtsangehörige habe sich freudig am Massenmord beteiligt und sich dabei wohlgefühlt.

---

[183] Vgl. HIS, Katalog, S. 144 bzw. 149.

[184] Zit. n. Heer, Fields, S. 71.

Leben aus dem Lande - Ernährungskrieg
- Wirtschaftskrieg

Der angebliche Hungerplan

Unmittelbar vor Kriegsbeginn im Juni 1941 legte seine Abteilung (die des Generals Georg Thomas, d. Verf.) auf der Grundlage der zentralen Wirtschaftsplanungen die internen Richtlinien für die zukünftige Kriegswirtschaft im Osten fest. Damit signalisierte das Oberkommando der Wehrmacht seine Bereitschaft, den Hungertod von "zig Millionen" sowjetischer Zivilisten in Kauf zu nehmen.[185]

Das ist eine bemerkenswerte Behauptung. Sie spricht vom kalkulierten Tod von Millionen Menschen. Träfe sie zu und wäre dieser Tod willkürlich durch eigene Entscheidungen der Wehrmacht herbeigeführt worden, würde dies in der Sprache des Nürnberger Prozesses nahelegen, daß das Oberkommando der Wehrmacht als verbrecherische Organisation einzustufen wäre. In Nürnberg ist das bekanntlich nicht geschehen, obwohl die in der Ausstellung zitierten Texte dem Gericht bekannt waren, auch das Protokoll mit den "zig Millionen". Hermann Göring, dem Verantwortlichen für die wirtschaftlichen Pläne in den besetzten sowjetischen Gebieten, wurde das Protokoll von der Anklage vorgehalten. Er qualifizierte es als "Unsinn aus Referentenbesprechungen" ab, worin ihm das Gericht offenbar gefolgt ist, denn Göring wurde von der Anklage zu diesem Punkt nicht mehr befragt[186] und schließlich nicht wegen einer etwa geplanten Ermordung der russischen Zivilbevölkerung verurteilt, sondern wegen einer geplanten "Ausplünderung" Rußlands.[187] Ganz allgemein differenzierte das Gericht trotz einer scharfen Verurteilung des deutschen Vorgehens sehr wohl zwischen verschiedenen Zielen des Angriffs auf die UdSSR:

Die Pläne für die wirtschaftliche Ausbeutung der UdSSR, für die Wegführung großer Bevölkerungsteile, für die Ermordung von Kommissaren und politischen Führern, all dies war ein Teil des sorgfältig vorbereiteten Plans., der am 22. Juni ohne irgendwelche Warnung und ohne den Schatten einer rechtlichen Entschuldigung in die Tat umgesetzt wurde.[188]

Die Mordabsicht der Nationalsozialisten hat sich selbst dem Nürnberger Urteil nach nicht gegen die Bevölkerung als ganzes gerichtet. Schon das

---

[185] Zit. n. HIS, Katalog, S. 64.

[186] Es blieb General Rudenko vorbehalten, Alfred Rosenberg das Papier noch mal vorzulegen, der sich mit Verweis auf den Briefkopf für unzuständig erklärte: "Es steht hier: Chef-Sache, 2 Ausfertigungen, 1. Ausfertigung Akten Ia, 2. Ausfertigung General Limbert" (sic!) Vgl. IMT, Bd. XI, S. 625. Dies blieb unwidersprochen, obwohl auf dem Dokument eigentlich ein General Schubert als Verteiler genannt ist.

[187] Vgl. IMT, Bd. I, S. 317.

[188] Zit. n. IMT, Bd. I, S. 240.

gibt gegenüber dem Pauschalurteil der Ausstellung über die Wehrmacht zu denken. Zudem wäre dieser Themenkomplex geeignet, die Generalthese der Ausstellung zu belegen. Also sollte man meinen, es sei besondere Aufmerksamkeit darauf verwandt worden, genau diesen Punkt zu belegen. Wie wichtig diese Behauptung innerhalb der alten wie der neuen Ausstellung ist, wird dadurch illustriert, daß sie von Jan Philipp Reemtsma in seiner Rede zur ersten Ausstellungseröffnung am 5. März 1995 als einziges Beispiel für verbrecherische Kriegsplanung verwendet wurde.[189] Die Redewendung von den "zig Millionen" findet sich außerdem im Umfeld der Ausstellung an einer Fülle von Stellen wieder. Sie ist überhaupt eine der meistzitierten Formulierungen im Zusammenhang mit den Wirtschaftsplanungen des Unternehmens Barbarossa. Auch Peter Longerich, der als wissenschaftlicher Beirat der Ausstellung für den Komplex 'Völkermord' genannt wird, zitiert diese Stelle in seiner "Gesamtdarstellung der nationalsozialistischen Judenverfolgung", in der er auch auf den Ernährungskrieg eingeht.[190]

Longerich beginnt dies mit dem Verweis auf die Aussage des Höheren SS- und Polizeiführers Bach-Zelewski vor dem Nürnberger Tribunal. Danach hätte Heinrich Himmler im Januar 1941 auf der Wewelsburg davon gesprochen, die russische Bevölkerung sei um 30 Millionen Menschen zu vermindern. Das sei einer der Zwecke des Krieges gegen die UdSSR. Nun ist seit dem Fund des Dienstkalenders von Heinrich Himmler bekannt, daß dieses Treffen auf der Wewelsburg im Januar 1941 nicht stattgefunden hat. Bach-Zelewski, der höchstpersönlich für Massenmorde während des deutsch-russischen Krieges verantwortlich war, hat es augenscheinlich aus dem einfachen Zweck erfunden, um mit Himmler einen Toten zu belasten und dies auf eine Weise, bei der es keine anderen Zeugen geben konnte. Auf diese Weise konnte seiner Darstellung nicht widersprochen werden. Es gelang ihm auch, mit solchen und anderen Aussagen während des Nürnberger Prozesses unbehelligt zu bleiben. Lediglich einigen Angeklagten platzte der Kragen, darunter Hermann Göring, der ihn als "Schwein, Stinktier, als den blutigsten Mörder in der ganzen verdammten Aufführung" beschimpfte, womit er, wie Richard Breitman meint, "der Wahrheit nahe kam, jedenfalls im letzten Punkt."[191] Die Alliierten brauchten diese Art "Kronzeuge" zur schnellen Abwicklung des Prozesses und Bach-Zelewski war auch deswegen so praktisch, weil er neben Himmler vorwiegend die Wehrmacht belastete.

---

[189] Vgl. HIS, Krieg, S. 10. Gefolgt übrigens von einem Verweis auf den Franzl-Brief als einziges Beispiel für die Zustimmung zu barbarischer Kriegsführung, so daß hier bereits an prominenter Stelle die agitatorische Betonung nachrangiger und unsicherer Quellen zusammengefaßt ist, die für beide Ausstellungen kennzeichnend ist.

[190] Vgl. Longerich, Vernichtung, S. 298.

[191] Zit. n. Breitman, Staatsgeheimnisse, S. 307.

So ersparten die amerikanischen Besatzungsbehörden ihm einen Gefängnisaufenthalt. Erst 1961 wurde er wegen Mordes verurteilt, sinnigerweise wegen seiner Beteiligung an einem nationalsozialistischen Binnenverbrechen, der Ermordung Ernst Röhms im Sommer 1934. Erst 1972 starb er im Gefängnis, was ihm genug Zeit gelassen hatte, um weiter an der eigenen Legende zu stricken und seine "Tagebücher" dem Bundesarchiv in Koblenz zu vermachen - nachdem er sie für die Jahre 1941/42 frei erfunden und neu geschrieben hatte.[192]

Diese Form von "Zeugen" macht es dem Historiker nicht leicht. Ihre Aussagen sind schwer wieder aus dem Gedächtnis und der Literatur zu drängen, wofür das beste Beispiel vielleicht Hermann Rauschning und seine erfundenen "Gespräche mit Hitler" sind, die beinah jeden Hitler-Biographen beeinflußt haben, seit sie im Herbst 1939 mit Unterstützung der französischen Regierung erschienen sind, um einen Coup in der antideutschen Kriegspropaganda zu landen. In jedem Fall hat die ominöse Himmler-Rede vom Januar 1941 nicht existiert und daher ist es gegenstandslos, sie als Ausgangspunkt und Vorgabe für die deutschen Ernährungsplanungen nehmen zu wollen, wie Peter Longerich dies im Anschluß daran tut.[193] Das Ergebnis kann nur in einer Verzerrung der Tatsachen bestehen und dies trifft im Zusammenhang mit der Darstellung der Ernährungsplanungen innerhalb der Ausstellung die Wehrmacht.

Ohne den Leser langweilen zu wollen: Generell ist auch zu diesem Komplex zu sagen, daß die gesamten Bestimmungen über das, was mit den eroberten Gebieten der Sowjetunion zu geschehen habe, natürlich nicht nach Vorgaben der Wehrmacht, sondern nach denen der nationalsozialistischen Führung entschieden wurde. Ob bestimmte Regionen mit Getreide beliefert werden würden oder nicht, das lag keinesfalls in der Entscheidungsfreiheit der Wehrmachtsführung. Dieser Zusammenhang ist in der Literatur auch klar beschrieben. Es war eine Angelegenheit, in der alle einigermaßen wichtigen Vorgaben und Entscheidungen von Adolf Hitler selbst, dazu von Hermann Göring als dem Chef der allgegenwärtigen Vierjahresplanbehörde und von Heinrich Himmler als dem Reichsführer SS getroffen wurden. Heinrich Himmler etwa hatte eine eigene Arbeitsgruppe der SS beauftragt, weitere Zukunftspläne für die eroberten Gebiete in Osteuropa zu erarbeiten. Für ihre Vorschläge hat sich die zusammenfassende Bezeichnung "Generalplan Ost" eingebürgert, obwohl es ein feststehendes Gesamtdokument mit diesem Titel nicht gegeben hat und an dem "Plan"

---

[192] Vgl. Breitman, Staatsgeheimnisse, S. 308.

[193] Vgl. Longerich, Vernichtung, S. 298. Longerich ist mit diesem Vorgehen nicht allein. Auch Götz Aly und Susanne Heim nehmen Bach-Zelewskis Falschaussage als zentralen Beleg für den angeblichen Planungsgang deutscher Stellen. Vgl. Aly, Vordenker, S. 369 f.

fortlaufend Änderungen vorgenommen wurden, die einigermaßen direkt von der militärischen Lage abhängig waren. Gleichzeitig bestimmten Sauckel, Funk und später Albert Speer die weiteren Einzelheiten der deutschen Kriegswirtschaft, nicht das Militär selbst. Obendrein war, wie wir bereits gesehen haben, gerade für den Rußlandfeldzug die Verwaltungstätigkeit der Militärverwaltung auf ein Mindestmaß in einem kleinen Bereich hinter der Front eingeschränkt worden. Was immer die Wehrmacht an Richtlinien ausarbeitete, folgte den Vorgaben der NS-Führung. Sie hatte keinen entscheidenden Einfluß auf die endgültige Gestaltung des Wirtschaftsraums.

Nun will die Ausstellung etwas anderes zeigen. Begründet wird dies zunächst mit Textauszügen aus zwei Dokumenten: einmal aus dem Protokoll einer Staatssekretärssitzung vom 21. Mai 1941 und dann einem sehr langen Auszug aus den "wirtschaftspolitischen Richtlinien der Gruppe Landwirtschaft" vom 23. Mai 1941. Diese Texte haben zwei wesentliche Eigenschaften gemeinsam: Erstens sind ihre Autoren unbekannt, und zweitens fanden sie beide keinen Eingang bei der Formulierung der im Juni 1941 tatsächlich erlassenen Richtlinien für die Führung der Wirtschaft.

Gerlach schreibt dies selbst, leider nur in den Fußnoten, nachdem er oben festgestellt hat, die Bedeutung des Dokuments lasse sich "kaum überschätzen":

> Das Papier ist nicht identisch mit der "Grünen Mappe" und war, soweit ich sehe, auch in keiner ihrer Fassungen enthalten.[194]

Anders als der Ausstellungstext suggeriert, handelt es sich bei dem langen Zitat eben nicht um Richtlinien der Wehrmachtsführung, sondern um die Ideen eines Unbekannten, die zudem noch völligen Unsinn enthalten:

> Wenn theoretisch der Verbrauch an Getreide und Kartoffeln (in Getreidewerten) von 250 auf 220 Kilogramm pro Kopf gesenkt werde, ergäben sich nach Rechnung des Stabsamts des Reichsbauernführers 8,7 Millionen Tonnen Überschüsse.

Bei 30 Kilogramm Einsparung pro Kopf hätte die Bevölkerung der UdSSR 289 Millionen Menschen betragen müssen, um auf die berechnete Menge kommen zu können. Gezählt worden waren selbst in der optimistischen Zählung von 1939 aber nur 170 Millionen. Christian Gerlach rechnet dies ebensowenig nach wie sein Zeuge. Es ist nicht leicht einzuschätzen, warum dieser Text produziert worden ist, ob er vielleicht nur eine Vorlage darstellt, die sich nach weiteren Recherchen als überholt herausgestellt hat. In jedem Fall ist es ein merkwürdiger Vorgang, den sachlich unrichtigen und in sich widersprüchlichen Text eines Unbekannten, der zudem noch aus nachvollziehbaren Gründen niemals

---

[194] Zit. n. Gerlach, Morde, S. 48.

Teil der offiziell erlassenen Richtlinien wurde, als Beweis für ein geplantes Verbrechen einer Institution wie der Wehrmacht heranzuziehen.

Schon während des ersten Durchblätterns des Katalogs fällt auf, daß unter all den Fotos und Faksimiles ausgerechnet eines der Schlüsseldokumente nicht auf diese Weise belegt wird: Das Protokoll der sogenannten "Sitzung der Staatssekretäre" vom 2. Mai 1941, in dem der wohl meistzitierte Ausdruck der ersten wie der zweiten Ausstellung steht: "Dabei werden zweifellos zig Millionen Menschen verhungern, wenn das für uns Notwendige herausgeholt wird",[195] wird nicht gedruckt. Da die Ausstellung in diesem Bereich des Hungerkriegs praktisch eine Paraphrase von Christian Gerlachs Dissertation über "Kalkulierte Morde" ist, lohnt sich ein Blick in diese Veröffentlichung. Dort findet sich tatsächlich - nachdem Gerlach sagt, "diese Sätze gaben die Absicht der deutschen Führung deutlich wieder," - in den Fußnoten die Bemerkung, das Original finde sich "vermutlich" bei den Nürnberger Prozeßakten.[196] Es hat offenbar niemand für nötig befunden, sich dieses Papier tatsächlich anzusehen, bevor ihm diese Schlüsselrolle zugeschrieben wird.

Das kann nun am Inhalt liegen. Denn es handelt sich bei diesem Dokument, das angeblich die Absichten der "deutschen Führung" wiedergeben soll, lediglich um einen Zettel, der im Rahmen eines Treffens

---

[195] IMT-Beweisdokument 2718-PS, in: IMT Bd. XXXI, S. 84.

[196] Vgl. Gerlach, Morde, S. 46. In veröffentlicher Form im IMT Bd. XXXI, S. 84 lautet es:

"2.5.41
Aktennotiz über Ergebnis der heutigen Besprechung mit den Staatssekretären über Barbarossa.
1.) Der Krieg ist nur weiterzuführen, wenn die gesamte Wehrmacht im 3. Kriegsjahr aus Rußland ernährt wird.
2.) Hierbei werden zweifellos zig Millionen Menschen verhungern, wenn von uns das für uns Notwendige aus dem Lande herausgehelt wird.
3.) 3. Am wichtigsten ist die Bergung und Abtransport von Ölsaaten, Ölkuchen, dann erst Getreide. Das vorhandene Fett und Fleisch wird voraussichtlich die Truppe verbrauchen.
4.) Die Beschäftigung der Industrie darf nur auf Mangelgebieten wieder aufgenommen werden, z.B.
die Werke für Verkehrsmittel,
die Werke für allgemeine Versorgungsanlagen (Eisen),
die Werke für Textilien,
von Rüstungsbetrieben nur solche, bei denen in Deutschland Engpässe bestehen.
Aufmachung von Reparaturwerkstätten für die Truppe natürlich in erhöhtem Ausmaß.
5. Für die Sicherung der weiten Gebiete zwischen den Rollbahnen müssen besondere Truppen bereitgestellt werden, vielleicht wird man den RAD oder Ergänzungsformationen des Heeres herein legen.
Notwendig ist, die besonders wichtigen und daher zu schützenden Gebiete herauszusuchen."

Weitere Angaben der Editoren: "or über Datum un Üb: "Chefsache", 2 Ausfertigungen, 1. Ausfertigung Akten Ia, 2. Ausfertigung Gen. Schubert (Rot. "Chefsache" in Anführungsstrichen und unterstrichen, "1." und "2." unterstrichen) l im letzten Absatz in "wichtigen" und "schützenden" jeweil "n" hs gestrichen (Blau) l und r Zeichen unl (vermutlich "v.G.") (Blau)".

nicht genannter "Staatssekretäre" entstanden sein soll. Von einem solchen Treffen ist weiter nichts bekannt. Der für den Vierjahrsplan zuständige Generalrat traf sich erst am 24. Juni 1941 wieder.[197] Daß es statt dessen der "Wirtschaftsführungsstab Ost" gewesen sein soll, der sich hier getroffen hat, ist bloße Spekulation.[198] Nun enthält auch dieses Papier offenkundigen Unsinn. Weder Gerlach noch sonst jemand aus dem Umfeld der Ausstellung scheint sich die Frage zu stellen, ob zur Ernährung von zusätzlich drei Millionen deutscher Soldaten aus den Vorräten einer Bevölkerung von 170 Millionen zwangsläufig (!) Millionen Menschen verhungern müßten (!), wie dort behauptet wird. Sie müßten natürlich nicht, dieses Zahlenverhältnis ergibt keinen Sinn. Es bleibt ein Geheimnis, warum dies 1941 irgend jemand behauptet zu haben scheint. Es bleibt zudem ein Geheimnis der Aussteller, warum sie sich über die Gegenstandslosigkeit dieser Bemerkung nicht klar werden.

"Kalkulierte Morde" hatte es zuvor reichlich gegeben. In der Tat waren in Rußland in den zwanzig Jahren seit der Oktoberrevolution gut 25 Millionen Menschen auf die eine oder andere Art zu Tode gekommen, sei es durch Zwangsarbeit, kalkulierten Hungertod oder Erschießung. Als die sowjetische Führung 1937 eine Volkszählung durchführen ließ, ergab sich statt den 178 Millionen Menschen, die angesichts der Millionen Todesopfer, die natürlich auch der sowjetischen Führung bekannt waren, allzu optimistisch erwartet worden waren, nur eine Zahl von 162 Millionen.[199] Das Ergebnis dieser Volkszählung wurde dann verschwiegen, die Verantwortlichen erschossen. Zwei Jahre später wurde eine neue Zählung durchgeführt, die natürlich näher am gewünschten Ergebnis lag und deren Bilanz mit "170.467.186 Menschen" angegeben wurde. Auch dies war eine Phantasiezahl, denn tatsächlich waren 167,3 Millionen gezählt worden, und selbst dies war augenscheinlich nichts anderes als das Ergebnis von gezielten Manipulationen einer Gruppe von Statistikern, die andernfalls bei einem zu geringen Ergebnis den Tod vor Augen hatten.[200] Frappierend ist auch hier, daß die Ausstellung darauf mit keinem Wort eingeht, denn die tradierte Zahl von 20 Millionen sowjetischen

---

[197] so etwa im Protokoll der Besprechung des Generalrats vom 24. Juni 1941: Anwesend waren die Staatssekretäre Neumann, Dr. Stuckart, Backe, Dr. Landfried, Dr. Syrup, Kleinmann, auch Gen. Thomas. Sie waren für die Ernährungsfragen in Bezug auf Rußland theoretisch zuständig. Vgl. BA-MA RW 19/177, Bl. 163 ff., 24. Juni 1941. Bemerkenswert: "Staatssekretär Körner eröffnete die Sitzung und teilte mit, daß infolge der Vorbereitungen für den Eventualfall "Rußland" bisher die Zusammenberufung des Generalrates hätte unterbleiben müssen." Ebd. Bl. 163. Aber die Sitzung numeriert: 11. Sitzung.

[198] Wie auch Gerlach anerkennt. Vgl. Gerlach, Morde, S. 46. Vgl. auch Roswitha Czollek, Zur wirtschaftspolitischen Konzeption des deutschen Imperialismus beim Überfall auf die Sowjetunion, in: Jahrbuch für Wirtschaftsgeschichte 1968, H. 1, S. 141-181.

[199] Vgl. Conquest, Stalin, S. 407.

[200] Zu dieser Einschätzung kommt auch Conquest, vgl. ebd. S. 408.

Kriegsopfern geht eben von den offiziell gezählten 170 Millionen Bevölkerung aus.[201] Die möglicherweise richtige Zahl von 162 Millionen wurde erst 1989 veröffentlicht. An dieser Zahl gibt es allerdings ebenfalls Zweifel, denn die Mehrzahl von mehreren Millionen Menschen, die der NKWD in den 1930er Jahren während der Haft erschoß, war zu "zehn Jahren Haft ohne Korrespondenz" verurteilt worden, was bedeutete, daß sie aus Sicht der Bevölkerungsstatistiker 1939 noch als lebend mitgezählt werden mußten und die errechnete Bevölkerungszahl notwendig um weitere Millionen erhöhten.[202] Es wäre auch hier eine Erwähnung wert gewesen, daß somit offenkundig sowjetische Massentötungen in Millionenzahl durch die spätere Opferangabe mit dem deutschen Rußlandfeldzug in eine Verbindung gebracht wurden, die sie nicht hatten.

So gibt es keine gesicherten Zahlen über die Bevölkerung der sowjetischen Gebiete, als die Wehrmacht im Sommer 1941 einmarschierte, denn die Volkszählung von 1939 mit ihren erfundenen Zahlen schlüsselte zudem nicht präzise nach Regionen auf. Alle Zahlen über die Bevölkerung etwa Weißrußlands und damit über die Opfer sind fragwürdig.[203] Festgehalten werden muß auch, daß die Ukraine und Weißrußland ganz besondere Opfer der sowjetischen totalitären Politik gewesen sind. Der Sowjetstaat hatte

> einen regelrechten Krieg gegen eine Nation von kleinen Betrieben geführt. ... Mehr als zwei Millionen Bauern wurden deportiert ... Sechs Millionen verhungerten, und Hunderttausende starben während der Deportation.[204]

Auf dem Rückzug der Roten Armee ging dieser Krieg weiter. Was immer an Gerätschaften oder Vorräten noch mitgenommen oder an Infrastruktur zerstört werden konnte, wurde von sowjetischer Seite konsequent einem von beiden Schicksalen unterworfen.

Die beiden Dokumente jedenfalls, die Christian Gerlach herausstellt und deren Text von der Ausstellung wiedergegeben wird, wurden also niemals Teil der "Grünen Mappe", in der die Richtlinien der Wehrmacht für die wirtschaftliche Besatzungspolitik zusammengefaßt wurden. Selbst an der Existenz eines Hungerplans der NS-Führung - zu dem die Wehrmachtsführung ja angeblich ihre Zustimmung gegeben haben soll -

---

[201] Es stehen auch höhere Zahlen im Raum. wie die 193-Millionen Einwohner, die vor Kriegsbeginn (nach Okkupation der baltischen Länder, des östlichen Polen und Bessarabiens) in der sowjetischen Presse behauptet wurden. Vgl. Krupinski, Komintern, S. 32.

[202] Vgl. Conquest, Stalin, S. 408.

[203] Wolfgang Hasch gibt für Weißrußland 1940 9,1 Millionen Einwohner an und für die Ukraine 41,3 Millionen. Auch diese Zahlen beruhen allerdings auf einer Schätzung auf Basis der gefälschten Volkszählung von 1939. Vgl. Hasch, Partisanenkrieg, S. 239.

[204] Zit. n. Werth, Staat, S. 165, vgl. zur selbsterzeugten Hungerkatastrophe in der UdSSR auch die zeitgenössische Darstellung von Ewald Ammende, Muß Rußland hungern?, S. 177 ff.

kommen Zweifel auf, wenn man einen Blick auf die ökonomischen Rahmendaten wirft.

Ökonomische Rahmendaten

Diesen Blick auf volkswirtschaftliche Zahlen haben sowohl die Ausstellungsmacher als auch Christian Gerlach, auf den sich die Ausstellung an dieser Stelle vor allem stützt, offenbar unterlassen. Der zentrale Satz dazu in Gerlachs Dissertation lautet:

> Weder konnte die UdSSR kurzfristig und unter Friedensbedingungen so hohe Überschüsse produzieren (wie von Deutschland gefordert, d. Verf.), es sei denn auf Kosten der Bevölkerung, was sie nicht zu tun bereit war, noch lieferte sie zum Nulltarif.[205]

Dieser Spekulation stehen die entsprechenden Zahlen der sowjetischen Getreideernte entgegen. Es ist merkwürdig, daß sich in einer Veröffentlichung von 1232 Seiten, deren Schwerpunkt auf den "kalkulierten Morden" und dem angeblichen Hungerplan liegt, dafür kein Platz gefunden hat. Zur Klärung hier ein paar dieser Daten: Zwischen dem Angriff auf die UdSSR im Sommer 1941 und dem Ende des Jahre 1943 wurden aus den besetzten Ostgebieten 6,32 Millionen Tonnen Getreide an das Deutsche Reich und die Wehrmacht geliefert.[206] Danach wurden weitere Lieferungen wegen der immer stärkeren Partisanentätigkeit praktisch unmöglich.[207] Das macht im Schnitt etwa 2,5 Millionen Tonnen geliefertes Getreide pro Jahr und es war damit pro Jahr das zweieinhalbfache der sowjetischen Lieferungen nach Deutschland in der unmittelbaren Vorkriegszeit. Zwischen Januar 1940 und dem Angriff 1941 waren insgesamt 1,5 Millionen Tonnen Getreide geliefert worden, also ca. 1 Million Tonnen jährlich. In einem deutsch-sowjetischen Abkommen hatte sich die UdSSR allerdings bereits dazu verpflichtet, diese Lieferungen auf 2 Millionen Tonnen jährlich zu steigern.[208] Tatsächlich überschritten die zwischen 1941 und 1943 gelieferten 2,5 Millionen Tonnen Getreide pro Jahr deshalb die freiwillig bereits zugesagte Exportquote der UdSSR also nur um 25 %,[209] waren zugleich aber weit *weniger* als die Exportrate der UdSSR in der Vorkriegszeit, die zeitweise bis zu 5,2 Millionen Tonnen betragen hatte.[210]

---

[205] Zit. n. Gerlach, Morde, S. 62.

[206] Vgl. Krausnick, Truppe, S. 389.

[207] Vgl. Krausnick, Truppe, S. 389.

[208] Vgl. Gerlach, Morde, S. 62.

[209] Sie bewegten sich damit im Rahmen der Jahre 1912/13, als das zaristische Rußland Getreide in diesem Umfang (2,2 bzw. 2,7 Mio Tonnen) nach Deutschland geliefert hatte. Vgl. Backe, Nahrungsfreiheit, S. 256.

[210] Vgl. Bullock, Parallele Leben, S. 369.

Bei diesen Millionen Tonnen Getreideexport kam die UdSSR aber immer noch keineswegs in Lieferschwierigkeiten, da die sowjetische Gesamtproduktion nach damaligen Veröffentlichungen bei mindestens 90 Millionen Tonnen lag.[211] Dies war, wie bereits gesagt, in manchen Jahren von einer gewollten Hungerkatastrophe für Teile vor allem der ukrainischen Bevölkerung begleitet worden. Inzwischen stellte diese Strategie offenbar ein Kapitel der Vergangenheit dar. Im Jahr 1937 waren sogar 120,3 Millionen Tonnen geerntet worden, wie man in Berlin aufmerksam vermerkt hatte.[212] Angesichts dieser Zahlen ging man in der deutschen Hauptstadt davon aus, daß der russische Staat neben den exportierten Mengen jährlich weitere 5-7 Prozent der Speicherernte von geschätzten durchschnittlich 72-76 Millionen Tonnen, also 3,5 bis 5,3 Millionen Tonnen Getreide für Notzeiten beiseite legen konnte.[213] Insgesamt wären nach diesen Zahlen, die den Planungen in Berlin zugrunde lagen, also aus Export und Vorratshaltung maximal bis zu 9,3 Millionen Tonnen Getreide aus der sowjetischen Produktion für Deutschland abzuzweigen gewesen, ohne daß dem russischen Verbraucher auch nur ein Pfund der Ernte zur Verwendung für seine Mahlzeiten verlorenzugehen brauchte. Dies betonte auch die sowjetische Verhandlungsführung, die den sowjetischen Getreideüberschuß mit "bei sehr guten Ernten bis zu 10 Mill.t." angab, eine Zahl, die auch Hitler, Göring und Keitel vorgelegen hat.[214]

Sehr gute Ernten waren nicht jedes Jahr zu erwarten, und man fügte russischerseits hinzu, für 1941 angeblich auf die Reserven zurückgreifen zu müssen, um die vereinbarten Lieferungmengen einhalten zu können. Dennoch ist ein Vergleich dieser Maximalleistung mit den Erwartungen der deutschen Planer aufschlußreich. Man kann aus den Zahlen der Ausstellung und den sonst bekannten Veröffentlichungen entnehmen, daß die Maximalvorstellung der deutschen Planer für das, was aus den besetzten Gebieten nach Deutschland geliefert werden sollte, bei 8,7 Millionen Tonnen Getreide lag. Das ist offenbar die höchste jemals genannte Zahl.[215] Sie wurde bald darauf nach unten korrigiert. Der Reichsnährstand, so zitiert etwa Christian Gerlach selbst, "schätzt den Zuschußbedarf Deutschlands und der von Deutschland beherrschten

---

[211] Im Jahr 1931 waren es 97,8 Millionen Tonnen gewesen. Vgl. Remmele, Sowjetunion, S. 74.

[212] Vgl. Just, Sowjetunion, S. 84. Die sowjetische Getreideproduktion bewegte sich auch in den nächsten Jahrzehnten in diesem Korridor zwischen 100 und 130 Millionen Tonnen.

[213] Vgl. Just, Sowjetunion, S. 85.

[214] Vgl. BA-MA 19/164, Bl. 150 f., 12. Februar 1941.

[215] KTB WiRüAmt/Stab v. 12.2.1941, BA-MA RW 19/164, Bl. 150 f. - zit. n. Gerlach, Morde, S. 67.

Gebiete auf 5 Mill. t."[216] In der 'Grünen Mappe' wurden dann etwa 4,5 Millionen Tonnen Getreide als Ziel genannt, also etwa soviel, wie die UdSSR in Friedenszeiten maximal exportiert hatte.[217] Als Backe zwei Tage nach Beginn des "Unternehmens Barbarossa" seine Vorstellungen präzisierte, da sprach er von einem Ausgleich für den Ausfall eben des zugesagten russischen Exports plus ca. 600.000 Tonnen Getreide für Deutschland. Insgesamt seien aus der russischen Produktion 2,5 Millionen Tonnen Getreide für Deutschland abzuzweigen.[218]

Es ist angesichts dieser Zahlen haltlos, von einem Hungerplan mit dem Ziel von dreißig Millionen Toten zu reden. Was die deutschen ökonomischen Planungen nach einem Sieg und der Besetzung des ganzen europäischen Teils der UdSSR erreichen wollten, konnte von den besetzten Gebieten geliefert werden, ohne daß dabei jemand verhungern mußte. Als die Zahl von 4,5 Millionen Tonnen in die 'Grüne Mappe' geschrieben wurde, hat deshalb niemand dadurch sein Einverständnis zu einem Massensterben durch Hunger gegeben, sondern nur eine erreichbare Zielmenge festgelegt, die von den wahrscheinlich bald eroberten Gebieten aller Voraussicht nach geliefert werden konnte.[219] Diese Einschätzung teilte man auch auf sowjetischer Seite. Im April 1941 waren dem Deutschen Reich bereits bis 5 zu Millionen Tonnen Getreidelieferung für das Folgejahr in Aussicht gestellt worden.[220] Das letzte Wort dieses Abschnitts gehört daher dem sowjetischen Botschafter in London, Ivan Maiskij, der solche deutschen Forderungen für den Sommer 1941 erwartete und gewohnt lässig darüber hinwegging:

> Wenn es nur darum gehe, drei oder vier Millionen Tonnen Futtermittel mehr zu liefern - hier umschrieb er mit einer verächtlichen Geste den imaginären Futterberg, den er in Kensington Palace vor sich sah - könne Moskau darauf eingehen.[221]

Stalins Vernichtungskrieg

Am Ende trugen sie den Sieg davon: Sie vernichteten sich selbst und das Volk.[222]

---

[216] Zit. n. Gerlach, Morde, S. 67, sowie BA-MA 19/164, Bl. 150, 12. Februar 1941.

[217] NBG Dok. NG-1409.

[218] Vgl. Müller, Scheitern, S. 989.

[219] Vgl. Vortrag Chef Wi, Maj. Kirsch bei Gen. Thomas: "Durchsprechen der Vortragsnotiz für Chef WFStb über die europäische Ernährungslage. Sicherung der großdeutschen Ernährung nur zu Lasten deer besetzten bzw. der in unserem Machtbereich liegenden Länder. Für die Ernährung Mittelrußlands kann nichts eingesetzt werden." BA-MA RW 19/165, Bl. 164, 26. Juli 1941.

[220] Vgl. ADAP, D, XI/2, Dok. 423, S. 557, Aufzeichnung eines Gesprächs Hitlers mit dem Botschafter in Moskau, Graf von der Schulenburg.

[221] Maiskij im Gespräch mit dem britischen Diplomaten Warners am 13. Juni 1941. Zit. n. Gorodetsky, Täuschung, S. 374.

Die in der Grünen Mappe und von Maiskij genannte Menge an Getreide hätte also geliefert werden können. Besser gesagt: sie hätte theoretisch geliefert werden können. Denn die Rote Armee und der NKWD ermordeten nach dem deutschen Angriff nicht nur Zehntausende von mißliebigen Personen, sondern sie zerstörten im Sommer 1941 die gesamte Infrastruktur der von ihnen geräumten Gebiete und sie nahmen alle Vorräte mit. Dies war die direkte Umsetzung des berühmten Aufrufs durch Josef Stalin:

> Wann immer Einheiten der Roten Armee zum Rückzug gezwungen sind, muß alles rollende Gut der Eisenbahnen mitgeführt werden. Kein einziger Wagen und keine Lokomotive, nicht ein Kilo Korn und kein einziger Liter Brennstoff dürfen dem Feind in die Hände fallen. Die Bauern müssen den ganzen Viehbestand mitnehmen und das Getreide den staatlichen Organisationen übergeben, die es ins Hinterland schaffen. Alles von Wert, so Metalle, Getreide und Petroleum, muß unbedingt vernichtet werden, wenn es nicht mitgenommen werden kann.[223]

Es sollte bis ins Frühjahr 1945 dauern, da war Adolf Hitler an dem gleichen Punkt angekommen und ordnete in dem bekannten Nero-Befehl die Zerstörung der deutschen Infrastruktur an, jene Maßnahme, die üblicherweise und zu Recht als besonders menschenverachtend beschrieben wird und die Millionen Deutsche dem Hungertod ausgeliefert hätte, wäre sie nicht von Albert Speer und dem in der Ausstellung zum Architekten des Hungerkriegs ernannten Staatssekretär Backe konsequent sabotiert worden. Josef Stalin begann den Vernichtungskrieg gegen das eigene Volk bereits im Hochsommer 1941, sofort nach Ausbruch der Feindseligkeiten. Sein Aufruf verdammte die Bevölkerung der von Deutschland eroberten russischen Gebiete zum Untergang. Er wurde schnell und sehr weitgehend umgesetzt. Bereits Mitte Juli registrierte die Wehrmachtsführung "wirtschaftliche Räumungsbewegungen" des Gegners.[224] Die offizielle sowjetische Geschichte des "Großen Vaterländischen Kriegs" schildert das explizit und hebt es als große Leistung hervor:

> Allein während dreier Monate des Jahres 1941 wurden mehr als 1360 Großbetriebe verlegt. Das bewegliche Gut von Tausenden von Kolchosen und Sowchosen wurde in das Landesinnere geschafft.[225]

Dazu gesellte sich die Flucht und Umsiedlung von zehn bis zwölf Millionen Arbeitskräften.[226] Was nicht evakuiert werden konnte, wurde zerstört. Zurück blieben ein verwüstetes Land und weitere Millionen

---

[222] Sowjetischer Schriftsteller über Josef Stalin und die Stalinisten, zit. n. Conquest, Stalin, S. 409.

[223] Zit. n. Werth, Rußland, S. 136.

[224] Vgl. Halder, KTB, S. 65, 11. Juli 1941.

[225] Zit. n. Telpuchowski, Geschichte, S. 81.

[226] Vgl. Bullock, Leben, S. 1002.

hungernder Menschen, die nun von Deutschland zu ernähren waren - und Deutschland war damit überfordert.[227] Der auch in der Ausstellung gelegentlich zitierte Helmuth Groscurth schrieb Anfang November an seinen Bruder:

> Zwei große Städte von 80.000 bzw. 90.000 Einwohnern liegen in unserem Abschnitt. Die Leute haben schon jetzt nichts mehr zu essen. Alle Fabriken und Anlagen sind zerstört. Wir werden wohl mit diesen Dingen die *allergrößten* Schwierigkeiten bekommen, ebenso wie mit unserer eigenen Versorgung, die denkbar ungünstig oder überhaupt nicht vorhanden ist.[228]

Ein Reisebericht der Wehrwirtschaftlichen Rüstungsamts stellte fest:

> "Minsk, Witebsk, Podelsk von den Russen angezündet worden. Je langsamer der Vormarsch (und er muß angesichts der imm erschwieriger werdenden Nachschublage immer langsamer werden), desto umfangreicher werden die Zerstörungen der Russen."[229]

Um diese Zerstörungen wenigstens annähernd auszugleichen, wurden die besetzten Gebiete von Deutschland aus umfangreich mit Material aller Art beliefert, u.a. "mehr als 70.000 Traktoren, 16.000 Holzgasgeneratoren, 5.000 Schlepperanhanggeräte, 306.000 Gespannpflüge, 99.000 Gespanngrubber und drei Millionen Sensen".[230] Diese Zahlen zeigen, daß Stalins Aufruf weitgehend befolgt worden war. Die Ukraine war wegen seiner Strategie der Verbrannten Erde zum Zuschußgebiet geworden. Es ist dieses Kapitel, das in der Ausstellung nicht erwähnt wird, das aber ein Schlaglicht auf die sowjetischen Methoden der Kriegsführung und der politischen Auseinandersetzung überhaupt liefert. In eben diesen Gebieten wie der Ukraine, wo die deutsche Armee jetzt einmarschierte, hatte Stalin Anfangs der dreißiger Jahre Millionen Menschen verhungern lassen, lediglich um mit der Zerstörung der Schicht unabhängiger Bauern ein politisches Ziel zu erreichen. Es waren seine Anordnungen, die jetzt erneut Millionen dem Hungertod auszuliefern drohten. Statt einzig einem vorgeblichen Hungerplan und einem 'Ernährungskrieg' der deutschen Führung nachzujagen, hätte in der Ausstellung das sowjetische Kalkül bei diesen Maßnahmen berücksichtigt - und dargestellt - werden *müssen*. Es

---

[227] Besonders das auf Stalins oben zitierten Befehl hin zerstörte Eisenbahnwesen machte schon die Versorgung der deutschen Armee selbst sehr schwierig, da die mitgenommenen oder zerstörten russischen Lokomotiven nicht entsprechend ersetzt werden konnten: "Lok-Instandsetzungswerkstätten von den Russen restlos zerstört. ... Mehr Lokomotiven können nicht herangezogen werden, weil sie nicht gewartet werden können." Zit. n. Halder, KTB III, S. 327. Zu den Versorgungsschwierigkeiten der Armee vgl. auch Müller, Scheitern, S. 978 f.

[228] Zit. n. Groscurth, Tagebücher, S. 523, 4. November 1941.

[229] Zit. n. BA-MA RW 19/165, Bl. 167, 28. Juli 1941, Bericht Oberstleutnant Gusovius bei General Thomas.

[230] Zit. n. Post, Proportionen, S. 529. Um die Bedeutung der gelieferten 70.000 Traktoren einzuschätzen, sei gesagt, daß es 1939 in ganz Deutschland nur etwa 100.000 davon gab. Mit den Lieferungen dauerte es allerdings und sie kamen für die Ernte 1941 zu spät: "Noch keine Traktoren- und Sensentransporte angekommen", notierte Gen. Thomas am 31. Juli 1941. Vgl. BA-MA RW 19/165, Bl. 178.

hätte weiter dargestellt werden müssen, wie die Wehrmacht und die NS-Führung im Rahmen der verbleibenden Handlungsspielräume darauf reagierten, und dann wären Stimmen wie diese zu hören, die noch einmal klar zeigt, wer in Deutschland die Entscheidungen traf:

> Der Führer selbst sieht gar keine Gefahr darin, daß die Russen zum Teil versuchen, die Gebiete, in die wir vorrücken, zu zerstören. Wir haben mit den dort vorrätigen Lebensmitteln nicht gerechnet. Jedenfalls, einiges werden wir schon finden, und wir werden nach dem Grundsatz vorgehen: Wenn Europa schon hungern soll, dann sind wir Deutschen die letzten, die hungern werden. Sollte der Krieg länger dauern, so wird es uns sicherlich gelingen, z.B. aus der Ukraine wertvollen Zusatz für unsere ganze Ernährungs- und Kriegswirtschaft herauszuholen.[231]

Hitler wollte sich von Stalins Strategie der Verbrannten Erde nicht beirren lassen, aber trotz der Grobheit zeigen auch diese Sätze, von Goebbels notiert, drei Dinge noch einmal deutlich: Erstens begriff man in Berlin die sowjetische und britische Strategie als Hungerplan analog zum Ersten Weltkrieg. Damals hatte die alliierte Hungerblockade in Deutschland Hunderttausende von Todesopfern gefordert und war der entscheidende Hebel gewesen, mit dem die Alliierten sich über die Deutschland zugesicherten Waffenstillstandsbedingungen hinwegsetzen und die Unterschrift unter den Versailler Vertrag erzwingen konnten. Man glaubte sich vor diesem Hintergrund in der Rolle des Reagierenden, nicht des Agierenden. Zweitens gab es im deutschen Machtbereich tatsächlich nicht genug Lebens- und Transportmittel, um die Bevölkerung in den neu eroberten Gebieten, die Wehrmachtseinheiten und die Kriegsgefangenen gleichzeitig zu ernähren, und drittens, und in unserem Zusammenhang besonders relevant, lag keine der Maßnahmen, die in diesem Zusammenhang getroffen wurden, in der Verantwortung der Wehrmacht. Schon die 'Grüne Mappe' war ein Produkt von Hermann Görings Vierjahresplanbehörde gewesen, das die Wehrmacht zu übernehmen hatte.[232] Auch jetzt, als sich diese Vorgaben unter den militärischen Ereignissen als überholt erwiesen, ging der zuständige General Georg Thomas zu Hermann Göring, dem Beauftragten für den Vierjahresplan, um sich jede wichtige Maßnahme genehmigen zu lassen.

Thomas hatte schon vor dem Krieg vor möglichen Zerstörungen und der Vernichtung der Vorräte durch die Sowjets gewarnt, aber wenig Gehör gefunden.[233] Er hatte übrigens - ganz dem Hitler so verhassten "Geist von Zossen" verpflichtet - schon 1938 vor jedem Krieg gewarnt, da Deutschland ihn wirtschaftlich nicht durchhalten könne.[234] Jetzt tauchten in

---

[231] Zit. n. Goebbels, Tagebücher, II, Bd. 1, S. 36, 9. Juli 1941.

[232] Vgl. Gerlach, Morde, S. 65.

[233] Hitler und Göring hielten solche Zerstörungen für unwahrscheinlich. Vgl. Ngb. Dok. NI-7291, vgl. auch Gerlach, Morde, S. 67.

[234] Vgl. Bracher, Diktatur, S. 429.

seinen und anderen Sätzen immer mehr Formulierungen auf, daß man die Menschen nicht ernähren *könne*, was solle man also tun, da die Planungen vor dem Ostfeldzug die "kurzfristigen Aufgaben" zu wenig berücksichtigt hatten.

"Klare Einsicht, daß die Organisation an den Stellen eingesetzt werden muß, wo es etwas gibt. Alle anderen Gebiete müssen unbearbeitet bleiben. Wir können nichts das ganze Land verwalten. Die Intelligenz ist totgeschlagen, die Kommissare sind weg. Große Gebiete werden sich selbst überlassen bleiben müssen (verhungern)."[235]

Dies ist der Tenor der gesamten deutschen Verwaltungssprache während des Spätsommers/Herbstes 1941. Auch wenn ein Zyniker wie Hermann Göring sich gelegentlich zur Formulierung verstieg, vielleicht sei es gar nicht schlecht, wenn Millionen verhungerten, und man könne daran auch gar nichts ändern, *selbst wenn man wolle,* dann blieb eine Aussage in einem Punkt doch immer die gleiche: man konnte nicht.[236]

Dann wäre da eben noch ein anderer Blick zu tun, den die Ausstellung versäumt. Wer von einem Hungerplan spricht, falls die Ukraine, Weißrußland und das Baltikum ökonomisch vom übrigen Rußland abgeschnitten worden wären, der sollte sich für die Folgen interessieren, als dies tatsächlich geschah. Denn der deutsche Angriff scheiterte ja in seinem strategischen Gesamtziel, und statt zwischen Astrachan und Archangelsk stand die deutsche Armee in den eben genannten Überschußgebieten und schnitt die sowjetische Ökonomie also von deren Lieferungen ab. Das hätte nun nach dem angeblich von der deutschen Führung formulierten Abschneidungsplan eine Hungersnot in diesen Gebieten auslösen müssen. Das geschah nicht. Bis auf das eingeschlossene Leningrad, dessen Lebensmittelknappheit ganz andere Ursachen hatte, blieb die UdSSR trotz des Verlusts der Ukraine von einer tödlichen Hungersnot verschont, nur die Hälfte der Bevölkerung mußte überhaupt Rationierungen von Lebensmitteln hinnehmen:[237] "Im Jahr 1941 starben nur in Leningrad Menschen am Hunger," faßt Mark Harrison die Situation zusammen.

Es galt, was auch von deutscher Seite vermutet worden war und von Alan Bullock ebenfalls vermerkt wird: Es war immer nur ein Teil der russischen Ernte exportiert worden und es gab auch jetzt große Getreidereserven, die notfalls verteilt werden konnten - jedenfalls im russischen Machtbereich.[238]

---

[235] Zit. n. BA-MA RW 19/165, Bl. 173, 31. Juli 1941, Besprechung Gen. Thomas bei Staatssekretär Körner. "Wir können die Menschen nicht ernähren". (Bl. 175) Bemerkenswert: Es ist als einziges Dokument in der ganzen Mappe weder von Thomas unterschrieben noch mit Kürzel versehen.

[236] Vgl. Gerlach, Morde, S. 275.

[237] Vgl. den Beitrag von Mark Harrison in: Wegner, Wege, S. 455.

[238] Vgl. Bullock, Parallele Leben, S. 369.

Der 'Hungerkrieg' hat viele Aspekte, mit denen sich die Ausstellung nicht beschäftigt. Für einen Aspekt gilt das nicht ganz, denn die Ausstellung verurteilt ja pauschal die Absicht der Wehrmachtsführung, die Truppen in Rußland "aus dem Lande" zu versorgen. Das hat bereits die untersuchende Historikerkommission beschäftigt:

> Für die Militärs war die völlige Ernährung des Ostheers aus dem Lande eine notwendige Voraussetzung für das Gelingen der Operationen, da nur so die Nachschubkapazitäten ausreichten. Über die Versorgung der Truppen hinaus sollten auch Überschüsse für die deutsche Bevölkerung abgeschöpft werden. Auch dies hielten die Militärs zur Sicherung der „Kriegsmoral" für notwendig. Eine solche Ausbeutungspolitik, die sich gegen die Lebensinteressen der sowjetischen Bevölkerung richtete, verstieß klar gegen die HLKO. Deren Artikel 52 lässt nur Requisitionen für den Bedarf der besetzenden Armee zu, sie müssen auf die Ressourcen des Landes abgestimmt sein.[239]

Die Requirierung von Lebensmitteln für den Bedarf der Armee sind also in der Tat prinzipiell zulässig, wenn sie auf die Möglichkeiten des Landes abgestimmt sind. Das waren die deutschen Pläne nach Menge und Umständen durchaus, wie wir gerade gesehen haben. Das anklagende Ausstellungskapitel „Leben aus dem Lande" ist insofern gegenstandslos. „Die Militärs", wie es verallgemeinernd heißt, haben den Hungertod von Millionen nicht geplant. Die Randbemerkungen von Staatssekretären und Funktionären auf Dokumenten, die niemals Teil der gültigen Richtlinien wurden, können diesen Vorwurf nicht belegen.[240] Die gültigen Richtlinien lauteten anders und trafen auf die harte Realität eines vom Kriegsgegner bewußt zerstörten Landes, die nach Ansicht der Heeresführung eine Änderung der Prioritäten nötig machte:

> "Bericht über die Ernährungslage in den besetzten Ostgebieten. Etwa 60 % der Ernte für uns gerettet; für nächstes Jahr auch höchstens mit 60 % der Normalernte zu rechnen. Ausdreschen und Abtransport des Getreides unter Anwendung militärischer Gewalt. Ebenso gewaltsame Kuh-Abschlachtungen. Zunehmende Unsicherheit im Norden und in der Mitte. Bericht über die geplante Versorgung Kiews. Ungünstiger sieht es für Leningrad aus.
>
> Weisung vom Wi-Fü-Stab Ost bezüglich Versorgung der ukrainischen Zivilbevölkerung entsprechend der geänderten politischen Behandlung.
>
> Bei der Nutzung der landwirtschaftlichen Erzeugung folgende Rangordnung zugrundegelegt: 1) Bedarf der Truppe, 2) Abtransport in die Heimat, 3) Bedarf der Bevölkerung. GFM v. Brauchitsch tritt für folgende Rangordnung ein: 2) Bedarf der Bevölkerung, 3) Abtransport in die Heimat."[241]

Die Bevölkerung rückte in der Prioritätenliste nach vorn.

---

[239] Zit. n. HIS, Bericht, S. 70 f.

[240] Vgl. BA-MA RW 19/164, Bl. 228 f., 19. März 1941, Vortrag bei Göring, der sich mit den Wirtschaftsplanungen einverstanden erklärt. "In den Führungsstab sollen hinein: Körner, Backe, Hanneken, Alpers und Thomas. Die Geschäftsführung liegt beim Wi Rü Amt.

[241] Zit. BA-MA RW 19/165, Bl. 281 f., 16. Oktober 1941.

Evakuierungen

Wiederholt wird in der Ausstellung auf Zerstörungen der Infrastruktur, d.h. Häusern, Straßen, Eisenbahnen, Feldern und Evakuierungen der Bevölkerung als Kriegsverbrechen Bezug genommen:

> Nach dem Zusatzbefehl vom 1. August 1943 („Freiwild-Befehl") sollte alles, was sich überhaupt zerstören ließ, vernichtet werden, die Menschen wollte man deportieren. Dieser Zusatzbefehl wurde, anders als dies in der Ausstellung dargestellt wird, erst nach dem Abzug der Heeresbataillone durchgeführt.[242]

Dies sagt wieder einmal nichts über die Beteiligung der Wehrmacht an dem aus, was hier als Verbrechen gekennzeichnet wird. Aber man kann mit gutem Grund bestreiten, daß es sich überhaupt um ein Verbrechen gehandelt hat. Kriegsrecht ist immer wieder auch ein „tu quoque" ein „wie du mir, so ich dir", und deshalb haben alle Besatzungsarmeen, die mit systematischen irregulären Attacken des Gegners zu tun hatten, immer auf dieselbe Weise reagiert. Sie haben Maßnahmen gegen die Bevölkerung ergriffen und zwar insbesondere Maßnahmen, die auf Evakuierung der Bevölkerung und Zerstörung der für den versteckten Gegner nutzbaren Infrastruktur setzten. Nur so kann eine Armee hoffen, den ansonsten unsichtbaren Feind zu treffen und längerfristig auszuschalten. Die flächendeckenden Anwendungen solcher Regeln lassen sich etwa im amerikanischen Bürgerkrieg beobachten, in den US-Kriegen gegen die Navajo-Bevölkerung, im englischen Burenkrieg, bei der Eroberung der Philippinen durch die Truppen der Vereinigten Staaten, im deutschen Vorgehen gegen die Hereros in Südafrika oder in den vietnamesischen Kolonialkriegen, aber auch schon in vormodernen Aktionen wie bei den Umsiedlungsmaßnahmen der Römer in Etrurien oder der Franken in Sachsen. Wir wollen hier nicht von Ausrottungsaktionen reden, die ebenfalls auf eine lange traurige Tradition zurückblicken können und die immer die extreme Spitze jener Vorgehensweise gegen eine fremde Bevölkerung dargestellt haben.

Nun sollte sich die Menschheit inzwischen weiterentwickelt haben und der Verweis auf frühere Gewohnheiten und Grausamkeiten in Kriegszeiten kann die aktuellen Vorkommnisse auch schon deswegen nicht entschuldigen, wie überhaupt der Verweis auf andere Täter noch keinen Gesetzesbrecher entschuldigen konnte. Ausdruck dieser Entwicklung ist das moderne Kriegsrecht, das ein auf Vereinbarung und Gewohnheit beruhendes kompliziertes Regelwerk darstellt, in dem sich die potentiellen Gegner vor den Grausamkeiten des jeweils anderen schützen – mit dem Vorbehalt des bereits erwähnten "tu quoque". Als die Alliierten während des Ersten Weltkriegs damit begannen, neutrale Handelsschiffe an der Fahrt nach Deutschland zu hindern und damit dort eine Hungersnot

---

[242] Zit. n. HIS, Katalog, S. 75 f.

auslösten, hatte Deutschland umgekehrt das Recht, die britischen Inseln gleichermaßen zu blockieren und da nicht anders möglich, den uneingeschränkten U-Boot-Krieg zu proklamieren. Politisch klug war es nicht, wie sich im nachhinein herausstellte, völkerrechtlich erlaubt war es allemal.

Es gehörte daher zu den besonders zynischen Scherzen der alliierten Siegerstaaten, in die während der Versailler Vertragsverhandlungen erarbeitete Liste sogenannter Kriegsverbrechen unter Punkt 4 die "Aushungerung der Zivilbevölkerung" aufzunehmen, wie dies im Ausstellungskatalog dokumentiert wird.[243] Die ganze alliierte Kriegsstrategie hatte während des ersten Weltkriegs auf eben dieser systematischen Aushungerung der deutschen Zivilbevölkerung beruht, die mehrere hunderttausend Todesopfer gefordert hat. Es waren daher die Verbrecher selbst, die hier im nachhinein andere des von ihnen selbst begangenen Verbrechens anklagen wollten. Und mehr noch: Auch die bereits vor Kriegsausbruch erarbeitete Strategie des Zweiten Weltkriegs basierte wesentlich darauf, Deutschland durch eine erneute Hungerblockade entscheidend treffen zu können. "Kalkulierte Morde" sollten das militärische Risiko gering halten.

Wer nun das Unternehmen Barbarossa betrachtet, von seiner Planungsphase bis zu seiner Ausführung, der hat es von vornherein auch mit Überlegungen der deutschen Seite zu tun, wie in und mit der UdSSR völkerrechtlich zu verfahren sei. Das hängt damit zusammen, daß die Sowjetunion nach der Revolution von 1917 generell alle Abkommen des zaristischen Rußland gekündigt hatte, was neben den wirtschaftlichen und politischen auch die völkerrechtlichen Abmachungen betroffen hat. In geringem Ausmaß hatte der Beitritt zum Völkerbund 1935 neue völkerrechtliche Bindungen geschaffen, aber es lag nicht in der Absicht der sowjetischen Führung, einen vollkommen normalen Staat unter Staaten regieren zu wollen und so behielt sie beispielsweise die Oberhoheit über eine Organisation wie die Komintern bei, deren Zweck die Revolutionierung fremder Staaten war und damit der permanente irreguläre Kampf jenseits des Völkerrechts. Gleichzeitig ereigneten sich in der Sowjetunion Massenmorde bis dahin unbekannten Ausmaßes, die auch keinen Zweifel daran lassen konnten, zu welchen Gewalttaten das kommunistische System fähig war.

Das Vorgehen der sowjetischen Machthaber im besetzten Teil der früheren Republik Polen zwischen September 1939 und Sommer 1940 ließ dann erneut keinen Zweifel daran, mit wem man es hier zu tun haben würde, wenn es zu einer militärischen Konfrontation Deutschland mit der

---

[243] Vgl. HIS, Katalog, S. 28.

UdSSR kommen sollte. Eine bloß militärische Auseinandersetzung mit der UdSSR war extrem unwahrscheinlich.

Planungen

Der moderne Großkrieg zwischen arbeitsteiligen Industriegesellschaften hat viele neue Aspekte geschaffen, die bei jeder militärischen Planung zu berücksichtigen sind. Der Anteil an Soldaten, der mobilisiert werden kann, ohne die nötigen Abläufe wie die Verwaltung und den Produktionsprozeß zu sehr zu stören, ist auf wenige Prozent der Gesamtbevölkerung gesunken. Zugleich stören die militärischen Maßnahmen und Gegenmaßnahmen unvermeidlich den Rohstoff- und Warenverkehr, der für die nachhaltige Wirtschaft und damit für den siegreichen Abschluß des Krieges unbedingt erforderlich ist. Im Krieg der Westmächte gegen Deutschland hatten die Westmächte in dieser Störung gar ihre bequeme Hauptwaffe erkannt, die ihnen dann allerdings durch die partielle Zusammenarbeit zwischen den Nationalsozialisten und den Kommunisten aus der Hand geschlagen worden war. Die UdSSR lieferte zum Teil, was durch die alliierte Blockade ausgefallen war.

Ein Krieg zwischen Deutschland und der UdSSR mußte unter solchen Umständen drastische Folgen haben, die sich deshalb direkt bereits im Vorfeld auf die militärischen und wirtschaftlichen Planungen niederschlugen. Der Krieg würde, ganz gleich ob er von Deutschland oder von Rußland begonnen wurde, die russischen Lieferungen beenden, ohne die Deutschland den Krieg nicht langfristig führen konnte. Gleichzeitig würde eine Kampfhandlung dieses Ausmaßes den Verbrauch an eben diesen fehlenden Gütern drastisch steigern. Es gab deshalb niemals die militärische Option, den russischen Aufmarsch an der Grenze nur zu zerschlagen, ohne weiter in die UdSSR vorzudringen. Wenn es Krieg gab, gab es für Deutschland keine Alternative zu einer schnellen, weitreichenden und möglichst entscheidenden Offensive bis hin zu den Nahrungs- und Rohstoffquellen, die allein ein längeres Überleben in diesem Krieg ermöglichen konnten. Das mußte nicht und hat auch offenbar nicht dazu geführt, daß zum Zweck dieses Überlebens von deutschen Militärs der Tod der russischen Zivilbevölkerung geplant worden wäre:

> Es kann nicht gesagt werden, die Wehrmacht habe das radikalste Ziel Hitlers „geteilt" – die physische Auslöschung des Gegners. Der Gegner bleibt in der Aussage eher unbestimmt. Die Wehrmacht hat die weißrussische Bevölkerung nicht vernichten wollen. Die Richtlinien des OKW für die Bandenbekämpfung vom 18.8.42 [Weisung Nr. 46, II] sehen als Voraussetzung der „Vernichtung der Banden" eine „strenge aber gerechte Behandlung der Bevölkerung" an sowie die „Sicherstellung des menschlichen Existenzminimums".[244]

---

[244] Zit. n. HIS, Bericht, S. 79.

Die Berechtigung der Einschätzung über das "radikalste Ziel Hitlers" kann hier nicht thematisiert werden. Das ist jedenfalls eine klare Stellungnahme der Kommission zur Wehrmacht. Dieser Satz widerspricht zentralen Aussagen der Ausstellung, insbesondere den Teilen, die sich auf Christian Gerlachs Anklage von ‚kalkulierten Morden' beziehen. Leider hat sich die Ausstellung hier selbst vom Urteil der Kommission nicht beeindrucken lassen, auch nicht hinsichtlich der Rolle der Wehrmacht bei der Ermordung der Juden:

> Beim Mord an den osteuropäischen Juden hat die Wehrmacht in Teilen mitgewirkt, gebilligt, zugesehen und geschehen lassen. Hinsichtlich der Motivation und Zielvorstellung gab es jedoch durchaus Unterschiede zwischen Hitler/Himmler und Vertretern des Offizierkorps. Reichenau und einige andere Armeeführer repräsentieren nicht die Gesamtheit, ebenso nicht einige radikale Kommandeure von Sicherungsdivisionen, -bataillonen und Kommandanten von Orts- und Feldkommandanturen. Hier ist grundsätzlich auf die Befehlskette zu verweisen, wie überhaupt das Zusammenwirken von Ideologie und militärischem Befehl längst nicht ausreichend erforscht ist.[245]

Hier hat die Kommission ein einigermaßen ausgewogenes Urteil gefällt, welches allerdings wie gesagt der von der Ausstellung behaupteten Billigung der Hitlerschen Ziele durch die Wehrmacht einmal mehr widerspricht.

Sowjetische Kriegsgefangene

> Stalin unterbrach mich lachend: "Einer von unseren Leuten brachte einmal eine größere Gruppe von Deutschen fort, und unterwegs tötete er sie alle bis auf einen. Als der am Bestimmungsort eintraf, fragte man ihn: 'Und wo sind die anderen?' Da antwortete er: 'Ich habe nur den Befehl unseres Oberbefehlshabers ausgeführt, alle bis auf den letzten Mann töten - und das hier ist der letzte.'[246]

Hungerkrieg?

Als ein weiterer Aspekt des sogenannten Hungerkriegs gegen die russische Bevölkerung wird in der Ausstellung die Behandlung russischer Kriegsgefangener gezeigt. Sie stützt sich dabei im wesentlichen auf die Ansichten und das Material Christian Streits, der 1978 unter dem Titel "Keine Kameraden" eine Dissertation über das Thema veröffentlichte, und dort eine Vernichtungsabsicht der deutschen Führung gegenüber den Kriegsgefangenen nachgewiesen haben wollte, mit der sich seiner Meinung auch die Wehrmachtsführung identifiziert haben soll, angeblich um ihre Stellung innerhalb des NS-Staats zu behaupten:

---

[245] Zit. n. HIS, Bericht, S. 79.

[246] Zit. n. Djilas, Gespräche mit Stalin, S. 104 f.

Der Preis - die Beteiligung an der Ausrottungspolitik - schien tragbar, da es sich nur um eine kurze Periode handeln sollte.[247]

Solche und andere von Streits Thesen sind immer umstritten gewesen, wovon in der Ausstellung nichts zu hören ist. Der Kritik an diesen Thesen wird allerdings insofern Rechnung getragen, als der Ausstellungstext nicht wie Streit eine direkte Mordabsicht an den russischen Kriegsgefangenen unterstellt. Mehrfach wird dagegen betont, die Gefangenen hätten "ausschließlich unter der Obhut der deutschen Wehrmacht" gestanden oder die "Wehrmacht war ... für das Massensterben der sowjetischen Kriegsgefangenen verantwortlich."[248] Nun ist auch diese Beschreibung der Verantwortlichkeiten nur eingeschränkt zutreffend, denn anders als die Kriegsgefangenen anderer Nationen konnten die russischen Kriegsgefangenen nicht den Schutz der Genfer Konvention genießen und der allgemeine Schutz des Völkerrechts, den sie dennoch hatten, wurde durch den Grundsatz der Gleichbehandlung in Frage gestellt. Angesichts einer Todesrate von 95 % unter den deutschen Kriegsgefangenen in der UdSSR,[249] in der die deutschen Soldaten noch gar nicht aufgeführt sind, die schon bei der Gefangennahme ermordet wurden, konnte die Wehrmachtsführung dieses Argument für einen Schutz der Gefangenen vor nationalsozialistischer Willkür nicht mehr gebrauchen. Dennoch läßt sich zeigen, wie die Wehrmacht ihrer Verantwortung für die Kriegsgefangenen gerecht zu werden versuchte.

Anfang August 1941 wurden die Rationssätze für russische Kriegsgefangene einheitlich festgesetzt. Arbeitenden Gefangenen wurden auf dem Papier ca. 2200 Kalorien, "nichtarbeitenden" etwa 2040 Kalorien zugestanden.[250] Daraus las bereits Christian Streit, dessen Ausführungen der Ausstellungskatalog an dieser Stelle vorwiegend folgt, den Plan für einen Hungerkrieg gegen diese Menschen ab. Denn, so Streit, nicht einmal "diese Sätze, die unter dem Existenzminimum lagen" wurden erreicht.[251] Später wurden diese Sätze gesenkt, so daß "nichtarbeitende" Gefangene nur noch 1490 Kalorien erhielten, also nach Streit "zwei Drittel des Existenzminimums".

Einmal mehr ist es eine willkürliche Einschätzung, die von der Ausstellung übernommen und transportiert wird.[252] Zweitausend Kalorien

---

[247] Zit. n. Streit, Kriegsgefangene, S. 15.

[248] Zit. n. HIS, Katalog, S. 218 bzw. S. 187.

[249] Vgl. Overmans, Verluste, S. 280.

[250] Vgl. Streit, Behandlung, S. 206.

[251] Ebd. Streit, Behandlung, S. 206.

[252] Allerdings nicht nur von ihr. Wie bedenkenlos solche Fehlurteile seit langem weitergegeben werden, zeigt etwa Jörg Osterlohs Aufsatz über "Die Wehrmacht und die Behandlung der sowjetischen Gefangenen", der unter Bezug auf Streit davon spricht, "selbst wenn diese

sind für einen Menschen keine hohe, aber eine zur Ernährung durchaus ausreichende Kalorienmenge. Schon dies läßt sich durch einen Blick in ein gewöhnliches Kochbuch feststellen. Ein Blick auf die Zeitumstände ergänzt diesen Befund anschaulich. Im ausgehungerten Europa von 1941 hatten nur Privilegierte eine Chance, diese Kalorienzuteilung zu überschreiten, selbst die deutsche Zivilbevölkerung bekam 1941 nur 2400 Kalorien zugeteilt.[253] Ein Vergleich mit den Kalorienmengen, wie sie durch die Alliierten in vergleichbaren Fällen ausgegeben wurden, macht die Haltlosigkeit von Streits Schlußfolgerungen vollends deutlich. Die Höhe der Verpflegungssätze für die Zivilbevölkerung im besetzten Nachkriegsdeutschland erreichte selbst nach mehreren Monaten Frieden teilweise nur 775 Kalorien,[254] wohlgemerkt lange nach Ende der Kampfhandlungen und trotz der Möglichkeit, Nahrungsmittel aller Art aus dem außereuropäischen Ausland zu importieren. Beides war den deutschen Verantwortlichen im Rußland des Jahres 1941 nicht möglich. Im amerikanisch besetzten Teil Italiens des Jahres 1944 waren sogar nur 665 Kalorien ausgegeben worden.[255] Somit gaben die Alliierten kaum ein Drittel jener Essensrationen aus, die Streit und mit ihm die Ausstellung für todbringend und den Ausdruck eines allgemeinen Hungerplans halten. Planten aber die alliierten Kommandostäbe den Hungertod von Millionen Deutschen und Italienern, als sie solche Verpflegungssätze entwarfen? Das ist nicht anzunehmen und es ist einmal mehr gegenstandslos, wenn Streit und die Ausstellung dies für die deutsche Armeeführung behaupten. Die geplanten Nahrungsmittelsätze lagen über dem Existenzminimum und hätten ausgereicht, wenn sie hätten geliefert werden können. Selbst das, was unter den katastrophalen Umständen in Rußland tatsächlich an Essen

---

Zuteilung erreicht wurde, mußte das zwangsläufig zu Unterernährung führen." Vgl. Osterloh, Behandlung, S. 791.

[253] Was für die Angehörigen der US-Botschaft zum Jahreswechsel 1941/42 zu einer böse Erfahrung wurde, wie sich George F. Kennan erinnert, der zum Botschaftspersonal gehörte, als es auf seine Ausreise wartete. Nach der deutschen Kriegserklärung "erhielten wir nur die Lebensmittelrationen der deutschen Zivilisten, also viel weniger als die normalen Kriegsgefangenen (d.h. aus Unterzeichnerländern der Genfer Konvention, d. Verf.); wir bekamen auch keine Rotkreuz-Pakete wie Kriegsgefangene sonst (s.o., d. Verf.) und waren infolgedessen erheblich schlechter ernährt. Die meisten von uns waren abgemagert, als es vorüber war." Zit. n. Kennan, Memoiren, S. 143.

[254] So in Karlsruhe im Juli 1945.

[255] Diese Zuteilung war dann wirklich viel zu gering. Sie führte zu Hungersnöten und einem dramatischen Anstieg der Sterblichkeit, vor allem der Kindersterblichkeit, die 1944 nicht weniger 438 von 1000 Kindern im ersten Lebensjahr sterben ließ. Vgl. Gannon, Spellman, S. 210.

ausgegeben werden konnte, lag häufig über den alliierten Verpflegungssätzen von 1945.[256] Es ist daher vollkommen richtig, wenn Joachim Hoffmann die Festlegung dieser Kalorienmengen durch Generalquartiermeister Wagner am 21. Oktober 1941 als "absolut ausreichend" eingeschätzt hat und ebenfalls auf den Vergleich mit anderen Verpflegungssätzen wie etwa denen in Nachkriegsdeutschland hinwies.[257] Der Ausstellungsleitung hätte diese klare und an sich einfach nachvollziehbare Argumentation, die in der Auseinandersetzung zwischen Hoffmann und Streit aufgekommen ist, ohne weiteres bekannt sein können. Statt dessen werden Faksimiles der durch Wagner erlassenen Befehle präsentiert, die eben den Ausstellungskommentar widerlegen, allerdings nur für den Besucher, der Kalorientafeln im Kopf hat und die nötige Zeit mitbringt, um nachzurechnen.[258] Eine eigene Liste der von der Wehrmachtsführung geplanten Kalorienmengen bringt die Ausstellung nicht. Das würde die Behauptung, hier ließe sich ein von der Wehrmacht geplantes Massensterben beweisen, für jedermann sichtbar widerlegen. Auch hätte es dem Ausstellungsbesucher wohl zu denken gegeben, hätte er von Wagners Befehl erfahren, die angeblichen Mordopfer im Juli 1941 aus der Kriegsgefangenschaft zu entlassen, so weit sie aus den bisher von Deutschland eroberten Gebieten stammten.[259]

Neben den Faksimiles wird in der Ausstellung ein anderer Satz eingeführt, den ebenfalls schon Christian Streit verwendet hat. Generalquartiermeister Wagner soll laut Protokoll in einer Besprechung vom 13. November 1941 gesagt haben:

> Nichtarbeitende Kriegsgefangene in den Lagern haben zu verhungern. Arbeitende Kriegsgefangene können im Einzelfalle auch aus Heeresbeständen ernährt werden. Generell kann auch das angesichts der allgemeinen Ernährungslage leider nicht befohlen werden.[260]

Wagner gibt an dieser Stelle bis in die Wortwahl eine Entscheidung Hermann Görings wieder, wie auch Streit bereits betont hat, der allerdings darüber hinaus behauptet, Wagner hätte sich Görings Position "zu eigen"

---

[256] Reginald Paget gibt für den Befehlsbereich des von ihm verteidigten Generalfeldmarschalls Manstein 1287 Kalorien an, gegenüber 1176 Kalorien, die 1945 von britischen Einheiten an deutsche Kriegsgefangene abgegeben wurden. Vgl. Paget, Manstein, S. 189.

[257] Vgl. Hoffmann, Kriegführung, S. 729 f.

[258] Vgl. HIS, Katalog, S. 210 f.

[259] Befehl des OKH, unterschrieben von Generalquartiermeister Wagner, vom 24. Juli 1941. Dahinter stand der Gedanke, wenigstens die Ernte des Jahres mit diesen zusätzlich, nach Hause zurückgekehrten Arbeitskräften zu retten. Vgl. Hürter, Sitten, S. 379.

[260] Zit. n. Streit, Behandlung, S. 206 f. u. Katalog, S. 213.

gemacht.[261] Dafür spricht nichts. Diese Einschätzung Streits ist eher eine Projektion seiner eigenen Vorurteile, die ihn in einer vorgesehen Kalorienzuteilung von zweitausend den Vollzug eines Hungerplans sehen ließen.[262] Tatsächlich läßt sich das Massensterben der russischen Kriegsgefangenen auf eine ganze Kombination von Gründen zurückführen. Bereits vor dem deutsch-russischen Krieg waren die russischen Soldaten unterversorgt.[263] Im April 1941 wandten sich Mitglieder des Kiewer Militärbezirks an den Generalstabschef Schukow und erklärten, daß die für die Mobilmachung vorgesehenen Depots der westlichen Gebiete der Ukraine über keinerlei Nahrungsmittelvorräte verfügten.[264] Mobilgemacht wurde dennoch weiterhin und am Ende waren allein in der Ukraine mehr Panzer konzentriert als die deutsche Armee in ganz Europa besaß. Dazu kamen nach Kriegsausbruch die der Gefangenschaft vorausgegangenen wochenlangen Kämpfe, während denen die russischen Soldaten teilweise vollkommen unverpflegt geblieben waren, und die Zerstörung von Vorräten und Infrastruktur durch die Rote Armee. Als weiterer Faktor kam im Oktober 1941 das Einsetzen der Regenperiode dazu, die das deutsche Transportwesen und die militärischen Operationen für Wochen zusammenbrechen ließen. Exakt in jenen Wochen aber wurden die meisten Gefangenen gemacht.[265] Streit selbst zitiert einen zeitgenössischen Bericht, welche Auswirkungen das auf die Kriegsgefangenen wie auch auf die Wehrmacht hatte:

> Die befohlenen Rationen[266] konnten den Gefangenen natürlich in keinem einzigen Fall verabreicht werden. Fett, Käse, Sojamehl, Marmelade und Tee konnten nicht einmal unseren eigenen Truppen immer ausgegeben werden.

---

[261] Vgl. Streit, Behandlung, S. 207.

[262] Rolf-Dieter Müller, geht in einem Aufsatz für das MGFA nicht auf die Kalorienmengen und Streits Irrtum bei deren Einschätzung ein. Seine mit Verweis auf Streit gestützte Behauptung, "die militärische Führungsspitze (sah) keine Notwendigkeit, die anfallenden Gefangenenmassen hinreichend zu versorgen", ist jedoch aufgrund dieser Zahlen ebenfalls nicht haltbar. Zit. n. Müller, Scheitern, S. 993.

[263] Dies war nicht das erstemal der Fall. Schon während früherer Krieg nahm die sowjetische Armeeführung auf die eigenen Soldaten keine Rücksicht. Im Januar 1940 meldete die Abteilung 'Fremde Heere Ost', es habe während des gerade geführten finnisch-russischen Winterkriegs bei der Roten Armee allgemein extreme Versorgungsschwierigkeiten gegeben: "Bei einer Division sind Todesfälle durch Hungerschwellungen eingetreten." Dies wohlgemerkt bei einer Roten Armee im Angriff, die den Krieg gegen Finnland selbst eröffnet hatte. Zit. n. BA-MA RH 19 III/380, S. 74, Bericht vom 19. Januar 1940.

[264] Vgl. Zentralarchiv des Verteidigungsministeriums (ZAMO) F. 131, op. 12 516, d. 2, 1.10-11, hier zit. n. Stoecker, Koloß, S. 166.

[265] Zwischen dem 12. September und dem 10. November 1941 wurden beinah 1,8 Millionen Gefangene gemacht. Vgl. Schustereit, Vabanque, S. 73.

[266] Gemeint sind die am 21. Oktober 1941 befohlenen, die der Ausstellungskatalog auf S. 210 f. faksimiliert. Vgl. Streit, Kriegsgefangene, S. 153.

Die vollständige oder teilweise Ausgabe der befohlenen Rationen war einfach unmöglich, weil die Rationen nicht beschafft werden konnten. Die Ernährung der Gefangenen konnte nur durch im Lande gefundene Bestände erfolgen. ... Sogar unsere Truppen mußten wegen Versorgungsschwierigkeiten aus dem Lande leben. Die ihnen zustehenden Rationen mußten für längere Zeit halbiert werden.[267]

Das Sterben so vieler russischer Kriegsgefangener im Herbst ist kein "Verbrechen der Wehrmacht" gewesen. Zum Verbrechen gehört die Verantwortung für eine strafbare Pflichtverletzung. Dies war hier nicht der Fall. Die Gefangenen konnten unter den Bedingungen vor Ort nicht ernährt werden, obwohl der Wille dazu vorhanden und die entsprechenden Befehle gegeben waren. So wußte denn auch Hitler selbst nichts von einem solchen Hungerplan gegen die Kriegsgefangenen und ging auf die Forderung der Oberbefehlshaber ein, deren schlechte Lage zu verbessern:

"Amtschef berichtet hierbei, daß die Oberbefehlshaber beim Führer vorstellig geworden sind, wegen der Lage der russischen Kriegsgefangenen, da ungünstige Auswirkungen auf die Stimmung der Truppe. Führer hat nunmehr Weisung gegeben, daß die 3 Mill. Russen in der Wirtschaft einzusetzen und richtig zu ernähren sind. Sts. Backe hat aber erklärt, daß er dazu garnicht in der Lage sei."[268]

Am Ende mußte Goebbels jedoch das Scheitern dieser Pläne bilanzieren:

"Unsere Hoffnung, in großem Umfange die nahezu vier Millionen bolschewistischen Gefangenen der deutschen Wirtschaft einzusetzen (sic), werden sich nicht erfüllen. An die 900 000 dieser Gefangenen sind bereits an Hunger, Entkräftung und Krankheiten gestorben, eine Unmenge anderer werden noch folgen. Die Bolschewisten sind zum großen Teil schon in einem derartig ausgehungerten Zustand in unsere Gefangenschaft geraten, daß sie auch bei bester Pflege nicht mehr aufgepäppelt werden könnten; und meistens dauert ja doch der Transport von der Ostfront bis in die Heimat wochenlang, und viele dieser Gefangenen überstehen den Transport überhaupt nicht. Im ganzen müssen wir froh sein, wenn wir etwa 350 000 Arbeiter praktisch in der Heitmat einsetzen können. Das ergibt auf der anderen Seite die Notwendigkeit, die ausländischen Arbeiter, auf die wir im Hinblick auf die vielen bolschewistischen Kriegsgefangenen verzichten wolltenm im Reich weiter beizubehalten. Daraus werden sich wiederum eine ganze Reihe von psychologischen und materiellen Schwierigkeiten ergeben, mit denen wir uns in diesem Winter beschäftigen müssen."[269]

Nein, die deutsche Führung hat den Hungertod der sowjetischen Kriegsgefangenen nicht mit Absicht herbeigeführt, noch zog sie Vorteil daraus. Nebenbei wird aus diesem Zitat deutlich, daß der schlechte Zustand der Gefangenen bei Gefangennahme eine der Hauptursachen für

[267] Bericht des Oberquartiermeisters des Armeeoberkommandos 17 vom 25. November 1941, zit. n. Streit, Kriegsgefangene, S. 153.

[268] BA-MA RW 19/165, Bl. 310, 31. Oktober 1941. Bericht General Thomas. Am gleichen Tag auch Thomas bei Rosenberg, Bericht darüber nicht dabei.

[269] Zit. n. Goebbels, Tagebücher, II/2, 12. Dezember 1941. Ähnlich auch in den nächsten Tagen, so am 17. Dezember: Man kann ihnen auch gar nicht helfen. Auch mit gutem Essen ist hier nichts getan, denn sie haben so lange Dachpappe und Baumrinde gegessen, daß ihnen, wenn sie ein richtiges warmes Essen bekommen, Magen und Gedärme platzen ... . Die Saat, die der Bolschewismus gesät hat, geht furchtbar auf. Es spielt sich hier, wie ich schon oft vorausgesagt habe, eine Volkstragödie ab, die alles bisher Dagewesene weit in den Schatten stellt." Zit. n. Goebbels, Tagebücher, II/2, S. 524, 17. Dezember 1941.

das Massensterben war und keine Nachkriegsausrede der Angeklagten des Nürnberger Tribunals darstellt.

Medizinische Versuche

Die während des Zweiten Weltkrieges durchgeführten medizinischen Versuche an lebenden Menschen wurden nicht ausschließlich von SS-Ärzten, sondern auch von Wehrmachtsärzten geleitet. ... Die Wehrmachtsärzte bedienten sich der sowjetischen Kriegsgefangenen als Versuchsobjekte und kalkulierten ihre qualvollen Tod skrupellos ein.[270]

"Fällt euch zu den Verbrechen von Ärzten in der Nazi-Zeit ein Name ein?", fragte einer der Ausstellungsführer die von ihm geleitete Schulklasse in meiner Anwesenheit. "Mengele", kam die Antwort zurück. "Ganz genau, Mengele, und so etwas haben Wehrmachtsärzte auch gemacht. Dafür seht ihr hier ein Beispiel." So sprachs, deutete vage in Richtung der Ausstellungstafeln und führte die Klasse weiter zur nächsten Station. Wären die Schüler diesen Ausstellungstafeln näher getreten, was sie in diesem Fall nicht taten, hätten sie folgendes gesehen. Als einziges Beispiel für einen "verbrecherischen" Wehrmachtsarzt wird Heinrich Berning präsentiert, langjähriger ärztlicher Direktor des Allgemeinen Krankenhauses Hamburg-Barmbeck. Berning soll, so der Ausstellungstext, im Herbst 1941 experimentell bei 56 Gefangenen der Frage nachgegangen sein, "ob Vitamin- oder Eiweißmangel zu Hungerödemen führten."[271] Dabei seien zwölf Kriegsgefangene gestorben. Ein Ermittlungsverfahren gegen ihn sei ergebnislos eingestellt worden. Ob es wegen der angeblichen Experimente geführt wurde, wird allerdings nicht gesagt. In jedem Fall stutzt der Besucher an dieser Stelle und fragt sich, warum denn nun ausgerechnet ein juristisch Entlasteter hier ungerührt öffentlich eines "Verbrechens" beschuldigt wird und das noch stellvertretend als einziger von allen Wehrmachtsärzten. Es muß wohl Material geben, das den untersuchenden Behörden während des Ermittlungsverfahrens noch nicht bekannt war oder nicht angemessen berücksichtigt wurde, mag man meinen.

Wenn es solches Material gibt: in der Ausstellung sucht man es vergeblich. Präsentiert werden ein Persönlichkeitsprofil aus Bernings Personalakte, ein achtseitiger medizinischer Bericht Bernings über seine Untersuchungen an sowjetischen Kriegsgefangenen, drei Fotos der untersuchten Personen und eine typische Jubilaranzeige im Hamburger Ärzteblatt aus Anlaß von Bernings 75. Geburtstag. Nichts in diesem Material deutet darauf hin, daß Berning absichtlich den Tod oder auch nur die Leiden der von ihm beobachteten Personen herbeigeführt hat. Aus dem

---

[270] Zit. n. HIS, Katalog, S. 281.

[271] Zit. n. HIS, Katalog, S. 281.

Tätigkeitsbericht geht hervor, daß die 56 Kriegsgefangenen bereits mit Hungerödem ins Lazarett Hamburg-Wandsbek eingeliefert wurden, wo sie stationär über mehrere Monate beobachtet wurden. Es wurden Nachforschungen über die Herkunft des Hungerödems bei ihnen angestellt und einer hatte es wegen der schlechten Ernährungslage in Rußland schon seit 1933. Die Kranken wiesen Herzverkleinerungen um bis zu fünfzig Prozent auf, fünfundzwanzig Prozent von ihnen hatten eine aktive Lungentuberkulose. Ihre Ernährung im Lazarett folgte den gängigen Sätzen für die Zivilbevölkerung, ab Oktober 1941 jenen oben bereits erwähnten 1900 bis 2050 Kalorien für Kriegsgefangene. Das Hungerödem wurde also nicht etwa bewußt erzeugt, ebensowenig wie die anderen Krankheitsbilder.

Dies alles geht aus dem Katalog selbst hervor. Einmal mehr widerspricht das beigegebene Material dem plakativen Einleitungstext. Es gab gute Gründe, das Ermittlungsverfahren gegen Berning einzustellen, es gibt aber offenbar keinen Grund, ihn vor dem Ausstellungspublikum als verbrecherischen Menschenversucher anzuklagen. So bleibt diesem Ausstellungsteil die bloße Funktion vorbehalten, auch die Ärzteschaft der Wehrmacht auf suggestive Weise in die Nähe von Verbrechen zu rücken und Assoziationen wie "Mengele" zu wecken. Er ist in dieser Form ein völliger Fehlgriff.

"Aussonderung" von Kommissaren: Dulag 203

Wir haben oben bereits gesehen, daß der von Hitler erlassene Kommissarbefehl auf den Widerstand der Wehrmachtsführung traf, teilweise ignoriert wurde und 1942 nach Intervention der Wehrmachtsführung außer Kraft gesetzt werden konnte. Dennoch wurde er zuvor offenbar an vielen Orten durchgeführt, und die Ausstellung macht dies zu Recht zum Thema, auch wenn es sehr umstritten ist, in welchem Umfang das geschah. Die Unterstellung, es sei flächendeckend geschehen, gehört zu den Standardsätzen, die aus dem Umfeld der Ausstellungsmacher immer wieder zu hören sind. Hier hätte die Ausstellung also etwas Neues leisten können, indem sie Belege zitiert oder aufgeführt hätte, aus der die zahlenmäßige Größenordnung der Erschießung von Kommissaren sichtbar werden könnte. Auch hier verzichtet der Ausstellungstext darauf, das Problem weiter anzusprechen. "Die Anzahl der Opfer ist nicht bekannt," heißt es lapidar.[272]

Auch wird weder gesagt, daß der Befehl eine persönliche Initiative Hitlers war, noch daß er von vielen Einheiten ignoriert wurde, noch daß er auf Betreiben der Wehrmachtsführung aufgehoben wurde. Diese ganze

---

[272] Vgl. HIS, Katalog, S. 234.

Problematik kennt der Ausstellungstext nicht: "Man (!) wollte den Abtransport dieser Kriegsgefangenen nach Westen auf jeden Fall vermeiden." Wer "man" ist, bleibt in der Ausstellung im Dunkeln. Ein anderes Kapitel der konfliktreichen Beziehungen zwischen Wehrmacht und NS-Staat hätte an dieser Stelle durchaus erwähnt werden können, denn es hängt mit der Entscheidung zwischen Aussonderungen und dem Weitertransport nach Deutschland direkt zusammen. Am 24. Juli 1941 schränkte der Generalquartiermeister für die Gefangenenlager des Operationsgebietes die erst kurz zuvor zwischen Wehrmacht und SS getroffenen Vereinbarungen wesentlich ein, indem er zwar einerseits die Regelungen des Kommissarbefehls bestätigte, andererseits aber ausdrücklich forderte: "Asiaten (ihrer Rasse nach), Juden, deutsch sprechende Russen" sollten zwar "abgesondert", aber nicht exekutiert, sondern lediglich von Deutschland ferngehalten werden.[273] Dies rettete jene Juden vor dem Tod, die eigentlich generell von der SS exekutiert werden sollten. So gelang es anfangs offenbar tatsächlich, die Fahndung in den Lagern weitgehend auf die Suche nach Kommissaren zu beschränken und die Juden davon auszunehmen.[274]

Diese Episode erwähnt die Ausstellung nicht. Es geht ihr an dieser Stelle einmal mehr darum, jenseits der Analyse von Funktionsmechanismen und Konflikten des nationalsozialistischen Staates die Wehrmacht als schuldig benennen: "Nach Zeugenaussagen führten sowohl Wehrmachtssoldaten als auch Angehörige der Einsatzgruppen die Mordaktionen durch."[275] Eine bemerkenswerte Formulierung. Diese Erschießungen von "Ausgesonderten" waren eindeutig die Aufgabe der Kommandos der Sicherheitspolizei und des SD. Die mit der Wortwahl "sowohl als auch" suggerierte gleichrangige Beteiligung der Wehrmacht hat es nicht gegeben, darüber gibt es keinen Zweifel. Am Ende bleibt also sich also der Text treu und geht von einer mit dem NS-Staat übereinstimmenden Mordabsicht der Wehrmachtsführung aus, die er nicht zu beweisen sucht, sondern behauptet und durch Einzelbeispiele illustrieren will. Bliebe denn die Frage, ob das in diesem Fall gelungen ist. Was haben die zitierten Zeugen zu sagen?

Zitiert werden auf zwei Seiten Ausschnitte aus vier Nachkriegsaussagen, die zwischen 1968 und 1971 entstanden sind. Man sollte meinen, daß es möglich gewesen wäre, für den Zweck der Ausstellung wenigstens einige Zeugen zu finden, die jene Behauptung von Erschießungen durch die Wehrmacht direkt bestätigen. Dies tut jedoch keine der vier Aussagen.

[273] Vgl. Förster, Sicherung, S. 1065.

[274] Vgl. Förster, Sicherung, S. 1066.

[275] HIS, Katalog, S. 234.

Keiner der Zeugen hat Aussonderungen von Kommissaren oder gar deren Erschießung gesehen:[276]

> Vom Erzählen weiß ich, daß in den Lagern nach sogenannten 'Kommissaren' und auch Juden geforscht wurde. (Friedrich M.)

> Wer die Aussonderungen vornahm, weiß ich nicht ..... (Martin v. R.)

> Ich hatte mit diesen Kriegsgefangenen nichts zu tun, weil ich als Tischler für die Schreinerarbeiten zuständig war. (Adolf M.)

> Ich kann mich aber noch sehr gut daran erinnern, daß ich gesprächsweise durch Angehörige des Dulag 203 erfahren habe, daß man Russen laufend erschoß. (Alexander S.)

War es nicht möglich, Augenzeugen zu finden, oder ist es den Ausstellungsleitern vollkommen gleichgültig, ob sie ihre Behauptungen belegen können? Alexander S. jedenfalls hat einmal am Ort des Geschehens genauer nachgesehen, was es mit diesen Erschießungen auf sich hat:

> Soweit mir bekannt war, wurden die Erschießungen der Kriegsgefangenen in einer Zementfabrik durchgeführt .... . Ich selbst habe diese Fabrik einmal aufgesucht .... . An dem Tag, an dem ich die Zementfabrik aufsuchte, hat man meines Wissens keine Russen erschossen. Ich habe auch keine Leichen gesehen.[277]

Dies sind die für die Ausstellung ausgewählten Zeugen für die Beteiligung der Wehrmacht an der Erschießung von Kommissaren. Auch an dieser Stelle gibt sich die Ausstellung wenig Mühe mit detaillierten Nachweisen und vertraut auf die suggestive Wirkung der Aussagen und der Thematik selbst. Dazu gesellt sich erneut eine selektive Darstellung der Vorgänge um die Aussonderungen. Der Besucher erfährt sehr wenig über die Konflikte zwischen NS-Staat und Armee, die auch hier wieder deutlich werden. Zwar wird aus dem von der Ausstellung empfohlenen Werk von Alfred Streim der Bericht des Nachrichtenoffiziers Frhr. v. Gersdorff zitiert:

> Ich habe den Eindruck gewonnen, daß die Erschießungen der Juden, der Gefangenen und auch der Kommissare fast allgemein im Offizierskorps abgelehnt wird.[278]

Über die bloße Ablehnung hinaus verweist Streim jedoch auf einen grundsätzlichen Konflikt zwischen Wehrmacht und SS, sowie auf aktive Schritte zur Verhinderung der Erschießungen. Er spricht davon, es sei "verständlich, wenn Hauptmann H. in seiner Vernehmung abschließend ausführte":

> Die Gegnerschaft der Wehrmacht gegen SS und SD war so ausgeprägt und scharf, daß offene Zusammenstöße nur mit größter Mühe vermieden werden konnten. Ich selbst war

---

[276] Im folgenden zit. n. HIS, Katalog, S. 237 f.

[277] Angemerkt sei, das Alexander S. dort ein großes Birkenkreuz gesehen hat, das nach seinen Angaben ein Massengrab gekennzeichnet haben soll. Auch dies weiß er aber nur aus dritter Hand.

[278] So v. Gersdorff in einem Bericht vom 9.12.1941, hier zit. n. Katalog, 204.

Zeuge zahlreicher Telefongespräche zwischen Kommandantur und Generalkommando München, in denen Oberst Nepf klar zu erkennen gab, daß ihm die Zusammenarbeit mit Parteistellen und Gestapo gegen seine militärische Ehre ging und deshalb vom Generalkommando München nachdrücklich um Intervention beim OKW erbat.[279]

Streim berichtet von etlichen Schritten, in denen Wehrmachtsoffiziere Beschwerden gegen die Aussonderungen einreichten, passiven Widerstand leisteten[280] oder auch aktiv versuchten, bereits ausgesonderte Kriegsgefangene zu verstecken und in Arbeitskommandos dem Zugriff der Sicherheitspolizei und das SD zu entziehen.[281] Dementsprechend protestierten die Chefs dieser Organisationen beim OKW - auch dafür führt Streim zahlreiche Beispiele an - und es beschwerte sich etwa die den Aussonderungen und Exekutionen beauftragte Einsatzgruppe C, daß es "zum Teil zu recht erheblichen Differenzen mit den Lagerkommandanten gekommen sei", die kein Verständnis für ihre Tätigkeit hätten.[282] Die Ausstellungsthese von einer "Billigung" der nationalsozialistischen Ziele und Methoden innerhalb der Wehrmacht wird durch die Literatur auch an dieser Stelle nicht gedeckt.

Stalag 305

Das Stalag 305 soll hier in einem kurzen Abschnitt extra und aus einem ungewöhnlichen Grund erwähnt werden, denn seine Aufarbeitung ist innerhalb der Ausstellung eine seltene Angelegenheit: Es wird dem Besucher auch auf den zweiten Blick nachvollziehbar, daß es dort ein Wehrmachtsverbrechen gegeben hat. Es sind die Erschießungen von ausgesonderten Juden unter den Kriegsgefangenen durch Freiwillige des bewachenden Landesschützenbataillons 783. Zunächst wird auch dies wenig plausibel, denn die Zeugenaussagen der erstzitierten Karl R. und Günther Ferdinand H. beruhen auf Gerüchten oder stammen aus dritter Hand, die drei illustrierenden Fotos tragen sämtlich den Vermerk "vermutlich" und sind völlig nichtssagend. Dann aber können die Aussagen Karl Friedrich H. und Johannes B. die Vorbereitung und Ausführung dieser Erschießungen aus eigener Anschauung bezeugen. Das wird schlicht präsentiert und ist ein Beispiel dafür, wie solche Verbrechen im Rahmen einer Ausstellung möglicherweise sachlich, nachvollziehbar und ohne Suggestion aufgezeigt werden könnten, was in dieser Form in der Wehrmachtsausstellung leider selten ist.

---

[279] Zit. n. Streim, Barbarossa, S. 63.

[280] Vgl. Streim, Barbarossa, S. 60.

[281] Vgl. Streim, Barbarossa, S. 59.

[282] Ebd., Streim, Barbarossa, S. 128.

Tatorte?

Die Wahrheit ist konkret.

Bertolt Brecht

Bis hierher standen die Kriegsplanungen und die Rolle der Wehrmacht innerhalb des nationalsozialistischen Staates im Mittelpunkt der Darstellung. Im weiteren Verlauf wird es um die Orte gehen, an denen die neue Ausstellung Verbrechen der Wehrmacht konkret nachgewiesen haben will. Das geschieht auf zwei Ebenen. Zum einen wird möglichst genau nachgefragt, welchen "Beweis" die Ausstellung für begangene Verbrechen liefern kann. Das ist mindestens zum Teil eine durchaus kriminologische Aufgabe, denn es geht den Ausstellern ja um einen Beweis im vollen juristischen Sinn, wie eingangs beschrieben, andernfalls wäre es auch sinnlos, von "Verbrechen" zu sprechen. Daher stellt sich die Frage, ob die Verurteilung der ins Auge gefaßten "Täter" durch diese Beweisführung und ihre Nennung im Zusammenhang mit "Verbrechen der Wehrmacht" gerechtfertigt ist. Dabei geht es um Details, um Uniformen, Zahlen, Anwesenheiten, Befehlsketten, falsche und richtige Zeugenaussagen und ähnliches. Nun wäre es ein uferloses Unternehmen, dies für jedes Detail der Ausstellung untersuchen zu wollen. Für die erste Ausstellung ist dies auch nur an manchen Stellen geschehen, wie etwa Tarnopol. Der Ausstellungskatalog umfaßt über siebenhundert Seiten und ebenso hunderte Bilddokumente und Faksimiles. Nur wenige Fragen im Zusammenhang mit dieser Präsentation können hier im Rahmen eines Kommentars derart detailliert beantwortet werden.

Man kann aber mit gutem Recht bezweifeln, ob dies bei Kritik und Kommentar zu einer Ausstellung der richtige Weg ist, und deshalb wird sich die Darstellung oft auf einer zweiten Ebene bewegen, derjenigen des kritischen Besuchers. Denn wer öffentlich eine Behauptung erhebt, ist selbst dafür verantwortlich, sie auch zu belegen, möglichst genau dort, wo er sie erhebt. In diesem Fall ist es das Hamburger Institut für Sozialforschung, das den Anspruch an sich selbst stellt, im Rahmen einer Ausstellung "Verbrechen der Wehrmacht" zu präsentieren. Wer solche Dimensionen von Verbrechen nachgewiesen haben will, der kann sich nicht auf das Zitieren von Mutmaßungen beschränken. Niemand anders als das Institut selbst ist verpflichtet, dem Besucher diese Aussage auch zu beweisen. Möglichst in der Ausstellung, was angesichts von deren Umfang wie gesehen praktisch nicht möglich ist, mindestens aber bei Durchsicht des Katalogs muß es ihm möglich sein, den Beweis nachzuvollziehen. Man sollte zugleich auch meinen, dies sei ein zentrales Anliegen der Ausstellung selbst, folgt sie doch einem

Ausstellungskonzept, das sich als streng wissenschaftlich versteht und aus diesem Anspruch das weitere Recht zu einem juristischen Sprachgebrauch ableitet. Insofern geht es auf dieser zweiten Ebene um die Folgerichtigkeit der Darstellung und um die Antwort auf die Frage, ob sich die Ausstellung selbst um einen für den Besucher nachvollziehbaren Beweisgang bemüht.

Kriwoj Rog

Die Stadt Kriwoj Rog soll hier am Anfang stehen, weil sie einer der typischen Fälle ist, wo die Ausstellung gar nichts aussagt. Es wäre wirklich möglich, daß die zuständigen Orts- und Feldkommandanturen von der Erschießung der ortsansässigen jüdischen Bevölkerung gewußt haben, die offenbar am 15. Oktober 1941 stattgefunden hat. Zumindest ließen sich Äußerungen wie "Kriwoj Rog soll judenfrei werden",[283] geschrieben wohl am Tag der Erschießung, in diese Richtung deuten. Sicher ist das nicht. Sollten die örtlichen Militärbehörden an eine Umsiedlungsaktion geglaubt haben, wie das offenbar die jüdische Bevölkerung selbst tat, die mit viel Gepäck dem Aufruf zum versammeln gefolgt war, hätten sie die Meldung wortgleich in diesem zeittypischen Vokabular abfassen können. So sagt die Ausstellung denn nicht, die Wehrmacht hätte von den Erschießungen gewußt, sie sagt auch nicht, diese seien von der Wehrmacht veranlaßt worden, und sie sagt schon gar nicht, Wehrmachtsangehörige seien beteiligt gewesen. Auch die beigegebenen zwölf Fotos, auf denen kein Wehrmachtsangehöriger zu sehen ist und die Zeugenaussagen, die von Polizeioffizieren und ukrainischer Hilfspolizei als Täter sprechen, lassen keine Beteiligung "der Wehrmacht" erkennbar werden. Es bleibt in der Ausstellung einmal mehr bei der Suggestion eines "Verbrechens der Wehrmacht", die sich aus bloßen Präsentation unter diesem Titel ergibt.

Leningrad

Hitler hatte wiederholt seine Absicht bekundet, Leningrad zu zerstören. Die entscheidenden Befehle zum Verzicht auf die militärische Einnahme der Stadt und zur Hungerblockade entstanden in Übereinstimmung mit dem Oberkommando der Wehrmacht und des Heeres. Sie gipfelten in der Entscheidung, ein mögliches Kapitulationsangebot nicht anzunehmen.[284]

Lesen wir diesen Satz genau. Mit Leningrad die Hauptstadt des Bolschewismus zu zerstören, das war ein ureigener Plan der Nationalsozialisten und Hitlers persönlich, wie aus dem Text einmal mehr hervorgeht. Auch die Entscheidung, eine möglicherweise angebotene

---

[283] Lagebericht der Ortskommandantur I/253 (V) vom 15. Oktober 1941, zit. n. HIS, Katalog, S. 155.

[284] Zit. n. HIS, Katalog, S. 308.

Kapitulation der Stadt abzulehnen, traf niemand anderer als Hitler persönlich. Dies wäre in der Tat ein Verbrechen gewesen, wenn angesichts der Hungersnot in der Stadt dieser Fall eingetreten wäre und die deutsche Seite dann bewußt die Bevölkerung hätte weiter hungern lassen. Bei Hitler und "im engsten Kreise um den Führer"[285] bestand möglicherweise die Bereitschaft zu solch einem Schritt. Auch das ist alles andere als sicher, weil der Befehl des OKW, mit dem Hitlers Entscheidung bekannt gegeben wurde, ausdrücklich "nicht gesperrte Lücken" in den deutschen Linien vorsah, mit denen "ein Herausströmen der Bevölkerung nach Innerrußland" möglich sein sollte. Dieser Vorgang sei zu "begrüßen".[286] Die Bevölkerung hätte also auch nach Hitlers Vorstellungen in die Sowjetunion entkommen sollen, falls die Politik Stalins es zugelassen hätte.

Dieser Fall ist jedoch niemals eingetreten. Auch bei einer Hungersnot mit beinah einer Million Toten zog die stalinistische Regierung eine Kapitulation der Stadt oder Verhandlungen über eine Evakuierung der Bevölkerung nicht in Erwägung. Der Charakter des Vernichtungskrieges, den die UdSSR gegen die eigene Bevölkerung ebenso wie gegen die deutschen Angreifer führte, ließ so etwas nicht zu. So wurde Leningrad zur Festung erklärt und alles für einen bedingungslosen, totalen Kampf in dieser Festung vorbereitet, wie D.N. Pawlow, der Vorsitzende des Leningrader Sowjets später stolz berichtete:

> Alles war vorbereitet, um die feindlichen Kräfte innerhalb der Stadt zu vernichten. Fabriken, Brücken und öffentliche Gebäude waren vermint: ihre Trümmer wären über dem Feind zusammengestürzt und hätten seine Panzer zum Stehen gebracht. Die Zivilbevölkerung, ganz zu Schweigen von den Soldaten und Matrosen der Ostseeflotte, war zum Straßenkampf gerüstet. Das Vorhaben, um jedes Haus zu kämpfen, war kein Akt der Selbstaufopferung, sondern hatte das Ziel, den Feind zu vernichten. Später sollte sich am Beispiel Stalingrad zeigen, daß eine solche Kriegführung Erfolg haben kann.[287]

So sollte sich Leningrad in ein Schlachtfeld verwandeln. Das hatte man in Deutschland erkannt und klüger als ein Jahr später in Stalingrad entschloß sich die deutsche Führung angesichts dieses Szenarios auf einen Sturm zu verzichten. Wie man sich im Fall einer Kapitulation Leningrads verhalten sollte, darüber bestanden Meinungsverschiedenheiten zwischen Hitler und Ritter v. Leeb, dem Oberbefehlshaber der Heeresgruppe Nord. Ritter v. Leeb empfahl am 5. September die Annahme einer Kapitulation und insistierte am 12. Oktober noch einmal darauf,[288] nachdem Hitler sich

---

[285] Schreiben des Marineverbindungsoffiziers bei der Heeresgruppe Nord vom 22. September 1941, zit. n. Katalog, S. 317.

[286] OKW-Befehl vom 7. Oktober 1941, zit. n. Katalog, S. 319.

[287] D.N. Pawlow, Leningrad v blokadje, Moskau 1961, S. 19, hier zit. n. der Übersetzung von Werth, Rußland, S. 229.

[288] Vgl. HIS, Katalog, S. 318.

wegen der bereits erkannten und ohnehin offen verkündeten russischen Vorbereitungen anders entschieden hatte und jede angebotene Kapitulation offenbar für ein Täuschungsmanöver hielt, wie aus dem Ausstellungskatalog selbst hervorgeht:

> Der Führer hat erneut entschieden, daß eine Kapitulation von Leningrad oder später von Moskau nicht anzunehmen ist, auch wenn sie von der Gegenseite angeboten würde.
>
> Die moralische Berechtigung zu dieser Maßnahme liegt vor aller Welt klar. Ebenso wie die in Kiew durch Sprengungen mit Zeitzündern die schwerste(n) Gefahren für die Truppe entstanden sind, muß damit in Moskau und Leningrad in noch stärkerem Maß gerechnet werden. Daß Leningrad unterminiert sei und bis zum letzten Mann verteidigt würde, hat der sowjetische Rundfunk selbst bekanntgegeben.[289]

Ritter v. Leebs Position ist ein symptomatisches Beispiel für jene Einstellung, die gerade den nie aufgehobenen Unterschied der Wehrmachtsführung zum Denken der beiden totalitären Diktatoren markiert. Am Ende erwies sich die Diskussion über Leningrads Kapitulation wie bereits gesagt als überflüssig. Auf Stalins Befehl war dort eine Festung entstanden, die notfalls um den Preis des Lebens aller Einwohner verteidigt werden sollte. Die Wehrmacht führte gegen diese Festung eine militärische Belagerung, wobei es hier so wenig wie vorher oder nachher in der Weltgeschichte die Aufgabe der Belagerer sein konnte, für die Versorgung der Belagerten aufzukommen. Hunger ist immer eines der wichtigsten zulässigen Mittel gewesen, fremde Festungen zur Aufgabe zu bringen, und dies galt selbst für Leningrad, wo dieses Mittel vielleicht mehr als eine Million Menschen das Leben gekostet hat. Auch hier hätten die Ausstellungsmacher einmal in der von ihnen empfohlenen Literatur nachsehen sollen:

> Bei Verstößen solcher Größenordnung gegen elementarste Grundsätze des Rechtsempfindens fällt es schwer, den Standpunkt der Fachjuristen zu verstehen und zu akzeptieren, daß die von den Deutschen in Leningrad angewandten Methoden, so unglaublich das klingt, zum größeren Teil nach konventionellen kriegsrechtlichen Anschauungen durchaus legal waren. Die Benutzung der Hungerwaffe und selbst die jahrelang fortgesetzte Belagerung einer Millionenstadt waren in streng juristischem Sinn keine 'Kriegsverbrechen', weshalb in den Nachkriegsprozessen und daher wohl auch in der Nachkriegspublizistik über die Schandtaten des NS-Regimes das Stichwort Leningrad so gut wie gar nicht vorkam.[290]

Einmal mehr stellt sich die Ausstellung mit der Präsentation der Belagerung Leningrads gegen die Ansicht der Fachwelt und die Einschätzung der Fachjuristen. Die Belagerung Leningrads hat in einer Ausstellung zum Thema "Verbrechen der Wehrmacht" keinen Platz.

---

[289] So Hitler in einem Entscheid vom 7. Oktober 1941, hier zit. n. Faksimile in: HIS, Katalog, S. 319.

[290] Zit. n. Krausnick, Truppe, S. 465.

Lubny

Der Fall Lubny war bereits in der ersten Ausstellung enthalten und wurde als einer der wenigen in weitgehend unveränderter Präsentation in Form von 33 Fotos übernommen. Damit nimmt er in der Druckform des Katalogs mehr Raum ein als beispielsweise Babij Jar, und es dürfte diese außergewöhnliche Zahl an Fotos sein, die den Fall überhaupt in die Ausstellung gebracht hat. An der Erschießung der dortigen jüdischen Bevölkerung an dem angegebenen Tag sind bisher keine vernünftigen Zweifel geäußert worden, auch wenn die in der Ausstellung präsentierten Fotos dafür keinen Anhaltspunkt liefern. Sie zeigen Menschen mit leichtem Gepäck, teilweise lachend.[291] Sie gehen ohne besondere Hast in kleinen Gruppen oder allein. Jene "Bewachung" von der im Ausstellungstext geschrieben wird, ist auf dem Weg nicht erkennbar. Der Begriff "zusammengetrieben"[292] ist offenkundig unangebracht.

Fraglich ist jedoch, wo die Verbindung der Wehrmacht zur Exekution in Lubny zu sehen ist. Der Ausstellungstext spricht von einem Aushang der Ortskommandantur, die jüdische Bevölkerung habe sich zur Umsiedlung zu versammeln, was die Mehrheit der Menschen offenkundig auch im Glauben getan hat, wirklich umgesiedelt zu werden. Auf dem abgebildeten Aushang ist allerdings keine Unterschrift der Ortskommandantur zu sehen, auch der zitierte Zeuge W.N. spricht nicht von Anweisungen der Wehrmacht, er erwähnt die Wehrmacht überhaupt nicht.[293] Verantwortlich für die Exekution waren auch, wie der Ausstellungstext richtig schreibt, "Angehörige des Sonderkommandos 4a".[294]

Es wäre interessant, eine Umfrage unter den Ausstellungsbesuchern darüber zu veranstalten, was sie sich unter diesem Sonderkommando vorstellen. Man kann über das Ergebnis einer solchen Umfrage nur mutmaßen, aber es scheint doch sehr wahrscheinlich, daß die übergroße Mehrheit der Besucher hier eine Wehrmachtseinheit vermuten wird, zumal Lubny eben in der Ausstellung "Verbrechen der Wehrmacht" unter der Rubrik "Wehrmacht und Völkermord" abgehandelt wird.[295] Nun war das Sonderkommando 4a Teil der jener Einsatzgruppen, die speziell mit der Durchführung des Judenmords beauftragt waren und daher eine Einheit der Sicherheitspolizei und des SD, mithin keine Wehrmachtseinheit. Der Ausstellungstext verschweigt dies, er macht auch nicht den Versuch, die Tatbeteiligten zu identifizieren. Einmal mehr greift die Ausstellung also an

---

[291] Vgl. Bild 35, in: HIS, Katalog, S. 168, dazu auch Klaus Hesse, Anmerkungen, S. 605.

[292] Vgl. HIS, Katalog, S. 166.

[293] Vgl. HIS, Katalog, S. 167 bzw. S. 174.

[294] Vgl. HIS, Katalog, S. 166 ff.

[295] Vgl. dazu auch Klaus Hesse, Anmerkungen, S. 604.

dieser Stelle zur Nichtaussage. Die Ausstellung begnügt sich mit der Wiedergabe der Bildserie, die Opfer der Exekution auf dem Weg oder möglicherweise bereits am Ort der Exekution zeigt. Ob auf einem dieser Fotos ein Wehrmachtsangehöriger zu sehen ist, bleibt für den Besucher ungeklärt. Zum Beleg des Vorwurfs, "die Wehrmacht" habe als Institution und in Eigenregie am Völkermord mitgewirkt, trägt der Fall Lubny nichts bei.

Charkow

In Charkow herrschte binnen kürzester Zeit Hunger unter der Zivilbevölkerung. Zudem mangelte es den deutschen Einheiten an Nachschub. Die Quartiermeisterabteilung wollte das Versorgungsproblem durch die Evakuierung weiter Teile der Zivilbevölkerung auf das umliegende Land lösen, hingegen schlug der Nachrichtenoffizier (Ic) Rudolf Paltzo vor, der Sicherheitsdienst solle alle Juden, politischen Kommissare, alle 'politisch Verdächtigen' und 'nicht Ortsansässigen' erschießen.[296]

Die Stadt Charkow war auch in der ersten Ausstellung vertreten. In der Neufassung wird sie nun ebenfalls an zwei Stellen erwähnt, einmal unter der Rubrik "Wehrmacht und Völkermord", aus der das oben genannte Zitat stammt, einmal im Abschnitt "Hungerpolitik". Interessant ist der Fall Charkow, der im Katalog mit insgesamt 26 Seiten einer der umfangreichsten ist, da an ihm die Aussagen der Ausstellung über den "Hungerkrieg" beispielhaft überprüft werden können. Schon der einführende Text läßt in dieser Beziehung stutzen: daß die Quartiermeisterabteilung sich Gedanken über die Versorgung der Zivilbevölkerung macht, ist mit dem in der Ausstellung entworfenen Bild des gezielten Hungerkriegs schwer vereinbar. Tatsächlich wird im Abschnitt "Hungerkrieg" auch etwas anderes behauptet:

Trotz der zu erwartenden Versorgungsnöte zeigten der Oberbefehlshaber ... Walter v. Reichenau und der Stadtkommandat Erwin Vierow, kein Interesse am Schicksal der Zivilisten. ... Auf die Zerstörung von Landwirtschaft und Industrie wurde keine Rücksicht genommen.[297]

Ein Beleg für diese Aussage wird nicht gebracht, ganz im Gegenteil. Der einzige in der Ausstellung erhaltene Erlaß des Stadtkommandanten Vierow, der sich explizit mit der Bevölkerung von Charkow beschäftigt, legt am 23. Oktober 1941 fest:

Die Versorgung der Zivilbevölkerung bezieht sich auf alle Versorgungsgebiete wie:
   Verpflegung,
   Bekleidung,
   ärztliche Betreuung,
   Hygiene, (Strassenreinigung)
   Nahrungsmittelpolizei,
   Eröffnung von Geschäften,

---

[296] Zit. n. HIS, Katalog, S. 179.

[297] Zit. n. HIS, Katalog, S. 328.

polizeiliche Beaufsichtigung und Überwachung der
Zivilbevölkerung,
Ingangbringung von Betrieben,
Einrichtung eines Feuerlöschdienstes[298]

Zu diesem Zweck sei eine Stadtverwaltung unter Aufsicht der
Feldkommandantur einzurichten. Um alles, was den deutschen Militärs
nach Aussage der Ausstellung angeblich gleichgültig war, hatten sie sich
also tatsächlich gekümmert. Auch die zahlreichen sonstigen Texte der
Ausstellung ergeben kein anders Bild. Sie handeln sämtlich von dem
Problem, wie die Zivilbevölkerung und die Armee angesichts des
bevorstehenden Winters, fehlender Vorräte und ohne
Transportmöglichkeit an Nahrungsmittel gelangen können, *ohne* daß eine
"Kahlfraßzone" entsteht, wie es von der Ausstellung offenbar als Absicht
unterstellt wird. Es ist dabei ausdrücklich die Rede davon, daß für die
Zivilbevölkerung Sorge getragen werden muß, weil Deutsche ja keine
Barbaren seien wie Engländer oder Bolschewisten, die gegnerische
Zivilisten verhungern ließen.[299] Mit "Sorge" sieht der Vertreter des
Auswärtigen Amts dem Frühjahr entgegen, weil sich nach der
Scheeschmelze die Transportwege verschlechtern würden und die
Zivilbevölkerung sich dann schwerer versorgen könne.[300]

So bleibt bei sorgfältiger Lektüre der Darstellung nur der (richtige)
Eindruck, es habe im Winter 1941/1942 und auch später noch eine
Hungersnot gegeben. Daß die Wehrmacht sie geplant, willkürlich
verursacht oder gar begrüßt habe, ergibt sich daraus nicht. Insofern bleibt
auch hier nicht einsichtig, inwiefern von einem Hungerkrieg als
'Verbrechen der Wehrmacht' gesprochen werden kann und warum
Charkow unter diesem Stichwort in eine Ausstellung aufgenommen wird.
Daran ändert auch für die oben zitierte Einzelmeinung des Ic Rudolf
Paltzo wenig, der nach Katalogaussage einen Teil der Bevölkerung
"erschießen" wollte. Nun hat Paltzo nicht die "Erschießung" dieser
Menschen vorgeschlagen, sondern deren "Festsetzung und weitere
Behandlung" durch den SD, was in der Tat eine nationalsozialistische
Chiffre für Mord sein konnte, aber nicht in jedem Fall gewesen ist. Auch
dieses Wissen kann beim Ausstellungsbesucher nicht vorausgesetzt
werden, es kann sogar bei Rudolf Paltzo selbst nicht vorausgesetzt
werden. Dieser Meinung scheint auch die Justiz gewesen zu sein. Die
Nachkriegsermittlungen gegen ihn wurden eingestellt, führt die
Kurzbiographie der Ausstellung auf.[301] Ob sie wegen seines Verhaltens in
Charkow angestellt worden waren, wird nicht gesagt. In jedem Fall ist die

---

[298] Zit. n. HIS, Katalog, S. 334.

[299] So die Ansicht des Obersten Dr. Fersch, zit. n. HIS, Katalog, S. 340.

[300] Vgl. HIS, Katalog, S. 345.

[301] Vgl. HIS, Katalog, S. 183.

Darstellung nicht korrekt, die Tötung der Juden Charkow gehe auf Paltzos Vorschlag zurück. Dies wird durch die Formulierung des Einleitungstextes nahegelegt "die Realisierung dieser Absicht zog sich noch einige Wochen hin."[302] Tatsächlich gibt es keinen Hinweis, daß der Mord an den Juden Charkows in irgendeinem Zusammenhang mit Paltzos Stellungnahme steht. Das wäre auch sehr unwahrscheinlich. Die Ermordung der Juden durch die Einsatzgruppen des SD war von der nationalsozialistischen Führung befohlen worden und zu diesem Zeitpunkt längst in Gang. Wann und wo im einzelnen gemordet wurde, entschieden die Einsatzgruppen selbst, so auch in Charkow. Wehrmachtseinheiten waren an diesem Verbrechen nicht beteiligt.

Tarnopol

Über den Fall Tarnopol kam bekanntlich die alte Wehrmachtsausstellung an ihr Ende. Bei ihrer Darstellung der dortigen Ereignisse kulminierten die Willkür und der später vom 'Focus' attestierte "Dilettantismus' der Ausstellungsmacher um Hannes Heer in einem unerträglichen Ausmaß. Es wurden Bilder falsch zugeordnet, Zitate manipuliert und der ganze Vorgang zudem symbolischerweise noch der 6. Armee - 'Unterwegs nach Stalingrad' - zugeschrieben, die überhaupt nicht in Tarnopol gewesen war. Um diese Darstellung zu stützen, behauptete Hannes Heer in einer Rede zur Ausstellung gar, es gebe ein unfreiwilliges Geständnis in einem Leserbrief:

> Im Bemühen, die Beteiligung der 6. Armee am Judenmord in Tarnopol zu bestreiten, gesteht der Briefschreiber, daß andere Verbände der Wehrmacht daran mitwirkten.[303]

Nach längerer intensiver Beschäftigung mit der Ausstellung hat man sich an Fehler, böswillige Verkürzungen und Auslassungen weitgehend gewöhnt und ist insofern kaum noch zu erschüttern. Dennoch war es erstaunlich, als sich auch diese direkte Behauptung noch wie so manches andere zuvor als falsch herausstellte. Der Lesebriefschreiber Helmut Rothe war weit entfernt davon gewesen, irgend etwas zu gestehen:

> Die 6. Armee hätte (laut der Ausstellung, S. Sch.) Anfang Juli 1941 Tarnopol eingenommen und gemordet. Richtig ist: Die 6. Armee war gar nicht in Tarnopol. Sie hätte dort 600 Juden ermordet? Fotos haben nur dann Beweiskraft, wenn Herkunft, Opfer und Täter, Zeit und Ort genau belegt werden können. ... Es ist völlig unseriös, die Verbrechen in Tarnopol ... der Wehrmacht anzulasten. Aus diesen und weiteren Fakten läßt sich eindeutig ableiten, daß es den Ausstellern nur darum geht, die Soldaten der

---

[302] Zit. n. HIS, Katalog, S. 179.

[303] Zit. n. Heer, Das letzte Band, in: HIS, Ausstellung, S. 130. Die begleitende Anmerkung stellt klar, daß es sich um den Leserbrief von Helmut Rothe handelt. Für die Ermittlung des Brieftextes - und für manches andere - vielen Dank an Dieter Schmidt-Neuhaus.

Wehrmacht, unter Verletzung jeder wissenschaftlichen Sorgfaltspflicht, zu einer Verbrecherarmee zu stempeln ... .[304]

Dies ist nur eine kleine Episode, aber sie läßt erkennen, mit welchen Methoden im Umfeld der Ausstellung gearbeitet wird und Rothes Kritik an der wissenschaftlichen Sorgfaltspflicht erhält durch Heers Falschbehauptung nachträglich sogar einen besonderen Witz. Spät genug wurden unter solchen Umständen die Mängel der Präsentation von Tarnopol erkannt, erst nach vier Jahren Ausstellungsdauer. Das wurde von den Kritikern, unter denen Dieter Schmidt-Neuhaus besonders zur Aufklärung dieses Falls beigetragen hat, schließlich über den Umweg der Zeitschrift 'Geschichte in Wissenschaft und Unterricht' auch einer breiteren Öffentlichkeit zur Kenntnis gebracht.[305] Wenige Wochen später wurde dann der Ausstellung von Jan Philipp Reemtsma selbst ein 'Moratorium' verordnet, am Ende blieb sie ganz geschlossen.

Nun hat auch die neue Ausstellung geglaubt, auf den Fall Tarnopol nicht verzichten zu können. Das hat wohl mehrere Gründe. Neben dem einfachen Umstand, daß sich für den Versuch eines Belegs der Ausstellungsthese offensichtlich selbst bei entschlossenem Vorgehen und entschiedener Einseitigkeit der Quellenauswahl nur eine sehr beschränkte Anzahl an verwertbaren Beispielen finden läßt, dürfte sich die erneute Präsentation Tarnopols als Versuch interpretieren lassen, die alte Ausstellung an dem Punkt ihres Scheiterns zu rehabilitieren. Dafür spricht der Bericht der von Jan Philipp Reemtsma eingesetzten Untersuchungskommission, in dem diese Absicht bereits angedeutet ist. Er soll hier in einer längeren Passage zitiert werden, da er geradezu ein Musterbeispiel dafür ist, mit wieviel Aufwand an Vokabular im Umfeld der Ausstellung immer wieder versucht wird, der einfachen Tatsache zu entgehen, daß die vorgelegten Materialien nicht stichhaltig sind. Die Kommission schreibt über die alte Ausstellung:

Die Autoren haben im Fall Tarnopol (69/1-4) vier Fotografien aus dem DÖW/Wien reproduziert und die dort vorgefundenen Beschriftungen übernommen: „Ermordete Juden in Tarnopol (1941)" Foto 69/3 ist im DÖW ein zweites Mal überliefert mit der Beschriftung „II. Weltkrieg: Dtsch. Greuel in der SU". ... Der Tatort Tarnopol wird in der Ausstellung auf einer eigenen Stellwand bzw. im Katalog in einem eigenen Abschnitt dokumentiert. Der Kommentar erwähnt zwar „die ausgegrabenen Leichen von getöteten Ukrainern und 10 deutschen Soldaten", ein Hinweis auf den für diese Morde verantwortlichen NKWD fehlt. ... Die Ereignisse in Tarnopol und Zloczow hätten ausführlicher dokumentiert werden, das unmittelbare Aufeinandertreffen von sowjetischem Rückzug und NKWD-Morden, Einmarsch der Wehrmacht und antijüdischen Pogromen thematisiert werden müssen – soweit ist der Kritik zuzustimmen. Sie hat darauf aufmerksam gemacht, in welchem Kontext die in der Ausstellung präsentierten Aufnahmen entstanden sind. Angesichts der kaum vorstellbaren Gewaltexzesse innerhalb weniger Tage hätte die Rekonstruktion der

---

[304] Helmut Rothe im Bonner General-Anzeiger, 31. Oktober 1998.

[305] Vgl. Schmidt-Neuhaus, Tarnopol, in: GWU 1999, S. 596-603.

Ereignisse gleichzeitig differenziert genug zu sein, um die unterschiedlichen Motive der Beteiligten erkennbar werden zu lassen. Nur begrenzt trifft die Kritik hingegen zu, soweit es um die Identifizierung der Toten auf den Fotografien geht. ... Auch die Identität der Toten auf den Fotografien aus Tarnopol ist bislang nicht eindeutig zu klären, weil außer bildimmanenten Details und weiteren Fotos keine Hinweise vorliegen. Zwei der in der Ausstellung gezeigten Fotografien aus Tarnopol zeigen die Leichen von Personen, die erst kurze Zeit vor der Aufnahme an Ort und Stelle ermordet wurden; die frischen Blutspuren sind deutlich zu erkennen (69/3,4). Auf drei Fotos sind zudem Personen mit Schlaginstrumenten abgebildet (69/1,2,4). Ein Foto (69/1) zeigt, wie ein Mann im hellen Mantel einen am Boden kauernden Rotarmisten bedroht. Auf dieser Aufnahme sind auch Särge mit Kreuzen zu sehen, außerdem mit Tüchern bedeckte Leichen. Der wiederholt vorgebrachte Einwand, einige der abgebildeten Uniformierten hielten sich Taschentücher vor Nase und Mund, um sich vor dem Verwesungsgeruch der zu ihren Füßen liegenden Toten zu schützen, weshalb es sich nur um NKWD-Opfer handeln könne, trägt allein nicht. Die Geste muss nicht zwangsläufig bedeuten, dass der Verwesungsgeruch von jenen Leichen ausgeht, die auf dem Foto zu sehen sind.

Ebensogut können sich die exhumierten Toten an anderer Stelle des Hofes befinden, die aber auf diesen Fotos nicht zu sehen sind [dazu Hesse]. Wenig stichhaltig sind auch andere Indizien, die gegen die Identifizierung der Toten als Juden vorgebracht wurden: Ob sich, wie ein Kritiker behauptet, fünfzig Jahre nach der Tat exhumierte Leichen als Opfer des NKWD oder als Opfer der nachfolgenden Progrome identifizieren lassen, ist ebenso zweifelhaft wie die Annahme, ein Denkmal für die NKWD-Opfer am Ort des Geschehens schließe aus, das an dieser Stelle auch Juden umgekommen seien.[306]

So windet sich der Redefluß dahin, ohne zum Punkt zu kommen. Denn zusammengefaßt bedeuten diese Sätze nichts anderes, als daß für *keines* der hier besprochenen Fotos gesagt wird, es seien Opfer der Wehrmacht darauf zu sehen. Die einzigen eindeutig zugeordneten Bilder zeigen Opfer des sowjetischen NKWD, ermordete sowjetische Bürger und ermordete deutsche Soldaten. Das spricht die Kommission aber keineswegs eindeutig aus, sondern spekuliert am Ende gar über möglicherweise vorhandene, aber nicht photographierte Leichen. Damit soll das Verhalten der deutschen Soldaten plausibel gemacht werden, die sich ein Tuch gegen Verwesungsgeruch vor den Mund halten. Hier hat das "Photo als historische Quelle" einen Gipfel an beliebiger Verwendbarkeit erreicht.

Die alte Ausstellung brachte über Tarnopol vier Fotos, auf denen Leichen und herumstehende deutsche Soldaten zu sehen waren. Im neuen Katalog sind es nun 18 Bildexponate, die in insgesamt 42 Abbildungen auftauchen, d.h. teilweise mehrfach wiederholt werden. An der Tatsache, daß keines der präsentierten Fotos nachweisbar die Opfer von Wehrmachtsverbrechen oder gar deutsche Soldaten beim Begehen solcher Verbrechen zeigt, hat sich nichts geändert. Nur die Phantasie der Ausstellungsmacher deutet die sichtbaren Leichen als Opfer deutscher Verbrechen.

Man hätte sich ja nun denken können, daß der Fall Tarnopol angesichts dieser Sachlage als Beispiel für eine seriöse Auseinandersetzung der Ausstellungsmacher mit den Fakten präsentiert wird, also etwa mit den

[306] Zit. n. Bericht, S. 35.

einleitenden Sätzen des Tenors: "Wir haben uns geirrt. Die Beteiligung von Wehrmachtsangehörigen an Verbrechen schien uns in Tarnopol erwiesen zu sein. Wir weisen hier noch einmal das Material vor, das bei uns zu diesem Eindruck geführt hat, stellen aber ausdrücklich fest, daß für Tarnopol keine Wehrmachtsverbrechen belegt werden können."

Um diese oder eine ähnlich klare Aussage drückt sich die Ausstellung aber herum. Dem Sachverhalt selbst trägt die Ausstellung allerdings Rechnung, da sie gar nicht mehr direkt von einem 'Verbrechen der Wehrmacht' spricht, sondern diese Ansicht durch die Zuordnung des Falls Tarnopol in den Abschnitt "Wehrmacht und Völkermord" indirekt ausdrückt. Wo sich die Aussteller direkt über Tarnopol äußern, tun sie das wie folgt:

> Pogrom in Tarnopol. Ukrainische Miliz und vermutlich auch polnische, ukrainische und weißrussische Zivilisten treiben jüdische Einwohner im Gefängnishof der Stadt zusammen, mißhandeln und töten sie."[307]

> "Neben einheimischen Zivilisten beteiligten sich auch Angehörige der SS-Division Wiking an den Gewalttaten. Zudem bescheinigte die SS der Wehrmacht eine 'erfreulich gute Einstellung gegen die Juden'.[308]

Wie es bei der Ausstellung an vielen Stellen bei vergleichbar einprägsamen Kernsätzen üblich ist, wird die Formel von der 'guten Einstellung' auch noch einmal wiederholt.[309] Sie ist Teil des Versuchs, bei den Ausstellungsbesuchern den Eindruck zu erwecken, 'die Wehrmacht' habe in Tarnopol Verbrechen begangen, ohne es direkt und widerlegbar behaupten zu müssen. Dieser Versuch findet, dokumentiert auf mehr als zwanzig Seiten des Ausstellungskatalogs unter der Kapitelüberschrift 'Wehrmacht und Völkermord' statt.

Der einzige 'Uniformierte', den die präsentierte Fotoserie offenbar während der Ausschreitungen und in drohender Haltung gegenüber einem Zivilisten zeigt, ist demgegenüber ein Unteroffizier der Waffen-SS. Das spricht die Ausstellung aber nicht aus. Statt dessen greift sie zur 'Nichtaussage'[310] und spricht an dieser Stelle mehrfach von einem 'Uniformierten'. Das ist auch von durchaus wohlwollenden Kritikern bereits bemängelt worden, da hier dem Ausstellungsbesucher eine eindeutige und belegbare Information verschwiegen wird, die beim bloßen Hinsehen aber nur dem absoluten Fachmann auffallen kann.[311] Auch an dieser Stelle suggeriert die Ausstellung dem Besucher damit etwas, denn der interessierte Betrachter einer Ausstellung über 'Verbrechen der Wehrmacht' kann kaum etwas anderes annehmen, als daß der

---

[307] Zit. n. HIS, Katalog, S. 108.

[308] Zit. n. HIS, Katalog, S. 100.

[309] Vgl. HIS, Katalog, S. 121.

[310] Vgl. Hesse, Anmerkungen, S. 606.

[311] Ebd. Hesse, Anmerkungen, S. 606.

'Uniformierte', dessen Bild als Beleg für sorgfältige Arbeit und genaue Recherche der Ausstellung vorgewiesen wird, eben auch ein Angehöriger der Wehrmacht ist. Er ist es nicht. Damit ergibt sich, daß die gesamten zahlreichen Fotos der Ausstellung keinen Beweis für 'Verbrechen der Wehrmacht' liefern.

Augenzeugen

Auch Tarnopol gehört in die lange Reihe jener Ortschaften, in denen sowjetische Verbrechen von deutschen Amtsstellen dokumentiert worden waren, in diesem Fall ebenfalls in einer Veröffentlichung des Auswärtigen Amts.[312] Wie an vielen anderen Orten kam sehr schnell die Antwort der sowjetischen Propaganda mit dem Versuch, diesen Ort als Ort deutscher Verbrechen darzustellen und umzudeuten. Ein verblüffter Joseph Goebbels mußte bald am feststellen, welchen Gegner er sich gemacht hatte:

> Die Hetze der bolschewistischen Sender übersteigt jetzt jedes Maß. Man macht es sich in Moskau sehr einfach. Wenn wir gegen den Bolschewismus handfestes Material beibringen, so setzt man dort einfach statt "bolschewistisch" "nationalsozialistisch" und gibt dieses selbe Material als antinationalsozialistisch heraus.

Einen Tag später schrieb er:

> Das, was wir den Bolschewiken in den letzten Tagen an zum Himmel schreienden Greueltaten in Lemberg und Luck nachgewiesen haben, bringen sie nun einfach als deutsche Greueltaten, sozusagen mit umgekehrten Vorzeichen.[313]

Wie sich herausstellte, arbeitete Stalins Propagandamaschine sehr effektiv und konnte die deutschen Veröffentlichungen über "bolschewistische Verbrechen" öffentlichkeitswirksam überlagern und diskreditieren. Das ist bei dieser Angelegenheit um so interessanter, als die Ausstellungsmacher der neuen Ausstellung mit einem Blick auf die deutsche Veröffentlichung zu Tarnopol gleich hätten feststellen können, daß am Ort zur fraglichen Zeit nicht allein die Wehrmacht anwesend war, wie in der ersten Ausstellung suggeriert wurde, sondern ebenso die Waffen-SS, wie der SS-Untersturmführer Wilhelm Lösken gleich zu Beginn seiner Aussage ausführte:

> Wir hatten die Wachen für den Ort Tarnopol zu stellen. Ich hatte Befehl, mit meinem Zuge den Ort selbst zu sichern. Von SS-Oberscharführer Mietz und Schnettler, die als Wachhabende im Gefängnis eingeteilt waren, erfuhr ich, daß dort eine große Anzahl verstümmelter Leichen von Ukrainern und auch von einigen deutschen Soldaten liegen sollten. Um mir die Dinge anzusehen, bin ich zum Gefängnis gefahren und habe mich selbst davon überzeugt, daß dort tatsächlich außer den ukrainischen Leichen auch sieben Leichen von deutschen Soldaten lagen, die einwandfrei an den blauen Fliegerhemden und -hosen sowie an den graugrünen Infanteriehosen erkennbar waren. ... Die Leichen

---

[312] Auswärtiges Amt, Bolschewistische Verbrechen gegen Kriegsrecht und Menschlichkeit, Zweite Folge, Berlin 1942. (zit. AA, Kriegsrecht) S. 38 f.

[313] Zit. n. Goebbels, Tagebücher, 9. Juli 1941, bzw. 10. Juli 1941.

dieser Soldaten wiesen schwere Mißhandlungen auf. Ich erinnere mich mit
Bestimmtheit, daß bei zwei Leichen die Hände auf den Rücken gefesselt waren, und
zwar derart, daß sie nicht in den Sarg paßten.[314]

Dies sind ohne Zweifel die sieben Leichen, die auf dem Katalogbild Seite
112 oben zu sehen sind. Sogar die beiden aus dem Sarg ragenden
gefesselten Leichen sind eindeutig erkennbar. Damit ist zunächst die
Seriosität der Dokumentation des Auswärtigen Amts und auch der
Aussagen der SS-Angehörigen eindrucksvoll dokumentiert. Weiterhin ist
klargestellt, daß die von der Ausstellung präsentierten Aussagen, in denen
die Abwesenheit der Waffen-SS-Einheiten zum Zeitpunkt der
Fotoaufnahmen behauptet wird, nicht korrekt sind.[315] Lösken weiter:

> Bei den meisten Leichen waren die Augen ausgestochen, die Zungen fast aller Leichen
> hingen unnatürlich weit aus dem Halse heraus, und zwar so weit, daß unbedingt
> anzunehmen ist, daß sie ausgerissen worden sind. Fast sämtliche Leichen wiesen
> schwere Würgemale am Halse auf. Die Nägel an Händen und Füßen waren abgerissen;
> die Haut an Händen und Füßen hing in Fetzen herunter. Auf Befragen: Bei dem in der
> Vernehmung mehrfach genannten Gefängnis handelte es sich um das GPU-Haus.[316]

Dies war jedenfalls der Anblick, nach dessen Wahrnehmung sich
Wehrmachtsangehörige möglicherweise an Pogromen beteiligt haben
sollen. Um dies zu insinuieren, taucht denn Tarnopol auch in der neuen
Ausstellung wieder auf, vermehrt um einen Abschnitt eben über die
Grenzen der Photographie als historische Quelle und um den jetzt gleich
mehrfach wiederholten Abdruck des sogenannten Franzl-Briefs, der eben
diese Tatbeteiligung von Wehrmachtssoldaten an Pogromen gegen Juden
beweisen soll. Er dürfte der letzte nationalsozialistische
Propagandaaushang sein, der noch im Umlauf ist.

Der Franzl-Brief

Gab es den Franzl-Brief in der ersten Ausstellung nur einmal, so wird er
jetzt an drei Stellen wiedergegeben, zweimal als Faksimile der Abschrift
eines Propagandaaushangs und dann als Faksimile der entsprechenden
Stellwand der ersten Ausstellung. Problem mit diesem Brief: es gibt kein
Original, es gibt auch keine Abschrift des Originals, sondern es gibt
bestenfalls eine Abschrift der ersten Abschrift des Originals, die ein
ungenannter "Wiener Kreisleiter" an die Ortsgruppenleiter seines Kreises
verteilt haben soll.[317] Von "bestenfalls" muß hier gesprochen werden, da
die Existenz eines Originals naturgemäß nicht bewiesen, sondern allenfalls

---

[314] Zit. Auswärtiges Amt, Kriegsrecht, S. 38. Aussage vor dem SS- und Polizeigericht in
Krakau am 22. Januar 1942, anwesend SS-Untersturmführer a.D. Dr. Jansen und SS-
Hilfsrichter Dullien, Vertragsangestellte.

[315] Vgl. Aussagen von Dr. Aaron O. und Jonni E., in: HIS, Katalog, S. 105 f.

[316] Ebd., S. 39.

[317] Vgl. HIS, Katalog, S. 102.

angenommen werden kann. So flüchtete sich Jan Philipp Reemtsma in dieser Sache in die Spekulation:

Das Original ist verlorengegangen, der Brief wurde abgeschrieben, vervielfältigt, auch in einem Schaufenster in Wien ausgehängt.[318]

Nichts davon ist erwiesen, weder die Existenz eines 'Originals' und logischerweise auch nicht ein 'Brief', von dem hätte abgeschrieben werden können. Der sogenannte 'Brief' kann auch, etwa nach einem mündlichen Bericht, zu Propagandazwecken vollständig erfunden worden sein. Dazu paßt etwa der im Brief enthaltene Aufruf, den die Ausstellungsmacher der ersten Ausstellung sinnigerweise als einzigen Satz aus dem langen Text gestrichen haben, ohne daß es aus Platzgründen auf der Stellwand hätte sein müssen, die vom Text bei weitem nicht ausgefüllt worden war:

Wenn es heute noch einen Kommunisten in Wien gibt, der gehört sofort erschlagen, aber nicht erschossen.[319]

Der Text muß auch nicht vom Juli 1941 stammen, denn der oben zitierte Bericht des Wehrkreiskommandos XVII datiert vom 12. September 1941, was eher dafür spricht, daß die öffentliche Ausstellung des Briefs erst wenige Wochen vorher stattfand, also etwa im August. Die Echtheit des Briefs war denn auch Gegenstand einer Kontroverse, über die der Besucher weder in der neuen noch in der alten Ausstellung das geringste erfährt, auch nicht in dem abschließenden Kapitel "Kontroversen über eine Ausstellung".[320] Einmal mehr erweist sich vorgebliche Offenheit und Objektivität als oberflächlich. Gegen die Echtheit des Briefs spricht neben der offensichtlichen Propagandaabsicht, daß er in Inhalt und Ausführung den geltenden Vorschriften diametral zuwiderläuft. Das beginnt mit der Überschrift, die verbotenerweise neben dem Datum eine Ortsangabe enthält, es setzt sich damit fort, daß der Ort auch im Text erneut genannt wird. Solche Angaben, die Rückschlüsse auf Stationierung und damit auf militärische Vorgänge erlauben, waren laut Verordnung streng verboten und finden sich in überlieferten Originalbriefen praktisch nie.[321]

Des weiteren bringt der Brief mehrere Fehlinformationen, die gegen seine Echtheit bzw. gegen seine Angaben sprechen:

- Er behauptet eine Alleintäterschaft von "wir mit der SS" (wer immer das sein soll). Die Bevölkerung Tarnopols und die Racheakte der Bevölkerung werden nicht erwähnt.

---

[318] Zit. n. Reemtsma, Fragen, S. 69.

[319] Zit. n. HIS, Katalog, S. 102. Wie effektiv dieser Aufruf war, zeigt der in der Ausstellung zitierte Bericht des Regierungsrats Kläger, nach dem "diese Affiche das allgemeine Gespräch der Arier im Bezirk bildet". Ebd., Katalog, S. 102.

[320] Vgl. HIS, Katalog, S. 687 ff.

[321] Vgl. auch die Beispielbriefe im Feldpost-Teil der Ausstellung, die fast sämtlich keine Ortsangabe machen.

- Er nennt eine Opferzahl (ca. 1000) die sonst in keiner Quelle auftaucht
- Er nennt eine frei erfundene Opferzahl von 60 in Tarnopol ermordeten deutschen Soldaten

Dies alles spricht eindeutig gegen einen von Augenzeugen verfaßten Bericht und für ein Propagandaflugblatt. Der Franzl-Brief-Aushang ist ein Produkt der NSDAP auf Grund von Informationen, deren Herkunft und wirklicher Inhalt unbekannt ist. Er ist eine Projektion dessen, was ein Wiener Kreisleiter der NSDAP 1941 für gute Propaganda hielt. Selbst Jan Philipp Reemtsma hat das auch gar nicht ausgeschlossen. Wenn der Brief auch seiner Meinung echt sei, gebe es schon eine andere Möglichkeit, sagte er im Mai 2000 in jenem Vortrag, aus dem oben bereits zitiert wurde:

> Man denke, der Brief wäre nicht bloß abgeschrieben, er wäre tatsächlich zu Propagandazwecken erdacht worden. Was wäre damit über die Intentionalität des Vernichtungskrieges gesagt?[322]

Einmal mehr wird hier eine kritische Frage durch den Wechsel der Darstellungsebene bagatellisiert und ihr Sinn völlig verfehlt. Zur Debatte stand nicht, was der 'Franzl-Brief' über Intentionalitäten aussagt, sondern ob er als jenes Beweismittel für ein konkretes Wehrmachtsverbrechen in Tarnopol gelten kann, als daß er in der Ausstellung vorgewiesen wurde und wird. Das kann er offensichtlich nicht und Reemtsma gibt dies implizit noch in stärkerer Form zu, wenn er im Anschluß daran Parallelen zu einer von Goebbels 1941 herausgegebenen Broschüre mit Feldpostbriefen zieht. Hier, so Reemtsma, "kann man gleichfalls (!) sehen, wie jedenfalls ein Teil des Regimes meinte, daß die Bevölkerung den Krieg sehen sollte."[323] Das hatte ein Wiener Kreisleiter offenbar verstanden.

Am Ende ist die Darstellung Tarnopols jedoch nicht nur wegen des Franzl-Briefs fragwürdig, sondern auch wegen der sonstigen Umstände. Wie an anderen Stellen bleibt auch hier unklar, was die Aussteller in bezug auf die Wehrmacht eigentlich sagen wollen. Auf Seite 108 des Katalogs haben sie eine Zeittafel der Ereignisse in Tarnopol zwischen dem September 1939 und dem 6. Juli 1941 installiert, die über die Racheakte selbst sagt:

> Ukrainische Miliz und vermutlich auch polnische, ukrainische und weißrussische Zivilisten treiben jüdische Einwohner im Gefängnishof der Stadt zur Exhumierung der NKWD-Opfer zusammen, mißhandeln und töten sie.

Und:

> Das Sonderkommando 4 b ist in Tarnopol stationiert und ermordet weitere Juden.

---

[322] Zit. n. Reemtsma, Fragen, S. 69.

[323] Zit. n. Reemtsma, Fragen, S. 69.

Von einer Beteiligung der Wehrmachtseinheiten ist hier nicht die Rede und auch auf Seite 121 folgt die Aussage,

> daß zahlreiche Soldaten der Wehrmacht und SS anwesend waren. Sie schauten zu, machten den Mördern Platz und griffen nicht ein.

Kaum jemand unter den Besuchern der Ausstellung hat wohl jemals vor einem Berg exhumierter Leichen gestanden. Ob er unter diesem Eindruck gegen Racheakte an den vermeintlichen oder tatsächlichen Tätern einschreiten würde, darf sich jeder selbst überlegen. In jedem Fall ist diese Aussage der neuen Ausstellung, daß die Soldaten nicht eingriffen, etwas völlig anderes als die erste Ausstellung behauptet hat, die eine Alleintäterschaft der Wehrmacht nachgewiesen haben wollte, noch dazu der 6. Armee, die nicht in Tarnopol anwesend war. Die neue Ausstellung faßt dagegen an den zwei zitierten Stellen selbst zusammen, daß von einer aktiven Rolle "der Wehrmacht als Institution" am Pogrom nicht gesprochen werden kann, ja nicht einmal die Beteiligung einzelner Wehrmachtssoldaten nachgewiesen werden konnte. Die präsentierten Fotos zeigen, soweit identifizierbar, keine Opfer von Wehrmachtsverbrechen. Der einzige photographierte deutsche "Uniformierte", dessen Knüppel in seiner Hand die Beteiligung an Ausschreitungen oder Totschlägen möglich erscheinen läßt, ist ein Waffen-SS-Angehöriger. Der ganze Vorgang hat deshalb in einer Ausstellung über 'Verbrechen der Wehrmacht' nichts verloren. Er sagt über die These der Ausstellung nicht das geringste aus, außer vielleicht indirekt, daß die erneute Präsentation von 'Tarnopol' in diesem Rahmen ein weiteres Indiz dafür liefert, wie gering die Zahl und der Wert des Belastungsmaterials hinsichtlich 'Verbrechen' gegenüber der Wehrmacht allgemein einzuschätzen ist. Lägen konkrete Beweise vor, müßten die Ausstellungsmacher nicht auf solch schlecht belegte Vorgänge zurückgreifen.

Lemberg

> Daß in der neuen Ausstellung Fehler auftreten, kann nicht ausgeschlossen werden. Das liegt in der Natur der Sache. So wird beispielsweise behauptet, daß die Wehrmacht nichts gegen das Lemberger Pogrom im Sommer 1941 unternommen habe. Allerdings belegen Dokumente genau das Gegenteil.
>
> Bogdan Musial[324]

Der nichtexistente 'Fall Oberländer'

Die Stadt Lemberg gehört neben Katyn sozusagen zu den Klassikern unter jenen Orten, an denen die sowjetische Propaganda versucht hat, eigene Morde den deutschen Truppen in die Schuhe zu schieben. Für diesen

---

[324] In einem Artikel für die Frankfurter Allgemeine Zeitung vom 1. Dezember 2001.

Vorgang, der offenbar zusammen mit der Rückeroberung sowjetischen Gebietes an vielen Plätzen in organisierter Weise stattfand, hat die russische Historikerin Marina Sorokina den Begriff des Katyn-Modells geprägt.[325] Das begann auch mit Blick auf Lemberg bereits während des Krieges, als am 23. Dezember 1944 die sowjetische Zeitschrift "Iswestja" eine Liste mit 69 angeblichen deutschen Verantwortlichen für dortige Verbrechen veröffentlichte. Diese Kampagne erhielt neue Nahrung, als der sowjetische Präsident seit 1958 den Namen Nikita Chruschtschow trug, denn Chruschtschow selbst hatte als regional verantwortlicher KP-Chef Ende Juni 1941 die Erschießungen ukrainischer Nationalisten in den Lemberger Gefängnissen befohlen, bevor die Deutschen in Lemberg einmarschierten.[326] Dies öffentlich einem Deutschen in die Schuhe zu schieben, bedeutete für ihn sein "eigenes kleines Katyn".[327] Dieser Deutsche war nun niemand anderes als der Bonner Minister Theodor Oberländer, der ursprünglich gar nicht auf der Liste der "Iswestija" gewesen war, nun aber 1960 zum Opfer eines mit gefälschten Aussagen und Dokumenten in seiner Abwesenheit geführten Schauprozesses in der DDR wurde.[328]

Am Ende brach das alles sachlich zusammen, wenn auch wie stets "etwas hängen blieb" und man der Legende vom Massenmörder Oberländer auch heute noch in Diskussionen mit entsprechend sozialisierten Mitmenschen begegnen kann - und tatsächlich hat auch die neue Ausstellung die Stirn besessen, diese Klischees zu pflegen und den nichtexistenten "Fall Oberländer" auf fünf Seiten unter der Rubrik 'Nachkriegsgeschichte' zu präsentieren.[329] Einmal mehr zeigt sich hier, in welche Tradition sich die Ausstellung stellt und mit welchen Methoden sie arbeitet. Theodor Oberländer hatte nicht nur nichts mit "Verbrechen der Wehrmacht als Institution" zu tun, sondern hat sich auch ganz persönlich keines Verbrechens schuldig gemacht.

Man hätte sich daher hier einmal mehr vorstellen können, daß der Vorgang um Oberländer in die Ausstellung aufgenommen worden wäre, um ein Beispiel für unseriösen und verfälschenden Umgang mit geschichtlichem Material zu liefern und sich davon abzusetzen. Weit gefehlt. Auf diesen fünf Seiten des Katalogs findet sich kein Hinweis auf das, was wirklich geschehen ist: Mit gefälschten Zeugenaussagen und entstellten Zitaten betrieb die DDR eine jahrelange Kampagne gegen den

---

[325] Vgl. Sorokina, Procedures, S. 804.

[326] Vgl. Wachs, Inszenierung, S. 38.

[327] Zit. n. Wachs, Inszenierung, S. 38.

[328] Zum Fall Oberländer vgl. u.a. Kurt Ziesel: Der Rote Rufmord, Tübingen 1961

[329] Vgl. HIS, Katalog, S. 670.

Bonner Minister, dem sie als Gipfel jenen bis ins kleinste inszenierten Schauprozeß folgen ließ, in dem bis in den Wortlaut hinein vorgeschrieben worden war, was Verteidigung, Anklage und Richter jeweils zu sagen hatten, das Urteil selbstverständlich auch. Davon erfährt der Besucher der Ausstellung nichts. Statt dessen wird ein kleiner Textausschnitt aus der Vorlage Albert Nordens an das Politbüro abgedruckt, der die offizielle Propagandaversion der SED als Wahrheit suggeriert:

> Der Sinn des Prozesses besteht darin, daß die DDR im Namen der ganzen deutschen Nation den Fall Oberländer vor die Schranken des Gerichts bringt, nachdem die Bonner Instanzen die strafprozessuale Verfolgung Oberländers trotz seiner zahlreichen Verbrechen sabotieren.[330]

Dies war der Eindruck, den das Politbüro in der Weltöffentlichkeit erzeugen wollte und den auch die Aussteller beim Publikum mit dieser unkommentierten Wiedergabe zwangsläufig erwecken. Der wirkliche Zweck des Prozesses war natürlich ein völlig anderer und hatte weder mit Verbrechen noch mit fehlender Strafverfolgung in Bonn irgend etwas zu tun. Lassen wir wieder Albert Norden sprechen:

> Unsere politische Kampagne gegen den Bonner Minister Oberländer hat inzwischen ein weltweites politisches Echo gefunden (... aus dem hervorgeht), daß unsere Enthüllungen beträchtlich dazu beigetragen haben, das Bonner System zu diskreditieren und die Wesensgleichheit seiner Politik mit der des Hitlerfaschismus zu dokumentieren und zu beweisen.[331]

Für diesen albernen Versuch, die Adenauerrepublik mit dem Dritten Reich gleichzusetzen, wurde beachtlicher Aufwand getrieben. Dafür scheute das Politbüro eben nicht davor zurück, den Prozeß nach Art einer Theaterveranstaltung zu konzipieren und in Moskau "passende" Zeugen zu bestellen. Die Verhandlungen sahen denn auch entsprechend aus:

> Die Auftritt der Zeugen waren vielfach widersprüchlich, meist aber tragisch. Ein Vergleich mit dem gekürzten, offiziellen Verhandlungsprotokoll und der stenographischen Mitschrift macht deutlich, wie sehr der Prozeßverlauf trotz eines akribischen Drehbuchs zuweilen einer skurrilen Sammlung von Pleiten, Pech und Propaganda glich.
>
> Maßgeblichen Anteil daran hatte Oberländers Pflichtanwalt. Friedrich Wolf sagte später selbst, als Marxist habe er zwar keinerlei Sympathien für Oberländer gehegt, doch in diesem 'abgekarteten Sandkastenspiel' habe er sich nicht 'zum Affen' machen lassen wollen. Bereits in seiner Verteidigungsdisposition hatte Wolff seine Zweifel an der Glaubwürdigkeit der meisten Zeugen niedergelegt.
>
> Gerade die Passagen, die im offiziellen Protokoll gestrichen wurden, enthalten seine Kreuzverhöre der Zeugen, seine Verlesungen auch entlastender Dokumente. ... Außerdem wurden die zahlreichen Widersprüche, in die sich die Zeugen auch ungefragt verwickelten, kurzerhand gestrichen. In der Rückschau bietet der Verlauf der

---

[330] Zit. n. HIS, Katalog, S. 670.

[331] So Norden in einer weiteren Vorlage an das Politbüro vom 11. März 1960, zit. Wachs, Inszenierung, S. 43.

Verhandlung für den Betrachter beträchtlichen Unterhaltungswert. Für diese Inszenierung fühlt man sich an die Vermutung Jochen Staadts erinnert, vielleicht sei die DDR das größte deutsche Sprechtheater seit Brecht gewesen.[332]

Aus der Rückschau kommentiert es sich leichter, in der politischen Realität des Jahres 1960 war dieses "Sprechtheater" für Oberländer eine echte Existenzbedrohung. Die Besucher der Ausstellung erfahren davon nichts, auch nicht davon, wie wirksam die Desinformationskampagne der DDR teilweise war. Nicht nur, daß sich die Mär vom Lemberger Mörder Oberländer in manchen Kreisen der Öffentlichkeit durchsetzen konnte. Noch 1986 mußte sich Oberländer auch vom Bundesgerichtshof und dem Oberlandesgericht München sagen lassen, die Richter hätten keine Anhaltspunkte dafür, daß die eben geschilderte Justizkomödie "nicht fair geführt oder nicht auf die Erforschung der Wahrheit ausgerichtet" gewesen sei.[333] Dies blieb allerdings der einzige verlorene von den 113 Prozessen, die Oberländer im Lauf der Zeit gegen seine Denunzierung anstrengte.

Das ganze Vorgehen der DDR gegen Oberländer diente dem dreifachen Zweck, die sowjetischen Massenmorde in Lemberg zu überdecken und den Deutschen anzulasten, zugleich die Bonner Regierung als Ansammlung früherer Nationalsozialisten zu diskreditieren und der realsozialistischen Diktatur in Ost-Berlin über deren vorgeblichen Antifaschismus eine gewisse Legitimation zu verleihen. Dieser Versuch scheiterte auf spektakuläre Weise, denn Oberländer "bemühte sich" nicht nur "nachdrücklich", seine Unschuld zu beweisen, wie der Katalog sagt: Es gelang ihm auch in den erwähnten 113 Prozessen und die Staatsanwaltschaft Köln stellte es 1998 endgültig fest. Selbst der Ausstellungskatalog kann das nicht ganz verschweigen, wenn es auch wie an vielen anderen Stellen der Ausstellung nur ein Satz innerhalb von etlichen Seiten ist, die etwas anderes suggerieren sollen. Abschließend sei noch etwas zu einem anderen Aspekt gesagt, denn die Aussteller meinen, folgendes bemerken zu sollen:

Oberländer unterstützte zwischen 1933 und 1945 in verschiedenen Funktionen die Lebensraumpolitik der 'Dritten Reiches'.[334]

Auch dies ist in dieser Form eindeutig falsch. Abgesehen von einer Aufdeckung der DDR-Propagandakampagne hätte die Ausstellung an dieser Stelle statt dieser platten Behauptung wenigstens den Versuch machen *müssen*, "die Lebensraumpolitik" des Dritten Reichs differenziert zu betrachten. Denn mit all dem, was die Aussteller darunter verstehen und in der Ausstellung dazu behauptet haben, hatte gerade Oberländer

---

[332] Zit. n. Wachs, Inszenierung, S. 47 f.

[333] Vgl. ebd. Wachs, Inszenierung, S. 52.

[334] Zit. n. HIS, Katalog, S. 670.

nichts zu tun. Eine Teilnahme an Ausschreitungen wie in Lemberg hätte "Oberländers Ideen, der Mission des Bataillons Nachtigall und den Einsatzgrundsätzen klar widersprochen".[335] Oberländers Ziel bestand in der Emanzipation der Ukrainer und später der Kaukasusvölker vom russischen Imperialismus und ganz besonders vom Sowjetsystem, das er "von innen schlagen" wollte. Dies bedeutete in seinen Augen nicht, den russischen Imperialismus durch einen ebenso oder noch radikaler gestrickten deutschen zu ersetzen. So sah sich die DDR gezwungen, in dem von ihr veröffentlichten "Braunbuch" einen Aufsatz Oberländers aus den dreißiger Jahren zu fälschen, um dennoch diesen Eindruck zu erwecken.[336]

Über seine Einstellung zu den slawischen Völkern geriet er schon 1937 in einen Konflikt mit einem Radikalen wie dem ostpreußischen Gauleiter Erich Koch, der ihn damals alle Ämter kostete, weil er in den Augen von Extremisten in Partei und SS ein Außenseiter war. Nur die Verbindungen zu Admiral Canaris verschafften ihm eine zweite Chance, die er mit der Konzeption des 'Bataillons Nachtigall' nutzte, das dem ukrainischen Nationalismus eine Plattform bieten sollte. Weil er auch weiterhin mit seiner Meinung nicht zurückhaltend blieb, war es schließlich Heinrich Himmler höchstpersönlich, der im Oktober 1943 seine Entlassung als Kommandeur, aus der Wehrmacht und Hausarrest verfügte, nachdem er die Einweisung Oberländers in ein KZ nicht durchsetzen konnte. Dies müßte jedem unvoreingenommenen Anlaß geben, die verschiedenen Strömungen innerhalb des Nationalsozialismus zu analysieren. Wer allerdings schon zwischen Wehrmacht und Nationalsozialisten nicht differenzieren will, dem ist dieser Weg natürlich verschlossen. Wie auch immer: Den Schauprozeß um Theodor Oberländer ohne jede Kritik in eine Ausstellung über "Wehrmachtsverbrechen" einzubauen, war ein besonderes peinlicher und entlarvender Mißgriff der Aussteller. Es wird dabei deutlich, wer tatsächlich Legenden pflegt, in diesem Fall das "Kronjuwel im antifaschistischen Mythenschatz der DDR" neu aufpoliert.[337]

---

[335] Zit. n. Wachs, Inszenierung, S. 48.

[336] Oberländer hatte dort mögliche Angliederungsbestrebungen der Deutschen im Baltikum und Polen Osteuropa den Boden entziehen wollen und sie dazu aufgerufen, loyal zu ihren Staaten zu sein. Das "Braunbuch" der DDR strich entscheidende Passagen und machte daraus unter anderem den Satz: "Jede deutsche Volksgruppe ... kann ein Drittes Reich im kleinen sein." Vgl. Ziesel, Rufmord, S. 59 f. Auch NSDAP-interne Gutachten, die ihn als "unzuverlässig" einstuften, wurden gefälscht. Ebd. Ziesel, Rufmord, S. 54 f. Aus Oberländers Lob für den deutsch-polnischen Nichtangriffspakt von 1935 machte das Braunbuch ein Lob des deutschen "Überfalls" auf Polen von 1939. Vgl. Ausschuß, Braunbuch, S. 21.

[337] Zit. n. Wachs, Inszenierung, S. 53.

Die Gefängnisse

Neben Oberländer wird in der neuen Ausstellung zusätzlich auf die Vorgänge in Lemberg Bezug genommen, womit im Rahmen der Ausstellungsthese erneut insinuiert wird, die Wehrmacht habe als solche dort irgendwelche Verbrechen begangen. Der Ausstellungstext distanziert sich allerdings zunächst von einer solchen Aussage:

> Ukrainische Zivilisten, der Wehrmacht unterstellte Ukrainer, Angehörige der Einsatzgruppen sowie Wehrmachtssoldaten beteiligten sich an den mehrere Tage anhaltenden Pogromen.[338]

Hier sind es also nur noch einzelne "Wehrmachtssoldaten" die sich an den Pogromen beteiligten. Auch in diesem Fall ist der Vorwurf an "die Wehrmacht" als Institution ein eher indirekter. Die Stadtkommandatur habe angeregt, "die jeweils vor Ort agierenden antijüdischen Kräfte für pogromartige Ausschreitungen zu nutzen".[339] Beleg für die Behauptungen soll erneut eine "Ereignismeldung" des Reichssicherheitshauptamts sein, für die erste Zeit "anti-jüdisch und anti-bolschewistisch eingestellte Polen zu Selbstreinigungsaktionen zu benutzen."[340] Wer diesen Vorschlag genau gemacht hat, bleibt im dunkeln. Die in der Ausstellung selbst zitierten Berichte widersprechen diesem Ablauf:

> Die ukrainische Bevölkerung ... nahm die Truppe als Befreier auf. Die Metzeleien der Roten haben die Wut aufs Äusserste angefacht.[341]

> Auf Antreiben der ukrainischen Bevölkerung kam es am 1.7. zu einem regelrechten Juden- u. Russenpogrom in Lemberg ... .[342]

> Bei der ehemaligen GPU-Zitadelle hatten die Ukrainer Juden hingebracht, die der GPU bei Verfolgung von Ukrainern und Deutschen behilflich gewesen sein sollen.[343]

Einen Bericht über die Aufstachelung der Bevölkerung durch Wehrmachtseinheiten kann die Ausstellung nicht vorlegen. Es ist auch schwer vorstellbar, warum die Leichenberge in den Straßen und die mehreren hunderttausend Opfer, welche die sowjetische Diktatur im ehemaligen Osten der Republik Polen in kaum zwanzig Monaten gefordert hatte, noch eine solche Aufstachelung erfordert hätten.[344] Überhaupt hätte man bei der Konzeption des Ausstellungskapitels auch auf polnische

---

[338] Zit. n. HIS, Katalog, S. 94.

[339] Ebd. HIS, Katalog, S. 94.

[340] Zit. n. HIS, Katalog, S. 98.

[341] Meldung des Bataillons 800, zit. n. HIS, Katalog, S. 95.

[342] KTB der 1. Gebirgsdivision, hier zit. n. HIS, Katalog, S. 99.

[343] Tagebuch Landau, zit. n. HIS, Katalog, S. 99.

[344] Bernhard Chiari spricht von 909.000 Deportierten, davon 250.000 durch sowjetische Gerichte verurteilt. Vgl. Chiari, Alltag, S. 47. Die Zahl der Todesopfer wird auf mehrere Hunderttausend geschätzt.

Untersuchungen zurückgreifen können, denn die polnische Hauptkommission zur Untersuchung von NS-Verbrechen kam schon 1965 zur Ansicht, die im Oberländer-Prozeß gemachten Aussagen gegen die Wehrmacht seien in allen wesentlichen Punkten falsch, verantwortlich für die Ausschreitungen seien die SS und ukrainische Milizen.[345] Weil die DDR wegen ihrer Oberländer-Kampagne dieses Ermittlungsergebnis nicht brauchen konnte, verschwand es auf Intervention des Ministeriums für Staatssicherheit im Panzerschrank.

Auch diese Zusammenhänge tauchen Ausstellungstext nicht auf, der für Lemberg nur schlicht - und falsch - von "mehreren hundert NKWD-Opfern" spricht, ohne ausdrücklich ihren Tod oder die gräßlichen Umstände dieses Sterbens überhaupt zu erwähnen. Dieser Unterschied in der Wortwahl, der in der Ausstellung generell gemacht wird, wird gleich zwei Zeilen später deutlich, wenn über die Opfer der sich an den sowjetischen Rückzug anschließenden Pogrome ausdrücklich vermerkt wird, sie seien "gequält, mißhandelt und erschlagen worden."[346] Dieses sorgfältig differenzierte Erzeugen von Stimmungen zeigt die unwissenschaftlichen Methoden der Ausstellung, die immer wieder in den einleitenden Texten der jeweiligen Abschnitte deutlich wird. Falsch ist die von der Ausstellung genannte Zahl von "einigen Hundert" Opfern wie gesagt obendrein auch noch. Sie liegt viel zu niedrig. Hätten die Aussteller in das von ihnen ignorierte Standardwerk von Bogdan Musial hineingesehen, so hätten sie leicht herausfinden können, daß auch sowjetische Quellen von 2464 Opfern ausgehen. Musial schätzt selbst diese Zahl, die ein Mehrfaches höher als die in der Ausstellung genannte ist, als "höchstwahrscheinlich zu niedrig" ein. Er neigt eher dazu, jenem zeitgenössischen deutschen Bericht zu folgen, in dem die Zahl der Ermordeten auf 3500 geschätzt wurde, und er hat die entsprechenden Zahlen auch in seinem Aufsatz in den "Vierteljahresheften für Zeitgeschichte genannt, der sich mit der alten Wehrmachtsausstellung beschäftigt hat.[347] Einmal mehr erweist sich die Ausstellungsleitung als ignorant gegenüber solchen Informationen.

Um den durchgängigen Euphemismus gegenüber sowjetischen Verbrechen in der Ausstellung zu verdeutlichen, sei hier ein kurzer Auszug aus den Zeugenaussagen über Lemberg zitiert. Was dort zuvor unter sowjetischer Herrschaft tatsächlich geschehen war, das stellte die deutsche Regierung der ungläubig staunenden Weltöffentlichkeit in einem

---

[345] Vgl. Wachs, Inszenierung, S. 52.

[346] Vgl. HIS, Katalog, S. 94.

[347] Vgl. Musial, Konterrevolutionäre, S. 113 bzw. Musial, Bilder, S. 579.

dokumentarischen Bericht des Auswärtigen Amts vor.[348] Er beruhte auf nachprüfbaren Aussagen von vereidigten und namentlich bekannten Zeugen. Ich zitiere daraus, um den Hintergrund der Ereignisse zu beleuchten, den die Ausstellung im dunkeln läßt. Stabsarzt Dr. Saeltzer sagte damals über die Zustände im Lemberger Gefängnis aus:

> Die Mädchen, Frauen und Männer lagen schrittweise übereinandergeworfen bis an die Decke des Kellers voll. Der dritte und vierte Keller waren nur dreiviertel voll. Von den Leichen zeigten viele Spuren gröbster Mißhandlungen und Verstümmelungen ....[349]

Josefa Soziada, Witwe aus Lemberg, die sich kurz vor dem Einrücken der deutschen Truppen ins Gefängnis gewagt hatte:

> In dem Raum sah ich eine Menge Leichen auf einem Tisch hingeschlachtet liegen. Die Leichen machten den Eindruck, als wenn die betreffenden Personen an dem Tisch zusammengehauen waren. ... Als ich in ein anderes Fenster hineinsah, sah ich an der Deckenlampe erhängt die Leiche eines kleinen Mädchens von etwa acht Jahren hängen. ... Erhängt war das Kind mit einem Handtuch. Der Anblick war so grauenvoll, daß ich einer Ohnmacht nahe kam.[350]

Edward Chruslicki, Lemberger Bürger polnischer Herkunft:

> In einer Zelle des ersten Stocks sah ich an der Wand einen Priester genagelt. Er war regelrecht gekreuzigt worden. ... In der Zelle lagen noch viele Leichen herum, die zum Teil gräßlich verstümmelt waren.[351]

So geht es über viele Seiten weiter. Die Details sind so schauerlich, daß sie hier nicht weiter zitiert werden sollen. Es wäre zweifellos leicht, eine entsprechende Ausstellung über "Verbrechen der Sowjets" oder der Roten Armee zu entwerfen, die ausschließlich auf Fotos eindeutiger Herkunft, vereidigte Zeugenaussagen und sprechendes Material aus der sowjetischen Führungsspitze zurückgreifen könnte. Man muß sich jedenfalls vor Augen halten, daß solche Einzelheiten den Wehrmachtssoldaten in Rußland, so weit sie nicht selbst Zeuge geworden waren, regelmäßig zur Kenntnis gebracht wurden, um ihnen klarzumachen, gegen wen sie in der UdSSR kämpften und was sie im Fall der Gefangennahme zu erwarten hatten. Was die Verwendung solcher Ereignisse in der deutschen Wochenschaupropaganda betraf, so stieß sie allerdings schnell an ihre Grenzen. Am 15. Juli 1941 wurden Joseph Goebbels Aufnahmen der Massaker gezeigt und er befand, daß sie "so ungefähr das Grauenerregendste" darstellten, was er jemals gesehen habe. Es sei ihm

> unmöglich, diese Bilder für die Öffentlichkeit freizugeben; es würde eine Panik in den Kinotheatern geben.[352]

---

[348] Auswärtiges Amt (Hrsg.): Bolschewistische Verbrechen gegen Kriegsrecht und Menschlichkeit, 1. Folge, Berlin 1941.

[349] Zit. n. AA, Verbrechen, S. 33.

[350] Zit. n. AA, Verbrechen, S. 36.

[351] Zit. n. AA, Verbrechen, S. 47.

[352] Goebbels, Tagebücher, Teil II, Bd. 1, S. 73, hier zit. n. Musial, Konterrevolutionäre, S. 203.

Dies war es jedenfalls, was am Ende von 21 Monaten Sowjetherrschaft in der westlichen Ukraine stand: ein bis dahin wohl beispielloses Blutbad, zu verantworten von Nikita Chruschtschow, einem Verbrecher, den man hier auch einmal beim Namen hätte nennen können. Die Ausschreitungen der Bevölkerung gegen die Verantwortlichen vor Ort - oder wen sie dafür hielt - mußten nicht angestiftet werden. Sie waren von der Sowjetregierung, die nach dem Einmarsch in das ehemalige Ostpolen die Nationalitäten offenbar systematisch gegeneinander ausspielte, selbst provoziert worden. Für diese Aktion wurden sogar die in der UdSSR längst angelaufenen antisemitischen Kampagnen noch einmal unterbrochen und der jüdische Bevölkerungsteil konnte den Eindruck gewinnen, von der Sowjetisierung profitiert zu haben. Die ethnischen Beziehungen waren daher nicht nur in Weißrußland auf dem Siedepunkt, wie es Bernhard Chiari beschrieben hat. In der Ukraine herrschten ganz ähnliche Verhältnisse, wie eine von Bogdan Musial zitierte jüdische Zeitzeugin zu Protokoll gab:

> Die ethnischen Beziehungen in der Ukraine kann man kurz als gegenseitigen verbissenen Haß beschreiben: Ukrainer haßten Polen und Juden, Polen haßten Ukrainer und Juden, Juden haßten Polen und Ukrainer.[353]

Statt dessen verschafften sich Haß und Aggression nach dieser Zeit mit einem Schlag Luft, wurden allenfalls von den speziellen Einsatzkräften der Nationalsozialisten genutzt, und die normalen Wehrmachtsangehörigen standen dem trotz allem, was sie selbst gesehen hatte, eher ratlos und ablehnend gegenüber, wie die Ausstellung auch selbst zeigt:

> Die eigene Truppe ist, wie die Meldungen der Kompanien beweisen, über die Rohheitsakte und Quälereien empört.[354]

Sicher hätten sich mit wenig Mühe auch solche Meldungen zusammentragen und zitieren lassen, aus deren zweifellos großer Zahl sich ein besseres Bild von den Taten und Unterlassungen der Wehrmacht im Sommer 1941 gewinnen ließe. Die Ausstellung unterläßt dies und setzt damit das merkwürdige Verhalten der Historikerkommission fort, die in ihrem Bericht die Beweislast umgekehrt hatte:

> Über die Fotografien aus Lemberg und Boryslaw ist auch nach der vorgetragenen Kritik nur wenig bekannt. Die Einwände haben sich auf einzelne Indizien gestützt, ohne dass diese hinreichend überprüft worden sind. Zu den Ereignissen in Boryslaw konnte eine Zeitzeugin befragt werden [Musial: „Konterrevolutionäre Elemente", S. 187ff.]. Sieben bzw. acht Vergleichsfotos ungenauer Herkunft und ihre Zuschreibungen aus polnischen Archiven und dem USHMM sollen dieselbe Szene „aus anderen Blickwinkeln" zeigen. Die Identifizierungen bedürfen noch der Bestätigung durch weitere Quellen. In beiden Fällen hat sich gezeigt, auf welch dünnem Eis die Kritik sich hinsichtlich des quellenkritischen Umgangs mit Fotografien zuweilen bewegt: So werden etwa bei zwei Fotografien aus Boryslaw Bildausschnitt (eine nachträgliche Bearbeitung) und

---

[353] Zit. n. Musial, Konterrevolutionäre, S. 80.

[354] Meldung des Bataillons 800, zit. n. HIS, Katalog, S. 95.

Blickwinkel (der den Standort des Fotografen betrifft) verwechselt [Musial, VfZ, S. 565] und zwei Fotografien als identische gesehen, die es nicht sind [53/5 und Abb. 3 in Musial: „Konterrevolutionäre Elemente"].

Unzureichend bleiben schließlich die wiederholt vorgetragenen Feststellungen, eine bestimmte Handlungsweise sei „üblich" gewesen – und müsse daher auch so auf dem Foto zu sehen sein: „in aller Regel" lägen die Toten – gemeint sind die jüdischen Opfer von Massenerschießungen – nicht offen herum (153/6); aus dem Vorhandensein von Zivilisten lasse sich schließen, dass es sich bei den ebenfalls anwesenden Soldaten um Zuschauer, nicht um Täter handele (208/58). So wichtig solche Hinweise sind, um weiter zu recherchieren, die genaue Antwort auf die Frage nach den Abgebildeten steht noch aus.

In der Tat, die Antwort steht noch aus und sie ist bis heute nicht gegeben worden, was die Ausstellungsmacher getrost der von Hannes Heer geschilderten Devise, niemand könne genaue Überprüfungen verlangen, nicht daran gehindert hat, einige der Bilder in die Ausstellung aufzunehmen. Was nicht eindeutig ist, wird von ihnen zunächst einmal als Beweis gegen "die Wehrmacht" verwendet, und dann wird es der "Kritik" überlassen, den Gegenbeweis zu erbringen. Das ist weder ein rechtsstaatliches noch ein wissenschaftliches Vorgehen. Es ist die pure Willkür.

Pancevo

Westliche Gesellschaften sind in immer größerem Maß durch Bilder zu beeindrucken, auch was politische Beurteilungen betrifft. Als etwa der südvietnamesische Polizeichef Nguyen Ngoc Loan 1968 seine Pistole in die Hand nahm und aus nächster Nähe einen gefangenen Vietcongkämpfer in den Kopf schoß, war dies für die Akzeptanz des amerikanischen Vietnamkrieges ein Schlag, von dem sie sich kaum mehr richtig erholt hat. Die gezielte Tötung, die Photographie eines Menschen im Augenblick seines Todes erzeugten einen Eindruck, der jeden politischen Hintergrund des Krieges oder die Ursache der Szene selbst in den Hintergrund treten ließ. Es fällt schwer, hier keine Parallele zu dem berühmtesten Foto der ersten Wehrmachtsausstellung zu ziehen, diesem "Symbol der Ausstellung", dieser "Ikone".[355] Es zeigt einen Wehrmachtsoffizier, der während der Exekution im serbischen Ort Pancevo einen nach der Gewehrsalve der Soldaten noch lebend am Boden Liegenden mit einem gezielten Schuß tötet.

"Verbrechen der Wehrmacht" schienen hier vielen Beobachtern in diesem Fall über allen vernünftigen Zweifel erhaben sichtbar geworden zu sein. So wurde dies nicht nur ein Spiegel-Titelbild, sondern zugleich in unzähligen Variationen gedruckt, in Collagen eingefügt und als bösartige

---

[355] So jedenfalls die Wortwahl des Ausstellungskatalogs. Vgl. HIS, Katalog, S. 708.

Karikaturvorlage verwendet.[356] Das ist verständlich, denn kaum jemand wird dieses Bild ohne Widerwillen ansehen oder sich der von ihm ausgehenden Faszination entziehen können. Der Mensch tötet den Menschen, einen schrecklicheren Augenblick gibt es kaum. Das kann uns dennoch, auch wenn es schwerfällt, in diesem Zusammenhang nicht von der Frage abhalten, ob es sich um ein Verbrechen handelt, das hier im Moment seines Begehens dokumentiert wurde. Dies ist nicht zynisch, denn als solches wird die Situation ja zunächst wahrgenommen. Ob aber der Wehrmachtsoffizier ein Verbrecher ist oder ein Verbrechen begeht, das hängt von Umständen ab, die sich aus dem Foto nicht von selbst ergeben. Südvietnams Polizeichef tötete offenbar willkürlich einen Gefangenen und beging ein Verbrechen. Das trifft für das Pancevo-Foto nicht zu. Der Wehrmachtsoffizier tötete einen standrechtlich Verurteilten. Für die Entscheidung darüber, ob die Erschießung ein Verbrechen war, ist die Rechtmäßigkeit des vorausgegangenen Standgerichtsverfahrens ausschlaggebend, zu der wir gleich kommen werden. Zuvor muß aber daran erinnert werden, daß Verbrechen, wie eingangs aus dem Bürgerlichen Gesetzbuch zitiert, "Unrecht (ist), das dem Täter als strafbare Pflichtwidrigkeit zugerechnet wird."

Die Pflicht dieses Offiziers nun hat in diesem Fall darin bestanden, die Hinrichtung zu leiten. Zu seiner Verantwortung gehörte die Vermeidung von Grausamkeit, die über das hinaus gehen könnte, was jede Hinrichtung an Grausamkeit von vornherein mit sich bringt. Konnte der Offizier davon ausgehen, es mit einem gültigen Gerichtsverfahren zu tun zu haben, dann war es seine Aufgabe, das Urteil vollstrecken zu lassen und im Extremfall selbst zu vollstrecken. Der Extremfall trat ein, als einer der Delinquenten die Gewehrsalve überlebte. Es gab für den Offizier keine andere legale und menschliche Handlungsmöglichkeit, als den tödlichen Schuß selbst abzugeben. Alles andere wäre eine Pflichtverletzung gewesen, wie sie von anderen Erschießungen manchmal berichtet wird. Die Opfer waren gelegentlich nicht tot und wurden angeschossen einem langsamen Sterben überlassen. Eben diese verbrecherische Grausamkeit fand in Pancevo nicht statt. Mit seinem Schuß beging der Offizier kein Verbrechen, er kam seiner Verantwortung nach - immer vorausgesetzt, er konnte von der Gültigkeit des Standgerichts ausgehen. Damit kommen wir zu dieser Frage.

Für die Beurteilung des Falls Pancevo ist die Rolle des Standgerichts von entscheidender Bedeutung, denn Pancevo war keineswegs eine "Massenerschießung", wie die Überschrift des entsprechenden Katalogkapitels lautet. Es handelte sich um die Hinrichtung von standrechtlich wegen "Freischärlerei" und illegalen Waffenbesitzes

---

[356] Der Ausstellungskatalog druckt einige davon ab. Vgl. HIS, Katalog, S. 709 f.

verurteilten, also individuell als Täter haftbar gemachten Menschen. Das von der Ausstellung behauptete "Verbrechen" basierte auf einem Prozeß. Nun kann auch ein Prozeß ein Verbrechen sein, daran hat das 20. Jahrhundert keinen Zweifel gelassen. Ob die anwesenden Wehrmachtsoffiziere also ihre Pflicht bei der Urteilsfindung in verbrecherischer Weise verletzt haben, dies ist hier zu klären. Damit hat sich unter anderem die von Jan Philipp Reemtsma eingesetzte Kommission beschäftigt, denn die Präsentation Pancevos in der alten Ausstellung wurde von dem ungarischen Historiker Christian Ungváry scharf kritisiert und bildete einen der Gründe, warum die Ausstellung geschlossen wurde.[357] Wie nötig diese Kritik war, zeigt eine Stellungnahme von Walter Manoschek, der in der alten Ausstellung für den Fall Pancevo zuständig war. Sie erschien vor Ungvárys Veröffentlichung. Manoschek behauptete dort unter anderem, entgegen aller bereits damals erhobenen Kritik, "daß den Exekutionen in Pancevo vom April 1941 kein Kriegsgerichtsverfahren vorausgegangen ist."[358]

Das ist offenkundig nicht richtig gewesen. Die Kommission führt dazu jedoch trotzdem folgendes aus:

> Pancevo steht jedoch in einer seit 1870 existenten Tradition der Missachtung des Kriegsvölkerrechts. Wegen der großen Beachtung des Falles Pancevo in der öffentlichen Diskussion sei hier auf die kriegsvölkerrechtlichen Aspekte des „Falles Pancevo" eingegangen sowie auf die „prozessrechtliche" Behandlung des Vorgangs. Ungváry zufolge handelten die Wehrmachtsstellen in Pancevo völkerrechtskonform. Die keineswegs „wahllos" Zusammengetriebenen seien in einem ordnungsgemäßen Standgerichtsverfahren abgeurteilt worden.[359]

Es bleibt ein Geheimnis der Kommission, was der erste Satz bedeuten soll, der hier durchaus unvermittelt im Text steht und auf den weder vorher noch nachher Bezug genommen wird. Was ist diese „existente Tradition der Missachtung"? Wo existiert sie und wer pflegt sie? Sind es die Deutschen oder die Engländer, die Russen oder die Franzosen? Man erfährt dies nicht und wird durch das Vorgehen der Kommission selbst darüber belehrt, daß die Sachlage komplizierter sein muß als in diesem Satz festgestellt wird. In Pancevo wurde ein Standgerichtsverfahren durchgeführt, was prinzipiell mit dem Völkerrecht vereinbar ist. Dessen Ungültigkeit für diesen Fall untersucht die Kommission unter verschiedenen Aspekten, die wegen der Quellenlage zu keinem eindeutigen Urteil führen, wie wir gleich sehen werden. Wie so oft wird aber zugleich etwas anderes behauptet und alles weitere der

---

[357] Vgl. Ungváry, Aussagen,

[358] Walter Manoschek im 'Bonner Generalanzeiger' vom 31. Oktober 1998 als Erwiderung auf einen Artikel Wolf Stoecker in der gleichen Zeitung, der dort am 28. Oktober über das Gerichtsverfahren berichtet hatte.

[359] Zit. n. HIS, Bericht, S. 43 ff.

Suggestionskraft des Lesers überlassen, über deren mutmaßliche Schlußfolgerung wir nun nicht weiter spekulieren wollen. Warum nun aber taucht Pancevo in der neuen Ausstellung überhaupt auf und wie begründen die Kommissionsmitglieder den verbrecherischen Charakter der Aktion?

Der zahlreiche Fragen offen lassende Ablauf der Ereignisse im April 1941 lässt jedoch folgende Feststellungen zu: Vom Friedhof Pancevo aus hatten unbekannte Täter auf Soldaten gefeuert. Ein Soldat wurde tödlich getroffen, ein zweiter erlag im Lazarett seinen Verletzungen. Die Täter wurden nicht gefasst. Augenzeugen der nächtlichen Aktionen, die Hinweise auf die Täter hätten geben können, existierten, soweit erkennbar, nicht. Nach Haussuchungen wurden zahlreiche Zivilisten festgenommen. Bei vier Standgerichtsverfahren wurden insgesamt 36 Todesurteile verhängt. Zwei Personen wurden freigesprochen. Die Verurteilten wurden teils erschossen, teils erhängt.

Kriegsvölkerrechtlich handelte es sich bei den Opfern nicht um Geiseln, sondern um Repressalgefangene. Derartigen Personen muss mindestens eine voluntative Beziehung zur Tat nachgewiesen werden, was in Pancevo nicht der Fall war. Die Verhaftungen waren meist willkürlich erfolgt, teils auf Grund fragwürdiger Denunziationen, wie etwa bei zwei Lehrern.

Zu den Erschossenen gehörte ferner ein 15-jähriger Junge, der einen Paradesäbel seines Vaters zu verstecken suchte. Ob auf dem Friedhof Gefangene gemacht worden sind, ist unsicher. Die Zeugenaussagen sind widersprüchlich. Daher war die Tötung der Opfer, bei denen es sich jedenfalls überwiegend um Festgenommene bei den Hausdurchsuchungen handelte, rechtlich unzulässig (nach Art. 50 der Anlage zur HLKO dürfen nicht über die ganze Bevölkerung wegen der Handlungen Einzelner Strafen verhängt werden, für welche die Bevölkerung nicht als mitverantwortlich angesehen werden kann).

Die strafrechtliche Seite der Maßnahmen des Ortskommandanten, Oberstleutnant Bandelow, ist aufgrund der Vorschriften der Kriegsstrafverfahrensordnung für das Standgerichtsverfahren zu beurteilen. Gemäß § 13a Kriegs-Strafverfahrensordnung (KStVO) konnte ein Regimentskommandeur oder ein mit derselben Disziplinarstrafgewalt versehener Befehlshaber die Befugnisse des Gerichtsherrn eines Standgerichts ausüben. Bandelow war nicht Regimentskommandeur. Ob er die geforderten Disziplinarbefugnisse besaß, ist nach der Quellenlage nicht deutlich erkennbar.

Das Standgerichtsverfahren war u.a. nur zulässig, wenn Zeugen oder andere Beweismittel „sofort" zur Verfügung standen. Diese Voraussetzung war nach den vorhandenen Unterlagen offensichtlich nicht gegeben und damit war das Verfahren unzulässig und unrechtmäßig. Auch die Notwendigkeit der sofortigen Aburteilung aus „zwingenden militärischen Gründen" ist nicht erkennbar. Die Festsetzung von Geiseln oder andere Auflagen wären möglich gewesen.

Es hätte durchaus ein normales kriegsgerichtliches Verfahren stattfinden können mit Berücksichtigung der Belange der Verteidigung, falls ausreichende Verdachtsmomente gegeben gewesen wären. Ende 1943 setzte sich die Erkenntnis durch, dass die eingefahrene „Sühnepraxis" militärisch sinnlos, mithin nicht kriegsnotwendig und überdies rechtswidrig war [Befehl WB Südost v. 22.12.1943], wenngleich der Befehl auch häufig missachtet worden ist.

Auch die Exekutionen in Pancevo im April 1941 waren weder kriegsnotwendig noch formal rechtmäßig. Die Kritik Ungvárys u.a. an der Darstellung der in der Ausstellung angeführten Ereignisse ist aus den genannten Gründen nicht stichhaltig.

Statt dieser Bemerkung hätte man an dieser Stelle eigentlich eine Anerkennung Ungvárys erwartet und ein deutlich kritisches Wort zur langjährigen Behauptung der Ausstellungsmacher, es habe das von ihm dargestellte und jetzt von der Kommission untersuchte Gerichtsverfahren gar nicht gegeben. Die Kommission erwähnt auch nicht, daß in Pancevo nicht nur tödliche Attentate auf zwei deutsche Soldaten stattgefunden haben, sondern kurz zuvor ebenso die Tötung von insgesamt neun weiteren Deutschen jugoslawischer Staatsangehörigkeit. Das berichtete übrigens auch die alte Ausstellung nicht, die neue Ausstellung geht dagegen immerhin auf das Begräbnis der neun ein. Von elf Toten werden hier von der Kommission also nur zwei berücksichtigt, was zunächst nicht unbedingt dazu beiträgt, die Reaktion des deutschen Militärs angemessen zu beurteilen. Über die Attentate auf die deutschen Soldaten wird nun widersprüchliches gesagt:

> Die Täter wurden nicht gefasst. Augenzeugen der nächtlichen Aktionen, die Hinweise auf die Täter hätten geben können, existierten, soweit erkennbar, nicht. ...

> Ob auf dem Friedhof Gefangene gemacht worden sind, ist unsicher. Die Zeugenaussagen sind widersprüchlich.

Es ist also nach dem Urteil der Kommission unbekannt und nicht rekonstruierbar, ob die Täter kurz nach der Tat gefaßt wurden oder nicht und in welcher Verbindung die letzten Endes verurteilten Personen zu dieser Tat standen. Dazu kommt die rechtliche Lage:

> Bandelow war nicht Regimentskommandeur. Ob er die geforderten Disziplinarbefugnisse besaß, ist nach der Quellenlage nicht deutlich erkennbar.

> Das Standgerichtsverfahren war u.a. nur zulässig, wenn Zeugen oder andere Beweismittel „sofort" zur Verfügung standen. Diese Voraussetzung war nach den vorhandenen Unterlagen offensichtlich nicht gegeben und damit war das Verfahren unzulässig und unrechtmäßig.

Möglicherweise hatte Oberstleutnant Bandelow also die geforderten Disziplinarbefugnisse, das kann die Kommission nicht ausschließen. Wenn auf dem Friedhof obendrein Gefangene gemacht worden sein sollten, was die Kommission selbst nicht ausgeschlossen hat, standen auch durchaus sowohl Zeugen wie auch Beweismittel „sofort" zur Verfügung. Möglicherweise sind die weiteren Verhaftungen nach Zeugenaussagen erfolgt, die mehr waren als "Denunziationen". In diesem Fall wäre den Repressalgefangenen eine "voluntative Beziehung" zur Tat nachgewiesen worden. Auch dies kann die Kommission nicht ausschließen und geht zu einem weiteren Punkt über, der Frage der Angemessenheit:

> Auch die Notwendigkeit der sofortigen Aburteilung aus „zwingenden militärischen Gründen" ist nicht erkennbar. Die Festsetzung von Geiseln oder andere Auflagen wären möglich gewesen.

> Es hätte durchaus ein normales kriegsgerichtliches Verfahren stattfinden können mit Berücksichtigung der Belange der Verteidigung, falls ausreichende Verdachtsmomente gegeben gewesen wären.

Das hätte es in der Tat geben können, aber die verantwortlichen Militärs haben eine andere Entscheidung getroffen. Daß sie dabei ihren

Ermessensspielraum überschritten hätten, ist durch die Kommission nicht eindeutig nachgewiesen worden. Sie hat statt dessen bestätigt, daß sowohl zum Ablauf des Geschehens wie auch zur rechtlichen Situation des Standgerichts die meisten Fragen offen sind. Ein zweifelsfrei erwiesenes Verbrechen kann den Wehrmachtsoffizieren daher nach den Ergebnissen der Kommissionsarbeit nicht nachgesagt werden, weder dem Gericht noch dem Exekutionskommando.

Dubno

Durch das schnelle Vorrücken der deutschen Truppen war es dem sowjetischen Geheimdienst nicht gelungen, die politischen Häftlinge des örtlichen Gefängnisses nach Osten zu verschleppen. Sie wurden von den sowjetischen Wachmannschaften erschossen. ... Nach der Einnahme ... kam es in Dubno zu zahlreichen Gewalttaten gegen ortsansässige Juden, die von der ukrainischen Bevölkerung sowie von den dort stationierten Wehrmachtseinheiten für die NKWD-Morde verantwortlich gemacht wurden.[360]

Auch Dubno gehört in die Reihe jener Ortschaften, in denen sowjetische Organisationen im Sommer 1941 Massenmorde begangen hatten, und die nun in der Wehrmachtsausstellung als Orte von deutschen Verbrechen aufgeführt werden. In die Stadt einrückende deutsche Soldaten zeigten sich bestürzt über das Ausmaß der sowjetischen Verbrechen und berichteten über "Berge von ukrainischen Frauen und Kindern" die dort im Gefängnis ermordet gelegen hätten.[361]

Laut dem Bericht des Auswärtigen Amts waren in Dubno insgesamt etwa 500 Gefängnisinsassen erschossen, durch Handgranaten getötet oder mit Bajonetten erstochen worden, überwiegend Ukrainer, wie der oben erwähnte deutsche Soldat berichtet hatte, aber auch Polen und Personen, die vom NKWD als deutschstämmig eingestuft wurden, teilweise aufgrund von Denunziationen. Ihre "politischen" Vergehen hatten in solchen Dingen wie mangelnder Pünktlichkeit, zu geringer Ablieferung selbst geernteter Nahrungsmittel und Mitgliedschaft bei den Pfadfindern bestanden. Der Bericht hebt hervor, daß der leitende NKWD-Offizier Winckur die jüdischen Gefängnisinsassen nicht erschossen, sondern am Abend des 24. Juni 1941 entlassen habe. Diese Angabe ist nicht mehr nachzuprüfen,[362] sie würde aber den besonderen Zorn des ukrainischen Bevölkerungsanteils auf die jüdischen Einwohner erklären, die nach

---

[360] Zit. n. HIS, Katalog, S. 123.

[361] Vgl. Musial, Konterrevolutionäre, S. 122 u. S. 159, sowie Bericht vom Einrücken in: BA-MA 24-48/198 S. 21 ff., Generalkommando XXXXVIII.Pz.Korps. Abt. Ic, Tätigkeitsbericht, Anlagen vom 1.-31.7.1941.

[362] Vgl. AA, Verbrechen, S. 64 f.

Aussagen der Zeitzeugen dreiviertel der Einwohner stellten, aber von den Erschießungen verschont geblieben waren.[363]

Vor diesem Hintergrund sind von den ukrainischen Truppen in den nächsten Tagen in Dubno insgesamt 24 oder 25 Juden festgenommen, zum Gefängnis gebracht und dort erschossen worden. Davon stammen offenbar die Bilder, die von der Ausstellung gezeigt werden. Wer diese Männer waren und warum sie festgenommen wurden, wird nicht gesagt. Es waren wohl wirklich diejenigen, wie auch der Ausstellungstext vermutet, die von der ukrainischen Bevölkerung für die vorausgegangenen Morde verantwortlich gemacht wurden und dies vielleicht auch waren. Ob sie wirklich verantwortlich waren und ob es vor der Erschießung eine Untersuchung darüber gab oder nicht, wird von der Ausstellung nicht gesagt. Es ist daher unklar, ob das Erschießungskommando in deutschen Uniformen, das auf dem Bild auf Katalogseite 126 zu sehen ist, nicht auf wirkliche und verurteilte Mörder anlegt. Solange dies nicht geklärt und für den Besucher nachvollziehbar dargestellt ist, hat auch diese Bildserie in einer Ausstellung über Wehrmachtsverbrechen nichts zu suchen. . Damit schloß die Darstellung in der Erstausgabe ab, mit einer Mahnung, niemanden ohne eindeutigen Beweis des Völkermords zu beschuldigen. Weitere Recherchen konnten den Fall mittlerweile weiter klären.

Auskunft darüber, wer diese Männer gewesen sein könnten, gibt ein zeitgenössischer Bericht aus Dubno, der im Bundesarchiv zu finden ist. Demnach wurden von der Feldpolizei Untersuchungen darüber angestellt, wer die Täter waren, die etwa "400 Volksdeutsche und Ukrainer" im Gefängnis von Dubno erschossen hatten.[364] Es wurden die im Gefängnishof vergrabenen Leichen exhumiert und die Ergebnisse bezüglich der Urheber waren folgende:

"Inzwischen waren Vertrauensleute angesetzt worden, die die örtlichen NKWD-Kommissare und Funktionäre namhaft und ausfindig machen sollten. Durch diese Vertrauensleute und eine Anzahl ortsansässiger Ukrainer wurden am Freitag, den 27. und Samstag, den 28.6.41 sieben der betreffenden Kommissare bzw. Funktionäre ausfindig gemacht und in die Zitadelle Dubno eingeliefert. Diese sieben Verbrecher, die nach Feststellung mehrere Jahre in Dubno tätig waren, mußten vom Morden im Gefängnis wissen. Sie wurden gesondert in der Zitadelle bewacht."[365]

Diese sieben[366] und vierzig weitere als Juden bezeichnete Personen mußten dann weiter die Leichen der ermordeten Gefangenen exhumieren. Als

---

[363] Vgl. HIS, Katalog, S. 124 u. 127.

[364] Vgl. BA-MA 24-48/198 S. 21.

[365] Vgl. BA-MA 24-48/198 S. 22.

[366] Nicola Koronowski, Chef der Miliz in Dubno; Michael Kuschko Sacharowitsch, Leiter der Reg. Landbearbeitung in Dubno; Iwan Tschelnako Pawlowitsch, Gehilfe des Leiters der Miliz; Sidor Kusitschnuk Onufreijewitsch, Bürgermeister von Dubno; Jakow Sirowski

weitere Täter wurden ein NKWD-Kommissar namens Wino(c)kur und die Gefängnissekretärin Bronstein ausgemacht, nach denen gefahndet wurde. Die sieben inhaftierten Kommunisten wurden nach der Untersuchung

> "aufgefordert, im Gefängnishof ebenfalls an der westlichen Mauer, aber entfernt von den übrigen Leichen ein Grab zu schaufeln. Hierauf wurden die sieben Verbrecher durch eine Gruppe Infanterie am Montag, den 30.6.41 gegen 18.00 Uhr erschossen und von den noch anwesenden Juden das Loch mit den Leichen der Verbrecher zugeschaufelt."[367]

Auch in diesem Fall handelt es nicht um Verbrechen im Rahmen von Völkermord an Personen aufgrund ihrer Zugehörigkeit zu einer ethnischen Gruppe, sondern um die Tötung von namhaften gemachten Verantwortlichen, denen über ihre Tatbeteiligung hinaus aber auch ihre Funktion zur Last gelegt wurde. In einem weiteren Kurzbericht wird ihre Tötung neben der Täterschaft auch mit ihrem Rang in der kommunistischen Partei und als Kommissare begründet.

Kamenez-Podolsk

> Ungarn und Rumänien ... begannen bald ..., Teile der jüdischen Bevölkerung in die von der Wehrmacht besetzten Gebiete zu verschleppen. ... Die zuständige deutsche Feldkommandatur der Stadt informierte die vorgesetzten Dienststellen, daß diese Menschen weder versorgen könne noch wolle. ... In der entscheidenden Besprechung am 25. August 1941 beim Chef der Abteilung Kriegsverwaltung beim Generalquartiermeister des Heeres, Oberst Hans Georg Schmidt von Altenstadt, hielten ranghohe Vertreter des Militärs und der Zivilverwaltung fest, daß der (nicht anwesende) Höhere SS- und Polizeiführer ... Friedrich Jeckeln, hoffe, "die Liquidation dieser Juden bis zum 1.9.1941 durchgeführt zu haben.[368]

Zusammengefaßt ergeben diese Ausführungen des Katalogs folgenden Ablauf: Die ungarische Regierung deportiert Juden, die SS erschießt sie später. In der Zwischenzeit bemüht sich die Militärverwaltung, diese Menschen wieder nach Ungarn zurückzubringen, wo sie erstens besser ernährt werden könnten und zweitens dem Zugriff der SS entzogen wären. Die Ausstellung dokumentiert nichts anderes als die dringenden Appelle verschiedener Wehrmachtsstellen, den Rücktransport schnell durchzuführen:

> Diese Juden müssen unbedingt zurück. Div. (Sich. Div. 444) bittet, Ungarn entsprechende Weisung zu erteilen.[369]

> Ihre Ernährung stößt auf große Schwierigkeiten; auch besteht Seuchengefahr. Sofortiger Befehl über ihren Abtransport ist dringend erwünscht.[370]

Abramowitsch, Komsomolze; Kostantin Stepanienko Prokofiwitsch, Parteifunktionär; Philipp Bassist Nikonorowitsch, Intendanturbeamter.

[367] Vgl. BA-MA 24-48/198 S. 24 f., 1.7.1941, Unterschrieben Feldpolizeisekretär Schmitt, Aussenkommando GFP 626 beim 48. A.K.

[368] Zit. n. HIS, Katalog, S. 128.

[369] Zit. n. HIS, Katalog, S. 129.

[370] Zit. n. HIS, Katalog, S. 132.

Es bleibt nach dem im Katalog präsentierten Material völlig unerfindlich, ob diese Appelle etwas mit der erst einen Monat später bevorstehenden Übergabe der Stadt an die "Zivilverwaltung" zu tun haben. Träfe dies zu, müßten die Wehrmachtsstellen bereits gewußt haben, was den Menschen sonst drohte. Dafür gibt es offenbar keinen Beleg. Wenn dies aber der Fall gewesen sein sollte, dann kann es für die von der Ausstellung dokumentierten Meldungen plausiblerweise nur den einen Grund gegeben haben, für diese Menschen zu sorgen, so lange noch Zeit war. Hätte "die Wehrmacht" dagegen den Tod dieser Menschen gebilligt oder gefordert, wie es die Generalthese der Ausstellung ja immer wieder nahelegt, ergäben diese Meldungen keinen Sinn. Wahrscheinlicher ist aber sogar, daß die entsprechende Wehrmachtsstelle nichts von solchen Aussichten wußte, sondern einfach ihrer Aufgabe nachging. Dafür spricht etwa die Praxis des Höheren SS- und Polizeiführers Jeckeln, die Tötung von Juden in seinen früheren Meldungen an Wehrmachtsstellen zu verschleiern oder als Aktion gegen Saboteure und Kommunisten darzustellen, so etwa am 30. Juli 1941. Richard Breitman betont die Diskretion, mit der Jeckeln gegenüber der Wehrmacht Distanz wahrte und wie sehr auch Heinrich Himmler gerade darüber besonders erfreut war:

> Der Vorwand wurde wohl zum Teil auch deswegen verwendet, weil der Bericht nicht nur an Himmler und Daluege, sondern auch an General von Roques und General von Puttkamer ging, die *wie alle Militärs* für solche Aktionen eine rationale Erklärung erwarteten. Außerdem schätzte Himmler bei der SS Diskretion.[371]

Sollte es der Sich. Div. 444 aber nicht bekannt gewesen sein, daß den von Ungarn deportierten Juden die Erschießung drohte, dann ergibt sich aus den Meldungen um so weniger ein Zusammenhang mit der Übergabe der Verwaltung und ebenso kein "Verbrechen der Wehrmacht". Was jedenfalls geschehen würde, wenn diese Meldungen keinen Erfolg hatten, das wurde wenigen Eingeweihten offensichtlich, als am 27. August in einer Besprechung des OKH das Scheitern aller Bemühungen eingestanden werden mußte:

> Bei Kamenez-Podolsk hätten die Ungarn etwa 11.000 Juden über die Grenze geschoben. In den bisherigen Verhandlungen sei es noch nicht gelungen, die Rücknahme dieser Juden zu erreichen. Der Höhere SS und Polizeiführer hoffe jedoch, die Liquidation dieser Juden bis zum 1.9.1941 durchgeführt zu haben.[372]

Es war zu spät. Am Widerstand der ungarischen Regierung war der von der Wehrmacht geplante Rücktransport der Juden nach Ungarn gescheitert und die SS erschoß die Juden am Ende doch. Hier ist die Mitwisserschaft von Wehrmachtsoffizieren an diesem Mord ebenso eindeutig nachgewiesen, wie aus den Dokumenten erneut hervorgeht, daß die Initiative zu der ganzen Aktion nicht von der Wehrmacht ausging und daß

---

[371] Zit. n. Breitman, Staatsgeheimnisse, S. 84. Hervorhebung d. Verf.

[372] Zit. n. HIS, Katalog, S. 132.

die von ihr geplanten Maßnahmen im Gegenteil geeignet waren, den Mord zu verhindern. Die von der Ausstellung zitierte Nachkriegsaussage[373] macht auch deutlich, wie die Exekution der Menschen ausschließlich von Polizeibataillonen und SS-Angehörigen durchgeführt wurde.[374] Selbst die bloße Anwesenheit von Wehrmachtsangehörigen wird nicht erwähnt.

Einmal mehr wird daher aus dem in der Ausstellung präsentierten Material nicht deutlich, wie die Aussteller zu diesem Fazit kommen können, das den Ablauf der Dinge vollkommen auf den Kopf stellt:

> Der Übergabe an die zivilen Verwaltungsstellen stand (nach der Exekution(!), d. Verf.) aus Sicht der Militärs nichts mehr im Wege.[375]

Diese Behauptung insinuiert das gerade Gegenteil dessen, was das ausgestellte Material selbst offensichtlich werden läßt. So wird durch den Kommentar der Ausstellungsleitung am Ende die Exekution zu einem Verwaltungsakt mit Billigung, wenn nicht gar auf Anregung der Wehrmacht gemacht, die damit etwas aus "dem Weg" geräumt sehen wollte. Das ist der blanke Zynismus[376] angesichts der Nichtbeteiligung von Wehrmachtseinheiten sowie der tatsächlich unternommenen und in der Ausstellung selbst dokumentierten Anstrengungen zu einer Evakuierung der Juden, *bevor* sie exekutiert werden könnten.

Babij Jar

> Zwischen dem 25. und dem 27. September fanden in Kiew mehrere Besprechungen statt, an denen ranghohe Vertreter des Heeres sowie der SS und der Polizei teilnahmen. Aus den vorliegenden Nachkriegsaussagen läßt sich heute nicht mehr nachvollziehen, bei welcher dieser Besprechungen die Ermordung der Kiewer Juden beschlossen wurde. Tatsache ist aber, daß der Stadtkommandant, Generalmajor Eberhard sowie sein Vorgesetzter, General Hans von Obstfelder, einem arbeitsteiligen Vorgehen bei der Exekution zustimmten und diese als Sühnemaßnahme für die Sprengstoffanschläge ausgegeben werden sollte.[377]

Einmal mehr stellt der Katalogtext also fest, es hätten Wehrmachtsangehörige einem Verbrechen zugestimmt, dies sei

---

[373] Es handelt sich um eine einzige Aussage von Hermann K., nach Angabe des Katalogs ein ehemaliger Werkstatt- und Fahrdienstleiter beim Stab des Höheren SS und Polizeiführers Rußland Süd. Warum der Katalog an dieser Stelle von der Mehrzahl "Nachkriegsaussagen" spricht, bleibt unerfindlich. Vgl. ebd. HIS, Katalog, S. 135.

[374] Richard Breitman nennt als Täter auch ukrainische Schutztruppen und eine ungarische Pioniereinheit. Vgl. Breitman, Staatsgeheimnisse, S. 89.

[375] Zit. n. HIS, Katalog, S. 128.

[376] Ich gehe an dieser Stelle deutlich über Klaus Hesse hinaus, der von "einer unzulässigen Verkürzung" spricht, die "sprachlich eher unterschwellig" erzeugt wird, aber (einmal mehr, S. Sch.) einen "Effekt" erzeugt, den "die Quellenlage in dieser Eindeutigkeit nicht hergibt, nämlich 'die Wehrmacht' als aktiv verantwortlich für das Massaker von Kamenez-Podolsk zu belasten". Zit. n. Hesse, Anmerkungen, S. 609.

[377] Zit. n. HIS, Katalog, S. 160.

"Tatsache". Wann dies genau geschehen sein soll, bleibt nach diesem Text zunächst im dunkeln, denn wenn sich nicht nachvollziehen läßt, bei welcher Besprechung die Entscheidung gefallen ist, läßt sich das Datum nicht ermitteln, auch wohl kaum sagen, wer an der entscheidenden Besprechung teilgenommen hat, im Prinzip nicht einmal, ob diese Entscheidung überhaupt bei einer dieser Besprechungen gefallen ist oder auf einem Befehl von außerhalb beruht. Immerhin wird eine bedeutende Tatsache festgestellt: Mitwissen und Billigung von Wehrmachtsoffizieren bei einem Massenmord. Der Besucher wird wahrscheinlich sehen wollen, wie dies begründet wird.

Es wird gar nicht begründet. In keinem der vorgebrachten Dokumente, Fotos oder Texte findet sich irgendein Hinweis, der einen der beiden genannten Offiziere namentlich mit dem Mord von Babij Jar in Verbindung bringt. Hier hätten Zeugenaussagen weiterhelfen können, falls es entsprechende Aussagen gibt, was der Besucher nicht wissen kann. Die ersatzweise zitierte Ereignismeldung UdSSR 106 vom 7. Oktober 1941 scheint die Offiziere eher von der Mitwirkung freizusprechen:

> Die gegen die Juden durchgeführte 'Umsiedlungsmassnahme' hat durchaus die Zustimmung der Bevölkerung gefunden. Dass die Juden tatsächlich liquidiert worden sind, ist bisher kaum bekanntgeworden, würde auch nach den bisherigen Erfahrungen kaum auf Ablehnung stossen. Von der Wehrmacht wurden die durchgeführten Massnahmen ebenfalls gutgeheißen.[378]

Neben dem Umstand, daß hier pauschal und ohne Namensnennung gesprochen wird: Warum sollte bei dieser Wortwahl für "die Wehrmacht" etwas anders gelten als für "die Bevölkerung" - und zunächst für die in Aussicht genommenen Mordopfer selbst - also die "Umsiedlung" begrüßt zu haben und von der tatsächlichen Ermordung (oder dem Mordplan) "kaum" etwas oder gar nichts zu wissen? Mit solchen Gedanken wird der Besucher alleingelassen und muß sich, wenn er der Beweisführung der Ausstellung überhaupt noch vertraut, auf die behauptete und hier durch nichts belegte "Tatsache" des Ausstellungstexts verlassen. Für eine individuelle Verantwortung der Offiziere Eberhard und von Obstfelder bietet die Präsentation keinen Anhaltspunkt. Kann der Massenmord von Babij Jar dann aber die von der Ausstellung angenommene generelle "Billigung der Wehrmachtsführung" zu solchen Verbrechen belegen? Das von den Ausstellern selbst empfohlene Standardwerk von Helmut Krausnick kommt explizit zu einem anderen Urteil:

> Kaum im Sinne der grundsätzlichen Haltung des OKH war es schließlich, wenn das Generalkommando des XXIX. Armeekorps nach der Besetzung von Kiew am 22. September befahl, alle männlichen Juden festzunehmen und "für die Durchführung gefährlicher Räumungsarbeiten ... Juden aus den Dulags heranzuziehen". Das gleiche dürfte für die dem Sonderkommando 4a gelungene Einschaltung einer Pioniereinheit

---

[378] Zit. n. HIS, Katalog, S. 163.

gelten, mit deren Hilfe nach der Ermordung der über 33.000 Juden am 29./30. September die Ränder der Schlucht von Babij Jar abgesprengt wurden.[379]

Handlungsspielräume

Das Kapitel "Handlungsspielräume" beginnt mit einer eher metaphysisch-religiösen Definition von Entscheidungsfreiheit: "Das Individuum entscheidet, wie es sich in einer gegebenen Situation verhält. Niemand kann einem anderen die Verantwortung für sein Tun abnehmen."[380] Das ist in dieser radikalen Formulierung zunächst einmal schlicht nicht allgemein zutreffend, in keinem Fall für den militärischen Bereich. In jeder Hierarchie übernimmt der Vorgesetzte mit der Ausgabe eines Befehls oder einer Anordnung auch Mitverantwortung für deren Folgen. Dies hat einen nachvollziehbaren Grund, der auch außerhalb von Armeen wirksam ist. Verantwortliches Handeln setzt umfassendes Wissen um die Situation zwingend voraus. Spätestens die moderne Industriegesellschaft, die den einzelnen pausenlos in Situationen bringt, deren Ursachen und Folgen er in keiner Weise überblicken oder gar beeinflussen kann, kennt deshalb die geteilte Verantwortung. Besondere Umstände, Vorgesetzte, Handlungen Dritter oder andere Ereignisse können jedes Individuum in Situationen bringen, die es allein mangels Wissen nicht allein verantwortlich bewältigen kann.

Dazu gesellt sich, und dies ist ein klassisches, vormodernes Thema, nicht selten noch ein unlösbarer Widerspruch bei ethischen Überzeugungen, die oft viele Handlungsmöglichkeiten gleich gerechtfertigt erscheinen lassen. Das ist ein in Philosophie und Literatur allgegenwärtiges Spannungsmittel, das der Literaturwissenschaftler Reemtsma, der das Konzept der Ausstellung entworfen hat, doch eigentlich kennen sollte. Zumal das Militär, in dem es in Kriegszeiten häufig um letzte Entscheidungen um Leben und Tod geht und es die Institution des direkten Befehls gibt, ist mit dieser Situation konfrontiert. Wie hier Widersprüche entstehen können, zeigt etwa die intensive und auf hohem Niveau geführte Diskussion um die Berechtigung des Tyrannenmords, die dem Attentat des 20. Juli 1944 vorausging. Zwischen Eid und Gewissen gestellt, aber in weitgehend unpolitischer Unkenntnis der Alliierten Vernichtungsabsichten gegenüber Deutschland, entschieden sich einige Militärs für ein Attentat auf Adolf Hitler, die Mehrheit nicht.

Solche Handlungsspielräume sind nicht die Sache der Aussteller. Die mehrfach und von verschiedenen Historikerkommissionen dringend angemahnte Beschäftigung mit dem damals höheren Rang von Ehrbegriff, Gehorsam und Pflichterfüllung oder dem Widerstand des Militärs gegen

---

[379] Zit. n. Krausnick, Truppe. S. 237 f.

[380] Zit. n. HIS, Katalog, S. 579.

Hitler findet auch hier nicht statt. Von den Handlungsspielräumen der einfachen wehrpflichtigen Soldaten, die einen Krieg führten, in dem sie einem ebenso nach Zahl und Material überlegenen wie gnadenlosen Gegner gegenüberstanden und "wie die Fliegen starben", ist ebenfalls keine Rede. Sie werden ausgeblendet. Statt dessen wird mit der Wortwahl "Befehl ist nicht gleich Befehl" und allgemeinen Bemerkungen über Befehle lediglich der Eindruck erweckt, hier würden Situationen behandelt, in die "jedermann" hätte kommen können und in der sich die Mehrheit eben falsch entschieden hätte. Das ist nicht der Fall.

Bialystok

'Ein stolzer Tag der Kampfgeschichte'
Die 221. Sicherungsdivision in Bialystok

...

Wenige Tage nach dem Angriff auf die Sowjetunion, am 27. Juni 1941 marschierte das Sicherungsregiment 2 unter dem Kommando von Oberst Martin Ronicke in Bialystok ein. Ihm folgten neben einer Kompanie des Landesschützenregiments 45 und der 9. Kompanie des Infanterieregiments 350 auch das Polizeibataillon 309, das der 221. Sicherungsdivision, also der Befehlsgewalt der Wehrmacht, dauerhaft unterstellt war.

Am frühen Nachmittag trieben Angehörige des Polizeibataillons Hunderte von Juden - Männer, Frauen und Kinder - in die große Synagoge ..., umstellten das Gebäude und zündeten es mit Benzin und Handgranaten an. Wer fliehen wollte, wurde erschossen. Etwa 800 Menschen verbrannten an diesem Nachmittag in der Synagoge bei lebendigem Leibe.[381]

Dies ist eine drastische und schockierende Darstellung. Ihre Wirkung beruht auf dem Kontrast zwischen dem Eintrag des Kriegstagebuchs der 221. Sicherungsdivision und dem geschilderten Mord. Hätte das Team des HIS nicht jenen Begriff vom "stolzen Tag" im Kriegstagebuch entdeckt, den es hier im Kapitel 'Handlungsspielräume' zynischerweise mit der Schilderung eines Verbrechens kontrastiert, wäre dieser Abschnitt wohl kaum in der Ausstellung präsentiert worden. So aber ist ein Thema gefunden, mit dem an dieser Stelle eine Stimmung gegen "die Wehrmacht" erzeugt werden kann, die von den geschilderten Vorgängen einmal mehr nicht gedeckt wird.

Das beginnt bei den Befehlsverhältnissen. Um die Verbindung zur Wehrmacht herzustellen, wird eingangs besonders betont, das Polizeibataillon 309 sei der Wehrmacht "dauerhaft unterstellt" gewesen. Für den geschilderten Fall spielt das jedoch keine Rolle, denn wie der Ausstellungstext selbst sagt:

"Ein Befehl für dieses Massaker lag nicht vor. Offensichtlich ging die Initiative von einzelnen Kompaniechefs und Zugführern des Polizeibataillons aus."[382]

---

[381] Zit. n. HIS, Katalog, S. 593.

[382] Zit. n. HIS, Katalog, S. 593.

Dies wäre nach der Schilderung des Ausstellungstexts daher ein spontanes Kriegsverbrechen einzelner Personen gewesen, kein Verbrechen irgendeiner Institution.[383] Wie haben nun die Wehrmachtsangehörigen nach Aussage des Ausstellungstextes ihre Handlungsspielräume genutzt?

Die Wehrmacht sah dem mörderischen Treiben zu. Über Oberst Ronicke, den Kommandeur des Sicherungsregiments 2 und Inhaber der Befehlsgewalt auch über das Polizeibataillon, berichteten Zeugen nach dem Krieg, er soll persönlich einen Einheitsführer des Polizeibataillons zur Rede gestellt und wie andere Wehrmachtsoffiziere auch versucht haben, dem Morden Einhalt zu gebieten.[384]

Hier werden eigentlich nur die Zweifel an den Möglichkeiten der Wehrmacht bestätigt, das mörderische Treiben der Polizeibataillone und Einsatzgruppen zu stoppen. Die formale Unterstellung des Bataillons unter den Wehrmachtsbefehl entpuppt sich auch nach Auskunft des Ausstellungstextes als irrelevant. Einmal mehr wird gleichzeitig die suggestiv-verallgemeinernde Methode des Instituts klar sichtbar: "die Wehrmacht" schaut angeblich zu, obwohl gleichzeitig eingeräumt wird, ihre Offiziere einschließlich des zuständigen Befehlshabers hätten protestiert. "Die Wehrmacht" ist hier nichts anderes als der Träger eines Vorurteils, eine Schablone, der im Prinzip beliebige Eigenschaften zugeschoben werden können, in diesem Fall eben ausschließlich verbrecherische Eigenschaften. Mit beweisfähigen und damit widerlegbaren Argumentationen hat das nichts zu tun. Dies wird gleich deutlich werden, denn auch hier soll die Betrachtung nicht zu Ende gehen, ohne einen Blick auf die entscheidende Ebene zu werfen und die Frage zu stellen, ob die geschilderten Ereignisse überhaupt stattgefunden haben und ob der Ausstellungsbesucher eine Chance hat, mehr als den bloß suggerierten Eindruck einer dem Verbrechen zuschauenden Wehrmacht mit nach Hause zu nehmen.

Der Befund ist einmal mehr erschreckend, denn der gräßlichen Schilderung einer Verbrennung von 800 Menschen "bei lebendigem Leibe" folgt - nichts. Das ist um so unverständlicher, als auf die Übermittlung vollkommen unnützer Informationen viel Wert gelegt wurde. Wer wissen will, ob Kommandeur Ronicke im Hotel Ritz residiert hat und wo dies genau lag, der kann es hier erfahren. Es werden zwei Stadtpläne des damaligen Bialystok abgedruckt, fünf Fotos aus der Stadt, ein Foto eines Ausschnitts aus dem Kriegstagebuch der 221. Sicherungsdivision und eines der Ordensverleihung für den Einsatz eben in Bialystok. Keines dieser Fotos zeigt ein Verbrechen oder läßt auf ein

---

[383] Christopher Browning macht Major Weis vom Polizeibataillon 309 zum Hauptverantwortlichen für das Massaker vom 27. Juni 1941. Er habe seine Kompanien am Vorabend vor dem deutschen Angriff auf die UdSSR entsprechend aufgehetzt. Vgl. Browning, Männer, S. 32.

[384] Zit. n. HIS, Katalog, S. 593.

solches schließen, die Stadtpläne selbstredend auch nicht und das Kriegstagebuch ebenfalls nicht, denn dort wird lediglich "eindeutig" festgestellt, daß "die Synagoge in Brand geschossen wurde, weil aus ihr geschossen wurde."[385] Von Opfern ist nicht die Rede. Der ganze schreckliche Vorgang ist für den Besucher eine bloße und in der Ausstellung durch nichts belegte Behauptung. Wo an anderer Stelle lange, wenn auch selten sprechende Zeugenaussagen präsentiert wurden, bleibt hier eine vollkommene Lücke. Auf jeden argumentativen Standard - vom wissenschaftlichen mag man schon gar nicht mehr reden - wurde verzichtet.

Belaja Zerkow

Da ist der Mann der vielen Leserbriefe, der irgendwann in das Hamburger Institut für Sozialforschung kommt und mich sprechen will: Es gehe um die Kinder von Belaja Zerkow. Das waren jüdische Kinder gewesen, deren Eltern vom SD ermordet worden waren, aber es war dunkel geworden über dem Töten, und so hatte man sie eingesperrt ohne Nahrung und Wasser. Die Wehrmacht war in die Stadt eingerückt, man hatte das Weinen der Kinder gehört, man beriet, was zu tun sei. Stabsoffizier Groscurth will das Leben der Kinder retten.

Am Ende aber steht der Befehl General Reichenaus, Aktionen, die einmal begonnen seien, müßten zu Ende geführt werden. Die Kinder werden erschossen. "Nein", sagt der Mann, der in das Institut gekommen ist und der, wie er sagt, in Kürze seinen 80. Geburtstag feiern wird, "das ist nicht wahr. Ich habe die Kinder gerettet.[386]

Jan Philipp Reemtsma, der diese Episode so geschildert hat, konnte den Mann, dessen Name hier ungenannt bleibt, nach eigener Aussage über einen Irrtum aufklären, der sich in diesem Fall zur Lebenslüge ausgewachsen haben soll. Die Kinder seien doch erschossen worden, dafür gebe es Zeugen und bei genauer Recherche habe sich herausgestellt, daß der namenlose Besucher im Hamburger Institut noch in den sechziger Jahren vor Gericht ausgesagt habe, er wisse nicht genau, was mit den Kindern geschehen sei. Also konnte er eigentlich auch nicht sicher sein, das Verbrechen verhindert zu haben. In einem im Bundesarchiv erhaltenen Brief schildert ein Beteiligter aber noch einmal ausführlich, daß die Kinder auf seine Inivitative hin auf verschiedene Familien verteilt worden seien. Dieser wohl Mann habe nach dem Gespräch im Hamburger Institut erklärt, er gehe informierter weg als er gekommen sei, so Reemtsma. Für den Ausstellungsbesucher gilt das leider nur bedingt.[387]

[385] Zit. n. HIS, Katalog, S. 597.

[386] Jan Philipp Reemtsma auf der Fachtagung zur alten Ausstellung, zit. n. Thiele, Wehrmachtsausstellung, S. 65.

[387] Hannes Heer erzählt diese Geschichte mit einigen Abweichungen ebenfalls, Danach sei der Mann "unmittelbar nach Eröffnung" der Ausstellung ins HIS gekommen, hatte also wohl kaum Zeit, "der Mann der vielen Leserbriefe" zu werden. Auch soll er laut Heer im Prozeß noch um die Ermordung der Kinder gewußt haben, was sich bei Reemtsma ebenfalls anders liest. Vgl. HIS, Besucher, S. 93.

An der Ermordung von 90 Kleinkindern wird das Ungeheuerliche an den Erschießungen durch die Einsatzgruppen des SD greifbar. Dies muß so oder ähnlich zwangsläufig an vielen anderen Orten stattgefunden haben, die keinen Namen haben. Der Fall Belaja Zerkow wird in der Ausstellung unter dem Abschnitt 'Handlungsspielräume' präsentiert, da hier Wehrmachtsangehörige von dem geplanten Verbrechen gewußt haben. Auch hier lag einmal mehr weder die Initiative noch die Ausführung des Verbrechens in den Händen der Wehrmacht, aber dies ist nicht das Hauptthema, es geht daher auch in der Ausstellung vorgeblich um die Reaktion von Soldaten auf ihr Wissen. Hier wäre nun anzunehmen gewesen, daß der Ausstellungsbesucher zunächst in ähnlicher Weise über die Umstände und die Täter aufgeklärt wird, wie jener alte Mann, der damals das Verbrechen verhindern wollte und nach eigener Überzeugung sogar verhindert hat. Es stünden gegen diese Ansicht eines Zeitzeugen, so Reemtsma, andere Zeugen des Verbrechens, es habe einen Prozeß gegeben, ja man habe gar die sterblichen Überreste der Kinder gefunden. Dies sind klare Aussagen, nur ist keine davon in der Ausstellung wiederzufinden. Der Ausstellungstext erwähnt weder den Prozeß, daher auch nicht sein Ergebnis, noch zitiert er einen einzigen Augenzeugen oder den Fund der Mordopfer. "Die Wehrmacht" habe vor der Erschießung Gruben ausgehoben, sagt der Ausstellungstext, belegen kann er es nicht. Diese Frage und die weitere Frage, ob überhaupt dieses Verbrechen so stattgefunden hat, wird dem Ausstellungsbesucher nicht beantwortet.

Vor allem aber - wir befinden uns schließlich im Kapitel Handlungsspielräume - erfährt man nichts über die Existenz jenes Wehrmachtsangehörigen, der nach Kräften und seiner Ansicht nach mit Erfolg versucht hat, diesen Mord an Kindern zu verhindern. Er hat den 'Handlungsspielraum' doch offenbar genutzt. Direkt mit einem Verbrechen konfrontiert, schritt er ein, weil er den Vorgang nicht für häufig oder gewöhnlich hielt, wie er es nach dem in der Ausstellung skizzierten Bild des Rußlandkrieges hätte sein sollen, sondern für außergewöhnlich und ungeheuerlich. Er spricht die Täter an, die in diesem Fall nicht der Wehrmacht angehörten, ja nicht einmal Deutsche waren, sondern offenbar einem ukrainischen Hilfskommando angehörten. Als dies nicht zum Ziel führte, erstattete er Meldung bei seinem Vorgesetzten, von dem er - zu Recht - eine ähnliche Einstellung erwartete. Sein Name muß dem Hamburger Institut bekannt sein, dessen Leiter diesen Fall selbst öffentlich gemacht und dessen angebliche Einsicht er als treffendes Beispiel dafür genannt hat, wie für jemanden noch nach Jahrzehnten der Krieg endlich zu Ende gehen könne. Es ist unverständlich, wenn er hier nicht genannt wird. Ebenfalls ungenannt bleibt ein anderer Offizier, dem es nach Angaben von

Hannes Heer gelungen sein soll, an einem anderen Ort in der Ukraine jüdische Kinder vor der Ermordung zu retten.[388]

Dies alles findet in der Ausstellung nicht statt. Auch das Eingreifen von Oberstleutnant Groscurth, der die Erschießungen ebenfalls zu verhindern versuchte und dessen Berichten die Kenntnis dieser Fakten überhaupt zu verdanken ist, wird eher kleingeredet: "Möglicherweise versuchte er Zeit zu gewinnen." So entsteht durch Verschweigen, Kleinreden und dann durch die Hervorhebung der Anordnung durch Walter von Reichenau, den wir nun schon wiederholt als etwas undurchsichtige Ausnahme kennengelernt haben, der Eindruck, es sei den Ausstellern selbst an dieser Stelle, wo der Befehl eines hohen Wehrmachtsoffiziers nach der Quellenlage einen Mord sanktioniert hat, nicht um eine objektive und nachvollziehbare Darstellung gegangen.

Deserteure

Hermann Rombach und Anton Brandhuber ziehen aus ihren Kriegserfahrungen Konsequenzen und fliehen aus den Situationszwängen - sie desertieren.[389]

Was die Phantasie in bezug auf Handlungsspielräume betrifft, so scheinen ihr in Deutschland wenig Grenzen gesetzt, wenn es nur darum geht, soldatische Eigenschaften wie etwa Kampfbereitschaft und Mut als Motiv für mögliche Handlungen auszuschließen. Die Debatte über diese angeblichen "Sekundärtugenden" gehört längst zur Kulturgeschichte der Bundesrepublik. Nur vor diesem Hintergrund ist wohl die stetig anschwellende Diskussion über die Deserteure aus der Wehrmacht zu verstehen, die letztlich in deren unterschiedsloser Rehabilitierung durch den deutschen Bundestag gegipfelt hat. Die Wehrmachtsausstellung greift dies auf und bringt zwei Kurzbiographien von Hermann Rombach und Anton Brandhuber, die beide aus der Wehrmacht desertiert sind.

Die Aussteller enthalten sich, getreu ihrem ständigen Bemühen, viel anzudeuten ohne angreifbare Aussagen zu treffen, auch einer ausdrücklichen Bewertung der Desertion. Beide hätten sich damit "Situationszwängen" entzogen, wird nüchtern festgestellt, was allerdings für jede freie Willensäußerung gilt, ob jemand nun einen mörderischen Befehl verweigert oder seinem Nachbarn das letzte Brot stiehlt, wenn er selbst keins mehr hat. So wird das Desertieren weder als mögliche oder zwingende Option dargestellt, noch moralisch oder rechtlich verurteilt. Die Biographien der Deserteure machen aber beide beiläufig deutlich, wie fragwürdig die pauschalen Rehabilitierungen von Deserteuren sind. Keiner der beiden kann irgendein anderes Motiv für seine Desertion vorweisen als

---

[388] Vgl. HIS, Besucher, S. 93.

[389] Zit. n. HIS, Katalog, S. 579.

Ärger über angebliche Mißachtung durch Vorgesetzte, eigenen Egoismus und Bequemlichkeit. Keiner spricht von einem politischen oder religiösen Motiv für seine Fahnenflucht oder gar davon, er sei in der Wehrmacht zu Verbrechen gezwungen gewesen oder in sonstige "Situationszwänge" geraten.[390] Hermann Rombach wird sogar - man kann es nicht anders sagen - unfreiwillig komisch, wenn er den Kritikern der Fahnenflucht zurufen will:

> Mach du erst mal 3 Jahr den Krieg oder nur einen russischen Winter als einfacher Landser mit. Dann urteilt![391]

Aus den im Katalog beigefügten biographischen Angaben geht hervor, daß Rombach selbst weder drei Jahre Krieg noch auch nur einen einzigen russischen Winter mitgemacht hatte. Er war bereits im September 1941 verwundet worden, verbrachte die Zeit danach bis August 1942 in Deutschland und flüchtete in die Schweiz, als er dann wieder zu seiner alten Einheit zurückkommandiert werden sollte. Was in der Ausstellung als seine Erinnerungen präsentiert wird,[392] sind denn auch offenkundig Gliederungsentwürfe Rombachs für eine eher literarisch konzipierte Selbstdarstellung. Auch Anton Brandhuber kann man russische Wintererfahrung nicht zusprechen. Er war ebenfalls ein Jahr in Deutschland stationiert gewesen, bis er im Januar 1942 ins russische Orel versetzt wurde, wo er offenbar schnell den Entschluß zur Flucht faßte und nach vier Wochen bereits den Zug nach Hause nahm. Am Wetter kann es kaum gelegen haben, denn "kalt ist es gar nicht, wir haben Tauwetter, auf den Straßen ist der Schnee schon weg."[393] Er flüchtete über Warschau und Wien in die Schweiz. Beide Deserteure überlebten dort den Krieg und kehrten wohlbehalten zurück. Es ist offenbar nicht bekannt, daß einer davon geplant hätte, sich etwa auf Seite der Alliierten am Kampf zu beteiligen oder auf sonst eine Weise beispielsweise zum Sturz des NS-Regimes beizutragen.

Die Katalogaussage, beide hätten "Konsequenzen aus ihren Kriegserlebnissen" gezogen, trifft so nicht zu. Beide flüchteten nicht wegen Kriegserlebnissen, sondern gerade in dem Moment, wo sie nach langer Stationierung in Deutschland erst in einen Einsatz kommen sollten, in dem sie Kriegserlebnisse hätten haben können. Sie haben sich dafür entschieden, die anderen Soldaten in Rußland alleine zu lassen. Ethische

---

[390] Um dies einschätzen zu können, sei etwa auf den Aufsatz von Manfred Messerschmidt verwiesen, der sich ausführlich darum bemüht, genau die Unterstellung des "persönlichen Vorteils" als Vorurteil gegenüber den Deserteuren zu zeigen. Vgl. Messerschmidt, Recht, S. 119.

[391] Zit. n. HIS, Katalog, S. 613.

[392] Vgl. HIS, Katalog, S. 613 f. und S. 618.

[393] So Brandhuber im offenbar letzten Feldpostbrief vor der Flucht am 13. Februar 1942, zit. n. HIS, Katalog, S. 622.

Überlegungen trieben sie dabei nicht. Hermann Rombach, der sich im nachhinein augenscheinlich um Selbstrechtfertigung bemühte, habe, so die Aussteller, "bis zu seinem Tod die 'Kameradschaft' hochgehalten".[394] Es habe ihm "den Atem verschlagen", als erfahren habe, seine Einheit sei 1944 vollständig vernichtet worden. Er erfuhr dies allerdings erst mehr als fünfzig Jahre später. Vorher hatte er sich nicht nach dem Verbleib seiner Kameraden erkundigt.

Desertion ist sicher ein vielschichtiges Phänomen. Niemand wird heute pauschal alle verurteilen wollen, die vor allem gegen Ende des Krieges den militärisch erkennbar aussichtslosen Kampf nicht fortsetzen wollten und deshalb aus der Wehrmacht geflohen sind. Mit der Darstellung in der Ausstellung werden allerdings umgekehrt die Zweifel an der Berechtigung der pauschalen Rehabilitierung der Deserteure aus der Wehrmacht bestätigt. "Handlungsspielräume" sind nicht beliebig. Handlungen können individuell beurteilt und moralisch gewertet werden, das gilt auch für Deserteure.

---

[394] Vgl. HIS, Katalog, S. 616, die distanzierenden Anführungszeichen im Original.

Kriegsrecht und Nachkriegsprozesse

Partisanenkrieg

> Das Kennzeichen des Krieges sind die überall in den Wäldern auftretenden russischen Banden. Sie überfallen jeden einzelnen. Nur an die größere Truppe trauen sie sich nicht heran.[395]

Er glitt vom ersten Tag ins irreguläre ab, das war eines der besonderen Kennzeichen des deutsch-russischen Krieges von 1941. Schon nach Tagen stellte sich heraus, wie wenig die Maßstäbe anderer Kriegsschauplätze hier greifen würden. Eine der Ursachen dafür war der irreguläre Kampf von sowjetischer Seite, für den sich später die Bezeichnung 'Partisanenkrieg' einbürgerte. Dieser Partisanenkrieg wird von der Ausstellung an verschiedenen Stellen angesprochen. Generell wird er dort juristisch wie moralisch gerechtfertigt, während die ablehnende Haltung deutscher Juristen gegenüber möglichem irregulärem Widerstand während der Planung des Rußland-Feldzugs kritisiert wird:

> Das Recht der Bevölkerung eines nicht besetzten Gebiets, beim Nahen des Feindes spontan zu den Waffen zu greifen, wenn eine militärische Organisation nach Art. 1 der HLKO nicht möglich war (HLKO Art. 2), wurde von vornherein abgelehnt.[396]

Es gab allerdings gute Gründe für die Wehrmachtsjuristen, dieses Recht abzulehnen, denn abgesehen von der Gültigkeitsfrage der HLKO für Sowjetrußland ist dies ein Notwehrrecht für Länder, die über keine oder keine ausreichenden offiziellen Streitkräfte verfügen. In einem Militärstaat wie der UdSSR, dessen Rüstung und die Zahl seiner Soldaten die der angreifenden deutschen Armee um ein Mehrfaches übertrafen, konnte diese Regelung ihrem Sinn nach keine Anwendung finden. In diesem Fall waren die regulären Truppen alleine für den Kampf zuständig, und nur wenn sich beide Seiten daran halten, kann die Auseinandersetzung in völkerrechtlichen Bahnen verlaufen. Ein Recht für "Jedermann", nach seinem freien Willen zu den Waffen zu greifen, kann es nicht geben. Das würde gerade zu der Entgrenzung des Krieges führen, die das Kriegsrecht ja verhindern will. Wo jeder kämpfen dürfte, müßte auch jeder bekämpft werden können.

> Kriegsgerichte sollten in der UdSSR gegen die Zivilbevölkerung ausdrücklich nicht eingesetzt werden. Der „Kriegsgerichtsbarkeitserlass" übertrug das Recht, die Exekution von „verdächtigen Elementen" zu befehlen, jedem Offizier. All diese Maßnahmen können nicht als völkerrechtlich erlaubte Repressalien angesehen werden, da sie von

---

[395] Brief des Generals Heinrici an seine Frau vom 22. Juli 1941, zit. n. Hürter, Sitten.

[396] Zit. n. HIS, Bericht, S. 71.

vornherein nicht das allein legitime Ziel hatten, den Gegner zur Einhaltung des Kriegsvölkerrechts zu zwingen.[397]

Dies ist eine Behauptung der untersuchenden Historikerkommission zur ersten Ausstellung, die durch die Quellen nicht gestützt wird. Die Anweisungen an die Wehrmacht über Partisanenbekämpfung hatten durchaus das Ziel, völkerrechtswidrige Aktionen des Gegners zu unterbinden. Im Hintergrund dieser Befehle stand die Annahme, daß die Sowjetunion den Krieg nicht völkerrechtlich korrekt führen würde. Das stellte sich bereits nach kurzer Zeit als richtig heraus, als der Gegner das Völkerrecht in krasser Weise mißachtete und besonders die Partisanen sich nicht scheuten, etwa Verwundetentransporte zu überfallen und zu töten. Jeden Deutschen zu töten, zu jeder Zeit, an jedem Ort und auf jede Weise, so lauteten die Anweisungen der sowjetischen Führung. Gegen diesen Vernichtungskrieg, dem bis zum Frühjahr 1943 beispielsweise auch 95% der in zwei Jahren Krieg gemachten deutschen Kriegsgefangenen zum Opfer fielen,[398] richteten sich die Vorgaben der Wehrmacht zur Partisanenbekämpfung. Ob es einen Weg gegeben hätte, die stalinistische UdSSR zur Einhaltung des Menschen- bzw. Völkerrechts zu zwingen, das

---

[397] Zit. n. HIS, Bericht, S. 71.

[398] Das Thema Kriegsgefangene wäre eigentlich einen eigenen Abschnitt wert. Laut dem Katalog der Wehrmachtsausstellung (S. 188) sind insgesamt 3.155.000 Deutsche Soldaten in sowjetische Kriegsgefangenschaft geraten. Davon kehrten 62,4 Prozent, also 1.968.720 zurück. Das deckt sich mit einer Aussage Stalins vom Sommer 1945, er habe aktuell zwei Millionen deutsche Gefangene. Dagegen sind 37,6 Prozent, also 1.186.280 in der Gefangenschaft gestorben.

Um diese Zahlenverhältnisse richtig beurteilen zu können, muß man wohl berücksichtigen, daß mit dem Zusammenbruch der deutschen Front 1945 größere Zahlen und allein bei der Gesamtkapitulation im Mai 1945 etwa 1,52 Millionen deutsche Soldaten in russische Gefangenschaft gerieten. Vgl. L. Gruchmann, Weltkrieg, S. 448 f. Also stammte wohl der überwiegende Teil der Gefangenen aus dem Jahr 1945. Im Umkehrschluß bedeutet das, daß von den zuvor gemachten deutschen Gefangenen nur ein sehr kleiner Bruchteil überlebt haben kann und daß die wenigen Prozent Überlebenden von Stalingrad eher die Regel als die Ausnahme gewesen sein müssen. Rüdiger Overmans spricht etwa davon, daß 95 Prozent aller deutschen Gefangenen, die vor Frühjahr 1943 von den Sowjets gemacht wurden, in der Gefangenschaft verstorben sind. Vgl. Overmans, Deutsche Militärische Verluste, S. 280

Es spielte für die Sterblichkeit unter den deutschen Gefangenen daher offenbar keine Rolle, ob eine Kesselschlacht vorangegangen war. Die Tötungsaufrufe Stalins und der stalinistischen Propaganda taten ihre Wirkung.

In diesen Zahlen sind immer noch nicht diejenigen berücksichtigt, die es gar nicht bis zur Registrierung schafften, sondern vorher ermordet wurden. Daß dies offenbar flächendeckend geschah, ist besonders auffällig an der hohen Zahl der sogenannten "Verschollenen" im deutsch-russischen Krieg. 1943/44 etwa hatte die Wehrmacht bei ihren Niederlagen und Rückzügen in Italien und Frankreich insgesamt 210.000 Tote zu beklagen, zu denen 46.000 Verschollene hinzukommen. (Overmans, Verluste, S. 285) An der Ostfront dagegen waren es in dieser Zeit 930.000 Tote, zu denen sich noch einmal unglaubliche 1.001.000 Millionen "Verschollene" gesellten, die weder als Kriegsgefangen noch als Gefallen registriert worden waren. Ebd. Overmans, Verluste, S. 285.

ist zweifelhaft und in jedem Fall Spekulation. Kein politisches System hat jemals mehr Menschen ermordet und auch mit der internationalen Vertragstreue stand es schlecht: 1939/40 wurde jedes europäische Land das Opfer einer sowjetischen Aggression, mit dem die UdSSR einen Nichtangriffsvertrag geschlossen hatte. Als letzte Ausnahme war 1941 noch Deutschland übrig geblieben. In jedem Fall hätte für eine beiderseitig völkerrechtlich einwandfreie Kriegsführung unter anderem der umfangreiche und ebenso wirksame wie illegale Partisanenkrieg beendet werden müssen. Es ist jedoch nicht anzunehmen, die russische Regierung hätte sich diese Waffe aus der Hand nehmen lassen.

> In den ersten Wochen wurde trotz Stalins Aufruf zum Partisanenkrieg kein Einsatz organisierter Partisanenverbände festgestellt.[399]

Im Gegensatz zu dieser Aussage des Katalogs gab es bereits nach wenigen Tagen erste 'Partisanenangriffe', weshalb hier wohl die Einschränkung „organisiert" gewählt wurde. Sie gingen von versprengten russischen Truppen aus, aber auch von sowjetischen Funktionären, da alle Parteimitglieder aufgerufen worden waren, zum Zweck der Organisation des Partisanenkriegs in den eroberten Gebieten zu bleiben.[400] Es dauerte eine Weile, bis diese Organisationen aufgebaut waren und wer es wissen möchte, kann in den Memoiren sowjetischer Partisanenführer ohne weiteres nachlesen, daß der Partisanenkrieg in der zweiten Jahreshälfte 1941 von sowjetischer Seite ganz gezielt auf relativ kleiner Flamme gehalten wurde, um Anfang 1942 eine wohlvorbereitete Offensive zu beginnen, die von der Wehrmacht nicht mehr abgewehrt werden könnte. In dieser Phase hatte der Partisanenkrieg vorwiegend psychologische Ziele:

> Nicht Operationen, die ernsthaft die deutsche Kriegsführung behinderten, waren das Ziel dieses Kampfes, sondern das dauernde Wachhalten des Gegners bis zu dessen spürbarer Ermattung.[401]

Dies gelang sehr weitgehend. Während der Partisanenkrieg noch ein Nervenkrieg war, der an der Moral der deutschen Armee zehrte und sie bereits im Sommer 1941 hinter jedem Baum einen Partisanen vermuten ließ, schufen sich die Partisanengruppen zeitgleich jene Basis, auf der sie später militärisch erfolgreich operieren konnten. Sie ließen sich auch durch die im Katalog als reine Terroraktion dargestellten "Großaktionen" der Wehrmacht nur sehr selten beeinträchtigen. Zu dieser Darstellung sei noch etwas angemerkt, besonders zu jener Aussage im Ausstellungstext:

---

[399] HIS, Bericht, S. 71.

[400] Vgl. Hesse, Partisanenkrieg, S. 53 f. Dort auch Darstellung der allgemeinen Strategie der Partisanen zu dieser Zeit.

[401] Zit. n. Hesse, Partisanenkrieg, S. 58.

Vergleicht man die Todeszahlen solcher 'Aktionen' mit den dabei erbeuteten Waffen, zeigt sich, daß weniger Partisanen als unbewaffnete Zivilisten die Opfer waren.[402]

Zur Erläuterung dieser Behauptung finden sich auf der gegenüberliegenden Seite und einige Seiten weiter mehrere Aufstellungen über Opfer- und Beutezahlen aus insgesamt 56 solchen Unternehmungen.[403] Dabei werden in 23 Fällen überhaupt keine Angaben über den Umfang an Waffenbeute gemacht, in 4 Fällen nur vage Umschreibungen wie "zahlreiche" oder "wenig". In 5 Fällen liegt die Zahl der erbeuteten Waffen unter einem Prozent der Todesopfer, in 7 Fällen zwischen einem und zehn Prozent und in 17 Fällen über zehn Prozent bis zu vierzig Prozent. Warum dies in diesem Zusammenhang interessant ist und wie diese Zahlen zu interpretieren sind, zeigt ein Blick auf die Beutestatistik des deutschen Heeres in Rußland insgesamt. Im Jahr 1941 erbeuteten deutsche Truppen bis zum Jahreswechsel 213.624 Gewehre und 29.324 Maschinengewehre.[404] Das klingt viel, setzt man es aber in Bezug zu den Verlusten des Gegners, erhält man schnell ein anderes Bild: 3.918.148 russische Soldaten wurden in diesem Zeitraum gefangengenommen, bis zu 1,7 Millionen sollen in der gleichen Zeit gefallen sein, so daß die Summe der Verluste etwa 5,6 Millionen betragen hat. Will heißen: auch im Kampf gegen die wahrlich schwerbewaffnete reguläre sowjetische Armee wurden nur knapp vier Prozent der theoretisch vorhandenen Bewaffnung erbeutet. Daraus würde niemand den Schluß ziehen, es habe sich bei der Roten Armee um unbewaffnete Zivilisten gehandelt. Vor diesem Hintergrund erscheinen die Beutezahlen im Partisanenkrieg als ein völlig durchschnittliches Ergebnis, aus dem sich allenfalls ableiten läßt, daß die bekämpften Partisanen zumindest mit leichten Waffen in etwa so bewaffnet waren wie die Rote Armee selbst - also ziemlich genau das Gegenteil des von der Ausstellung behaupteten Schlusses.

Insgesamt kann die Ausstellung auch hier nicht zeigen, daß die Wehrmacht etwas ähnliches getan hat wie die Einsatzgruppen des SD, die unter dem Vorwand der Partisanenbekämpfung einen Teil ihrer Erschießungen vornahmen. Der Partisanenkampf der Wehrmacht richtete sich gegen das völkerrechtswidrige Vorgehen der Sowjetunion.

Welche unübersichtlichen Konfliktlinien sich dabei entwickeln konnten, hat Bernhard Chiari vor nicht allzu langer Zeit in seiner Dissertation

---

[402] Zit. n. HIS, Katalog, S. 448.

[403] Die Aussteller unterscheiden dabei einmal mehr nicht zwischen Unternehmen mit oder ohne Beteiligung der Wehrmacht. In mehr als der Hälfte der im Katalog aufgeführten Fälle wird die Beteiligung von Wehrmachtstruppen gar nicht erwähnt.

[404] Vgl. Schustereit, Vabanque, S. 99.

detailliert untersucht.[405] Auch dies ist ein Buch, das die Aussteller in ihrer Literaturliste zwar empfehlen, dessen Inhalt sie aber kaum wahrgenommen oder verarbeitet haben.[406] Anders als es in der Ausstellung dargestellt wird, weist Chiari für die Partisanenbewegung in Weißrußland einen riesigen Umfang nach. Zu jeder Zeit hielten sowjetische und andere Partisanen weite Landstriche unter ihrer Kontrolle, verwalteten sie, stellten Passierscheine aus und übten dort in jeder Weise die wirkliche Herrschaft aus. Das bedeutete auch, daß sie Kollaborateure erschossen, Dörfer niederbrannten und Regionen ethnisch säuberten. Gleichzeitig konstituierten sich viele litauische, polnische und auch weißrussische Gruppen von Bewaffneten, die sich in wechselnden Koalitionen gegenseitig bekämpften und denen gegenüber sich die deutschen Besatzungstruppen nur behaupten konnten, indem sie einzelne Parteien gegeneinander ausspielten und sich mit ihnen verbündeten. Am Ende kam es gar zu einer polnisch-deutschen Zusammenarbeit, in der die deutschen Truppen so in den Hintergrund gedrängt wurden, daß der zuständige Beauftragte für den Sicherungseinsatz in einer Meldung an den Reichskommissar in Riga zu einer symbolischen Aktion aufrief:

> Wichtig ist, baldigst ein Unternehmen (deutscher Kräfte) im Rudnicki-Wald einzusetzen, um den polnischen Banden zu zeigen, daß wir auch ohne sie stark genug sind.[407]

Insgesamt kann Chiari zeigen, wie wenig die deutsche Verwaltung von den Verhältnissen im Lande verstand und daß die Deutschen in Weißrußland buchstäblich in die Rolle der "Stummen" zurückgedrängt wurden, als die sie in den slawischen Sprachen durchgängig auch bezeichnet werden. Sie beherrschten nur ihre Stützpunkte und die Welt außerhalb war ihnen fremd. Wie die Ausstellung zudem richtig feststellt, liegen in den Archiven nur "fragmentarische Quellen" zur Beteiligung der Wehrmacht am Partisanenkrieg vor.[408] Angesichts dieser Quellenlage, der militärisch sehr bedeutenden Rolle der Partisanen und der offensichtlich beschränkten Möglichkeiten der spärlichen deutschen Besatzung kann sie in jedem Fall nicht zur organisierten Beteiligung an einem Völkermord stilisiert werden, wie es die Ausstellung an etlichen Stellen tut.

---

[405] Bernhard Chiari, Alltag hinter Front, Düsseldorf 1998.

[406] Das gilt noch viel mehr für den Stil, was an dieser Stelle ebenso erwähnenswert ist, denn es ist nicht zuletzt die Wortwahl des HIS, die seine Veröffentlichungen zum Ärgernis machen. Chiari schreibt nachdenklich, ruhig und sachlich, hütet sich an jeder Stelle vor schnellen Schlußfolgerungen und versucht soweit wie möglich allen Parteien gerecht zu werden. Allerdings hat ihn diese Sorgfalt nicht davor geschützt, Hannes Heers "Killing Fields" lobend zu erwähnen, die von Polemik strotzen und nicht zuletzt mit Hilfe des gefälschten Tagebuchs des "Obergefreiten Heidenreich" montiert worden waren. Vgl. Chiari, Alltag, S. 237 bzw. Heer, Fields, S. 61 f.

[407] Meldung vom 22. März 1944, zit. n. Chiari, Alltag, S. 298.

[408] Vgl. HIS, Katalog, S. 498.

Strafverfolgung in Ost und West

Unter Aufsicht von Justizministerin Hilde Benjamin waren die Richter, Staatsanwälte und Schöffen der sogenannten 'Waldheim-Prozesse' sorgfältig ausgewählt. Im Schnellverfahren wurden zwischen April und Juni 1950 mehr als 3.300 Angeklagte zu hohen Haftstrafen verurteilt, 24 der insgesamt 31 Todesurteile unter nationalem und internationalem Protest vollstreckt.[409]

So dünn und freundlich ist eines der dunkelsten Kapitel der DDR seit langem nicht mehr dargestellt worden. Die "sorgfältige Auswahl" von Hilde Benjamin zielte auf die reibungslose Abwicklung von Schnellprozessen, die in Minutenschnelle abliefen, selbst wenn die Angeklagten zu langjährigen Zuchthausstrafen verurteilt wurden. Es galt zu dieser Zeit für die neuentstandene DDR, 3400 aus sowjetischer Internierung entlassene Gefangene mittels kurzfristigen Schauprozessen zunächst weiter in Haft halten zu können, was mit einer Trefferquote von über 97 Prozent auch gelang. Nebenbei wollte die DDR offenbar ihre Leistungsfähigkeit als antifaschistischer Staat demonstrieren. Rechtsfindung war dabei allein auf Grund der kurzen Verhandlungszeit von teilweise nur 15 Minuten weder möglich noch beabsichtigt, so daß denn die Urteile bereits vor der Verhandlung geschrieben waren und nur in Details gelegentlich geändert wurden.[410] Das "Beweismaterial" bestand regelmäßig aus einem einzigen Verhörprotokoll aus sowjetischer Internierungszeit, Wahlverteidiger wurden in keinem Fall zugelassen, Entlastungszeugen wurden nicht geladen. Nach relativ kurzer Zeit waren die politischen Ziele erreicht und so wurden denn auch alle Verurteilten recht schnell entlassen, was den Hingerichteten allerdings nicht mehr helfen konnte. Eine solche Justizfarce als "Strafverfolgung" zu bezeichnen und im Zusammenhang mit der vollkommenen Manipulation der Prozesse lediglich von "Sorgfalt" sprechen, verschleiert diese Hintergründe vor dem Ausstellungspublikum.

Der Manstein-Prozeß

"Tatsachen, die nicht bewiesen werden konnten"

Nicht nur in Deutschland stieß die Anklageerhebung auf Kritik, auch britische Politiker des konservativen Lagers sprachen sich gegen ein solches Verfahren aus, da sie Manstein zu Unrecht vor Gericht sahen. Der Angeklagte erhielt aus dem Ausland umfassende Unterstützung, so wurde er nicht nur von zwei deutschen, sondern auch von drei britischen Rechtsanwälten verteidigt.[411]

---

[409] Zit. n. HIS, Katalog, S. 663.

[410] Vgl. Finn, Häftlinge, S. 82 f.

[411] Zit. n. HIS, Katalog, S. 652.

In der Tat stieß die Anklage gegen Manstein auf Widerstand, der allerdings umfangreicher war als die Ausstellung sagt und sich keineswegs nur auf namenlose Politiker des konservativen Lagers in England beschränkte. Es wurde im englischen Parlament eigens ein Spendenfonds für Mansteins Verteidigung eingerichtet, zu dessen ersten Spendern der ehemalige und baldige Premier Winston Churchill gehörte. Mit Mansteins englischem Verteidiger Paget leitete ein außergewöhnlich angesehener Jurist die gesamte Verteidigungsstrategie. Er war zugleich ebenfalls Mitglied des Unterhauses und zwar für die Labour-Party. Beides zeigt die Dimension des Widerstands gegen diesen Prozeß ebenso wie die Tatsache, daß die von der Ausstellung präsentierte Titelseite der liberalen "Zeit" den Kommentar von "C.D." enthielt, man habe "zum ersten Mal das Gefühl, daß in diesem Prozeß unteilbares Recht zum Ausdruck kommt."[412] Es ist also keineswegs so gewesen, wie die Ausstellung sagt, daß nur "Verteidiger und Angeklagte ... die auf Nürnberger Statut basierenden Verfahren als Siegerjustiz" abgelehnt hätten.[413] Dieser Eindruck von Siegerjustiz war weitverbreitet und geradezu unvermeidlich, da die Alliierten mit der Beschränkung des Statuts auf eine bestimmte Personengruppe bewußt einen elementaren Rechtsgrundsatz verletzt hatten. Wer allerdings gemeint hatte, ein englischer Verteidiger könne an dem einseitigen Charakter des Prozesses bei Anwendung dieses Rechts irgend etwas ändern, sah sich am Ende getäuscht. Manstein wurde trotz aller Kritik unter Anwendung des Statuts verurteilt, obwohl dazu dank Pagets Verteidigung ein bis dahin nicht gesehener juristischer Schachzug nötig war, auf den wir noch kommen werden. Paget selbst hat seiner Meinung darüber drastischen Ausdruck verschafft:

> Im Manstein-Prozeß wurde ein Recht angewandt, das gar nicht bestand, auf Tatsachen, die nicht bewiesen wurden und nicht bewiesen werden konnten, und vor einem Gericht, das seine Zuständigkeit keiner anderen Macht als der Gewalt verdankte. Es handelte sich also tatsächlich um ein politisches und nicht um ein Strafverfahren, und hier wurde nicht Recht angewandt, sondern neugeschaffen. Das Resultat ist meiner Ansicht nach höchst unglücklich und abgesehen davon, daß die Menschheit als Ganzes darunter zu leiden haben wird, bin ich der Überzeugung, daß durch diesen Prozeß einem Menschen schweres Unrecht zugefügt worden ist. Der propagandistische Schauprozeß ist ein Mittel, das die Demokratie nie wieder anwenden sollte.[414]

Soweit also der Kommentar eines englischen Juristen und Labour-Parlamentariers. Die Details der Verurteilung sind darüber hinaus ebenfalls einen Blick wert, denn hier vergreift sich der Ausstellungstext doch recht deutlich:

> Am 19. Dezember 1949 verurteilte das Gericht den Angeklagten zu 18 Jahren Haft. Es befand Manstein für schuldig, als Armeeoberbefehlshaber den Völkermord an den Juden

---

[412] "Die Zeit" vom 13. Oktober 1949, zit. n. HIS, Katalog, S. 653.

[413] Zit. n. HIS, Katalog, S. 640.

[414] Zit. n. Paget, Manstein, S. 15.

mitverantwortet sowie die Deportation, Mißhandlung und Erschießung von sowjetischen Kriegsgefangenen und Zivilisten in seinem Zuständigkeitsbereich zugelassen zu haben. Des weiteren sah es das Gericht als erwiesen an, daß Manstein die Kriegsgesetze verletzt habe, indem er verbrecherische Befehle selbst erlassen oder solchen zugestimmt habe.

Das Urteil kam überraschend, viele hatten einen Freispruch erwartet.[415]

In der Tat hatten viele einen Freispruch erwartet, was angesichts der vom Ausstellungstext geschilderten Urteilsbegründung merkwürdig anmutet. Vorausgegangen war aber ein Prozeß, in dem Manstein in allen wichtigen Anklagepunkten seine Unschuld erweisen konnte. Manstein wurde von allen Vorwürfen freigesprochen, die Massenausrottung von Juden und anderen Personen wissentlich geduldet, genehmigt oder gar angeordnet zu haben. Er ist insofern ein gutes Beispiel für das generelle Dilemma der Wehrmacht im Krieg gegen die UdSSR, und selbst ein neuerer Biograph wie Marcel Stein, der nachgewiesen haben will, daß Manstein doch von den Judenmorden gewußt habe, kommt zum Schluß:

> Verbrecherische Instinkte waren in seinem Charakter niemals nachweislich. Ihn mit dem SD und dessen Schergen zu vergleichen, würde gegen jeden Anstand verstoßen. Manstein teilte die Vorurteile seiner Standesgenossen gegen Juden. Sein Schicksal war es, auf einen Kriegsschauplatz verlegt zu werden, dessen politische und gesellschaftliche Struktur ihm unverständlich war und auf dem sich seine Vorstellungen den Forderungen des Weltanschauungskrieges anpassen konnten. ... Man könnte sich beispielsweise vorstellen, daß Manstein anstelle von Rommel den Befehl über das Afrikakorps erhalten hätte. Militärisch wäre er nicht weniger erfolgreich als Rommel gewesen und hätte genau wie dieser einen sauberen Krieg geführt.[416]

Stein beschreibt hier exakt die Zusammenhänge, die von der Wehrmachtsausstellung generell verkannt werden. Soweit „Barbarossa" ein Vernichtungskrieg war, ging dies nicht von der Wehrmacht und ihren Generälen, sondern von der NS-Führung und ihrem stalinistischen Gegner aus. Es gelang der deutschen Armeeführung nicht, sich dagegen durchzusetzen, und dies war ein Versäumnis. Dieses Versäumnis und die damit verbundene Schuld kann jedoch nicht dazu benutzt werden, Ursache und Wirkung zu verwechseln.

Daraufhin kam es zu dem oben erwähnten juristischen Schachzug des Gerichts, denn es wurde in einem ungewöhnlichen Vorgang die Anklageschrift *nach Abschluß des Prozesses* neu verfaßt. Anklagepunkte wurden jetzt so abgefaßt, daß Mansteins Tätigkeit sie nach Ansicht des Gerichts gerade noch so erfüllte. Eine Diskussion oder gar Verhandlung darüber gab es nicht mehr, so daß zwischen endgültiger Anklage und Urteil gar kein Prozeß stattgefunden hat und Paget nach mehreren Wochen reichlich erstaunt zur Kenntnis nehmen mußte, daß sein Klient nach neuen Punkten verurteilt wurde, von denen im Prozeß gar nicht in dieser Form die Rede gewesen war.

---

[415] Zit. n. HIS, Katalog, S. 652.

[416] Zit. n. Stein, Manstein, S. 294 f.

Simferopol

Im Rahmen des Manstein-Prozesses wurde auch ein Vorwurf erhoben, den die Ausstellung wiederholt. Es geht um die Tötung der jüdischen Bevölkerung in Simferopol, einer Stadt auf der Halbinsel Krim. Dies soll ein Wehrmachtsverbrechen im Rahmen des Völkermords gewesen sein und wird im Katalog unter "Wehrmacht und Völkermord" präsentiert. In diesem Fall gibt es eine Nachkriegs-Zeugenaussage von 1969, die im Manstein-Prozess noch nicht vorlag und die eindeutig davon spricht, es seien einige Geheime Feldpolizisten und Feldgendarmen an der Erschießung beteiligt gewesen.[417] Dies belegt eine Beteiligung von Wehrmachtsangehörigen, wie gleichzeitig auch der in Faksimile abgedruckte Tätigkeitsbericht der Ostkommandantur vom 14. November davon spricht, die "verbliebenen 11.000 Juden würden durch den SD exekutiert" und damit ein Mitwissen einer Wehrmachtsstelle signalisiert.[418] Dies und was sonst an Material vorgelegt wird und an dieser Stelle eine Verbindung von der Erschießung zu Manstein herstellen soll, ist bereits bei seinem Prozeß verwendet worden, in dem auch Simferopol vorkam. Es sei noch einmal Mansteins Verteidiger Paget zitiert, zu welchem Ergebnis dies führte:

> In einem Falle konnten wir die Zahlen überprüfen. Der SD behauptete, im November in Simferopol 10.000 Juden getötet zu haben,[419] und meldete die Stadt judenfrei. Durch eine Reihe von Gegenproben konnten wir beweisen, daß die Judenerschießung in Simferopol an einem einzigen Tag stattgefunden hatte, nämlich am 16. November. Der Ort für die Hinrichtung lag 15 km von der Stadt entfernt. Die Zahl der Opfer kann nicht höher als 300 gewesen sein, und diese 300 waren aller Wahrscheinlichkeit nicht nur Juden, sondern eine Sammlung verschiedenartiger Elemente, die im Verdacht standen, zur Widerstandsbewegung zu gehören.[420]

Das Gericht folgte der Beweisführung Pagets, der dies noch dadurch untermauern konnte, daß eine ganze Reihe von ihm geladener Zeugen die Existenz einer jüdischen Gemeinde in Simferopol noch mindestens für 1942 bestätigten. Das Massaker in Simferopol, das die Wehrmachtsausstellung hier im Rahmen von "Wehrmacht und Völkermord" präsentiert, hat es nach gerichtlicher Einschätzung nicht gegeben.

Nürnberger Prozeßrecht

> Roosevelt, Churchill und Stalin bekräftigten auf mehreren Konferenzen die Pläne zur Bestrafung der deutschen Kriegsverbrecher. ... Die Entscheidung der Alliierten, diese Bestimmungen nur auf Angehörige der besiegten Staaten anzuwenden, wurde von

---

[417] Vgl. HIS, Katalog, S. 177.

[418] Vgl. HIS, Katalog, S. 176.

[419] Dies behauptet auch die Ausstellung, vgl. HIS, Katalog, S. 175.

[420] Zit. n. Paget, Manstein, S. 199.

Angeklagten und Verteidigern dazu genutzt, die auf dem Statut basierenden Verfahren als 'Siegerjustiz' abzulehnen.[421]

Vom Entschluß zur Bestrafung tatsächlicher und vermeintlicher deutscher Kriegsverbrecher bis zum Nürnberger Prozeß war es ein langer Weg. Ursprünglich und bis weit ins Jahr 1945 hinein gab es keine Einigkeit unter den Alliierten, ob überhaupt ein Prozeß stattfinden solle. Die britische Regierung sprach sich für die Tötung der NS-Führungsspitze ohne vorherige Verhandlung aus. Josef Stalin erweiterte den Kreis der Todgeweihten beachtlich und brachte bekanntlich jenen Trinkspruch auf die Erschießung von zehntausenden deutscher Offiziere aus, auf den dann sogar der amerikanische Präsident Roosevelt eingehen wollte, der noch unter dem Eindruck der Vorschläge seines Finanzministers Morgenthau stand. Danach sollten die alliierten Truppen umfangreiche Listen der gesuchten Personen erhalten und sie nach Identifikation erschießen - ein Kommissarbefehl auf amerikanisch wäre das geworden.[422] Daß es am Ende doch einen Prozeß gab, ging dann aber doch auf die Initiative und den Druck der amerikanischen Regierung zurück, in der Morgenthaus Vorschläge sich nicht durchsetzen konnten. Es war von Anfang an eine politische Entscheidung, die gerade deshalb keine Perspektiven für eine Erweiterung des Völkerrechts aufzeigen konnte. Noch heute weigern sich die wirklich Mächtigen der Welt, sich einer internationalen Justiz zu stellen. Davon ist in der Ausstellung nichts zu lesen.

Nun ist es leicht nachzuweisen, daß der Nürnberger Prozeß aus politischen Gründen mehrere elementare Standards der Justiz verletzte - und zwar bewußt verletzte.[423] Um sich darüber ein Bild aus erster Hand zu machen, schaut man am besten in die Protokolle der Alliierten Juristenkommission, die das Nürnberger Statut zwischen dem 26. Juni und dem 8. August 1945 in London verhandelt hat. Sie wurden 1949 vom State Department veröffentlicht.[424]

Die erwähnten politischen Hintergründe des Verfahrens werden an einzelnen Ereignissen wie etwa der deutschen Invasion in Norwegen deutlich, die bekanntlich ausschließlich zur Abwehr einer bevorstehenden alliierten Landung erfolgte.[425] Das durfte vor Gericht nicht erörtert werden. Im Vorfeld des Nürnberger Prozesses wurde deshalb darüber diskutiert, wie man denn die Norwegen-Affäre behandeln könnte, ohne politischen Schaden anzurichten. Am liebsten hätte die britische Seite dies alles aus

---

[421] Zit. n. HIS, Katalog, S. 640.

[422] Vgl. Smith, Entscheidungsfindung, S. 36.

[423] Vgl. dazu auch Rückerl, Gericht, S. 91.

[424] Robert H. Jackson (Hrsg.): International Conference on Military Trials, Washington 1949.

[425] Vgl. Lukacs, Tage, S. 24.

dem Prozeß herausgehalten, indem die gesamte deutsche Politik bereits vor Prozeßbeginn als aggressiv definiert werden sollte. Generalstaatsanwalt Sir David Maxwell-Fyfe wurde in dieser Hinsicht sehr deutlich:

> Wir besitzen Informationen, daß die Deutschen die Besetzung Norwegens als einen Selbstverteidigungsakt hinstellen wollen. Ich glaube, daß wir dann sehr erhebliche Schwierigkeiten bekommen. ... Das ist ein Punkt, über den ich sehr beunruhigt bin.
>
> Falls man Ribbentrop anklagt, eine Aggressionspolitik gegenüber anderen Ländern geleitet zu haben, eins davon möglicherweise Norwegen, und er entgegnet, es hätte eine solche Politik nie gegeben, wird es dann möglich sein, eine Diskussion darüber zu unterbinden?[426]

Man konnte diese Dinge verschweigen. Das Statut des Nürnberger Tribunals verbot es der Verteidigung kurzerhand, die Handlungen und Pläne der Alliierten zur Sprache zu bringen. Damit war eine Antwort Ribbentrops von vornherein ausgeschlossen, die etwa hätte lauten können, er habe gar nicht getan, was man ihm vorwarf, zur Erklärung der deutschen Aktionen brauche es keine Verschwörungstheorie, da sich aus dem Kriegsverlauf und den Aktionen der Alliierten erklären ließen. Das galt nicht nur für Norwegen, sondern auch für den deutschen Angriff auf Belgien, wo die französische Anklage wahrheitswidrig behauptete, es habe die französisch-belgischen Generalstabsgespräche nicht gegeben, mit denen dieser Angriff gerechtfertigt worden war. Und weil sich die Nürnberger Anklage dennoch nicht ganz sicher war, daß sich die - nun aus jedem Zusammenhang gerissenen - deutschen Aktionen unter diesen Bedingungen als Bruch des Völkerrechts darstellen lassen würden, forderte Sir David Maxwell-Fyfe noch einen weiteren Schritt:

> Was wir bei diesem Verfahren abschaffen wollen, ist die Diskussion darüber, ob die Handlungen Verletzungen des Völkerrechts sind oder nicht. Wir erklären einfach, was das Völkerrecht ist, so daß es keine Diskussion geben wird, ob es Völkerrecht ist oder nicht.[427]

So geschah es und daher gab es für die Alliierten in Nürnberg wenig Grund zur Sorge, es könne dort im nachhinein über den Anteil der Westmächte, Polens und der UdSSR an Ausbruch und Eskalation des Krieges geredet werden. Man darf sagen, daß selten eine politische Entscheidung getroffen worden ist, die mehr Einfluß auf die Arbeit der Geschichtswissenschaft und das Geschichtsbild der Öffentlichkeit ausgeübt hat.

Mit deren Hilfe sollte vor Gericht ganz allgemein jeder Hinweis auf die Vorgeschichte und die politischen Hintergründe des Krieges verboten werden, so formulierte es der amerikanische Delegationschef Jackson. Er sei überzeugt:

---

[426] Zit. n. Heydecker, Prozess, S. 93, bzw. Jackson, Conference, S. 303 f.

[427] Ebd. Heydecker, Prozess, S. 94.

Wenn dieser Prozeß in eine Diskussion über die politischen und wirtschaftlichen Ursachen des Krieges hineingerät, (kann) daraus sowohl in Europa, das ich nicht gut kenne, als auch in Amerika, das ich ziemlich gut kenne, unendlicher Schaden entstehen.[428]

Das Nürnberger Tribunal setzte diese Vorgaben präzise um. Angesichts der näheren Umstände war dies war kein Wunder, denn in einem einzigartigen Verstoß gegen jeden juristischen Standard hatten die Alliierten den Gesetzgeber auch zum Ankläger gemacht: Die amerikanische Anklage wurde von eben jenem Robert H. Jackson selbst vertreten, der zuvor mit dem Statut des Gerichtshofs die Rechte der Verteidigung bewußt so zurechtgeschnitten hatte, daß gegen den Vorwurf einer Verschwörung zum Angriffskrieg keine Verteidigung möglich war. Dabei war das ein Vorwurf, an den Jackson selbst nicht glaubte, da die erbeuteten deutschen Dokumente nach seinem Eindruck doch zahlreich das Gegenteil zeigten:

Die Deutschen werden mit Sicherheit unsere drei Europäischen Alliierten anklagen, eine Politik verfolgt zu haben, die den Krieg erzwungen hat. Das sage ich, weil die sichergestellten Dokumente des Auswärtigen Amts, die ich eingesehen habe, alle zum selben Schluß kommen: "Wir haben keinen Ausweg; wir müssen kämpfen; wir sind eingekreist; wir werden erdrosselt". Wie würde ein Richter reagieren, wenn dies im Prozeß herauskommt? Ich denke, er würde sagen, ... bevor ich jemanden als Aggressor verurteile, soll er hier seine Motive schildern.[429]

Eine solche Reaktion der Richter konnte erfolgreich verhindert werden, indem sämtliche Diskussionen über Kriegsgründe durch den Wortlaut des Nürnberger Statuts aus dem Prozeß verbannt wurden. Das war eine Maßnahme, deren Wirksamkeit endgültig sichergestellt wurde, als mit General Nikitschenko ein weiterer Verfasser des Statuts eine wichtige Rolle im Prozeß zugewiesen bekam - er wurde einer dieser Richter. Damit war die eindrucksvolle Reihe verletzter Rechtsstandards vollendet: Gesetzgeber, Ankläger und Richter waren zu Teilen identisch. Wo sie nicht identisch waren, wurde die Entscheidungsfindung der Richter bewußt behindert. Sie wandten ein Gesetz an, das zum Zeitpunkt der Tat nicht existent gewesen war und das sie selbst nachwirkend ausdrücklich nur für den angeklagten Personenkreis beschlossen hatten. Die alliierte Prozeßführung unterschlug absichtlich wesentliche Fakten und sagte in mehreren Fällen die Unwahrheit. Mit dem Ausdruck ‚Siegerjustiz' ist dieser Vorgang eher noch milde beschrieben. Auch davon findet sich in der Ausstellung nichts.

Bezeichnend ist die überaus große Willkür, mit der einzelne Personen oder Organisationen in Nürnberg auf die Anklagebank gerieten. Dies glich

---

[428] Zit. n. Schmidt, Statist, S. 111, vgl. auch Jackson, Conference, S. 302.

[429] Ebd. Jackson, Conference, S. 306, Übersetzung von mir.

phasenweise einer "Komödie",[430] was hier nicht unerwähnt bleiben soll, denn gerade die Wehrmachtsführung geriet in einer besonders verworrenen Phase der Rechtsfindung auf die Anklagebank. Erst kurz vor Redaktionsschluß der Anklageschrift, am 2. Oktober 1945, forderte Jackson telefonisch, der "deutsche Generalstab", der längst von der Liste der anzuklagenden Organisationen gestrichen worden war, müsse wieder auf die Liste aufgenommen werden. Es war ihm offensichtlich darum zu tun, im Stil der Revolutionsprozesse der französischen Revolution ein ansprechendes Amalgam der deutschen Gesellschaft anzuklagen, denn auch "zwei oder drei Industrielle" mehr sollten es seiner Meinung nach schon sein. Dem stand im Fall des deutschen Militärs entgegen, daß es den Generalstab in der Form, die Jackson meinte, gar nicht mehr gab. Er war nach Ende des Ersten Weltkriegs aufgelöst worden. Was es nicht gibt, läßt sich schwer anklagen, dementsprechend heftig fiel die Debatte der beratenden Juristen aus. Es wurde letztlich gegen die Stimme der englischen Delegation beschlossen, ein Gebilde namens "Generalstab und Oberkommando" als Organisation anzuklagen, das wegen seiner offenkundigen Nichtexistenz jedoch später zu den Freigesprochenen des Prozesses gehörte. "Die Wehrmachtsführung", die in der Ausstellung als homogene Gruppe angesprochen wird, der Meinungen und Billigungen unterstellt werden, hat es nach Ansicht des Nürnberger Gerichtshof nicht gegeben.

---

[430] So Bradley Smith, der besonders die bizarren Versuche nachzeichnet, irgendein beliebiges Mitglied der Familie Krupp auf die Anklagebank zu setzen. Am Ende sollte wegen einer Namensverwechslung der unzurechnungsfähige Gustav Krupp das Justizopfer werden, der sich dann ärgerlicherweise als verhandlungsunfähig herausstellte. Vgl. Smith, Entscheidungsfindung, S. 83 f.

Fazit

Was ist so interessant an der historischen Wahrheit? Allgemein gesprochen ist nichts so besonders interessant an der historischen Wahrheit, sie ist - allgemein gesprochen - bei den Historiographen gut aufgehoben, als Quellenkritik und Sicherungssystem gegen allzu riskante Deutungen der Vergangenheit.

Jan Philipp Reemtsma

Die Neuauflage der Wehrmachtsausstellung des Hamburger Instituts für Sozialforschung versucht erneut, ein pauschales Urteil über die deutsche Armee des Zweiten Weltkriegs zu fällen und publikumswirksam zu vermitteln. Sie ist dabei ebenso wie die Vorgängerausstellung bewußt darauf ausgerichtet, ein breites und insbesondere ein junges Publikum zu erreichen. Dies geschieht nicht mit der gebotenen Verantwortung gegenüber diesen historischen Laien, da das Material weiterhin einseitig ausgewählt ist, zahlreiche Detailfehler und umstrittene Fachurteile enthält, polemisiert und in sehr vielen Fällen von der Sache her überhaupt nicht geeignet ist, die These der Ausstellung zu stützen. Häufig widerspricht sogar das in der Ausstellung präsentierte Dokumentenmaterial den vorher formulierten Kommentaren des Ausstellungstextes. Statt einer argumentativen Auseinandersetzung sollen beim Besucher Assoziationen geweckt und Stimmungen erzeugt werden.

Erneut wird dabei an fast allen Stellen die Brutalität stalinistischer Kriegsführung gegen die Wehrmacht und die sowjetische Zivilbevölkerung ausgeblendet, die den zentralen Grund dafür bildete, warum der Krieg in Rußland so anders verlief als die militärischen Auseinandersetzungen im übrigen Europa und von der NS-Führung auch von vornherein anders geplant wurde. Bei den Bemühungen, diese Zusammenhänge zu ignorieren, greift die Ausstellung an manchen Stellen auf realsozialistische Propagandamuster aus den Zeiten des Kalten Krieges zurück, so etwa bei der Schilderung des "Falls Oberländer" und mit der Behauptung, ausgerechnet die UdSSR, die sich mit ihren Angriffskriegen nach Meinung des Völkerbunds außerhalb jedes Völkerrechts gestellt hatte und 95 % Prozent der deutschen Kriegsgefangenen während des Krieges ermordete, hätte sich bemüht, die Genfer Konvention einzuhalten.

In vieler Hinsicht erweist sich die Ausstellung nach einer Analyse ihres Umfelds als Teil eines geschichtspolitischen Trends, der bereits im Historikerstreit der 1980er Jahre sichtbar wurde. Verbunden mit einer bewußten Ignoranz gegenüber den wirklichen Zielen, Plänen und Methoden der Sowjetunion wird die Differenz zwischen den Nationalsozialisten und der bürgerlichen Gesellschaft abgestritten, wie sie in Wehrmacht und Auswärtigem Amt zur NS-Zeit noch Verantwortung getragen hat. Psychoanalytisch begründete Verdächtigungen und Spekulationen ersetzen dabei häufig die fehlenden Fakten.

Die mancherorts vielgelobten Verbesserungen der neuen Ausstellung gegenüber der ersten Fassung entpuppen sich bei genauerer Analyse daher vorwiegend als der Versuch, mittels reduzierter Polemik und einer für den normalen Besucher unüberschaubaren Materialfülle den Anschein einer wissenschaftlichen Auseinandersetzung mit dem Thema zu erwecken, die tatsächlich nicht objektiv stattfindet. Die Kernthese der Ausstellung hat sich erneut als unhaltbar erwiesen. Es konnte nicht gezeigt werden, daß die "Wehrmacht als Institution" die nationalsozialistischen Verbrechen in der Planung gebilligt oder gar gefordert hatte und aus eigenem Antrieb begangen hätte. Die Entscheidungen für den anders zu führenden Krieg gegen die Sowjetunion gingen von der obersten Ebene des nationalsozialistischen Regimes aus, von Adolf Hitler, Hermann Göring, Heinrich Himmler und Reinhard Heydrich. Dieser Personenkreis hat für die besondere Führung des Krieges gegen die UdSSR detaillierte Befehle erlassen, deren Durchführung er ebenso detailliert überwachte. Einzelne Maßnahmen wie solche der Ernährungspolitik mußten immer mit dieser nationalsozialistischen Führungsriege abgesprochen werden.

Wo sie in eigener Verantwortung handeln konnte, erließ die Wehrmachtsführung anderslautende Verordnungen, wie etwa diejenige vor der Westoffensive, niemand dürfe in besetzten Gebieten wegen seiner Rasse oder Religion benachteiligt werden. Auch vor dem Rußlandfeldzug war von der Wehrmachtsführung ein solcher Entwurf vorgelegt worden, den Hitler persönlich zurückwies und durch einen eigenen ersetzte. Zum Kriegsgerichtsbarkeitserlaß wurden vom Oberkommando des Heeres gegenläufige Ausführungsbestimmungen erlassen. Der Kommissarbefehl wurde von Generalquartiermeister Wagner mit dem ausdrücklichen Hintergedanken akzeptiert, nur bei offizieller Zuständigkeit der Wehrmacht sei die Erschießung der Kommissare zu verhindern. Von den Vorbereitungen zur Ausführung des Mordes an den europäischen Juden wurde die Wehrmacht ebenfalls gänzlich ausgeschlossen.

Kein Vertreter der Wehrmachtsführung nahm an der Wannsee-Konferenz teil, obwohl ausdrücklich alle Institutionen eingeladen worden waren, die aus nationalsozialistischer Sicht für die Durchführung des Mordes wichtig waren. Trotz anderslautender Behauptungen des Ausstellungstextes konnte in der Ausstellung kein einziger Fall dokumentiert werden, bei dem Wehrmachtseinheiten in Eigenregie solche Morde an der jüdischen Bevölkerung begangen hätten, wie dies die Einsatzgruppen taten. Juden, die als Kriegsgefangene aus Mitgliedstaaten der Genfer Konvention in den Händen der Wehrmacht waren, wurden dem Zugriff der SS entzogen und 1945 den Alliierten unversehrt übergeben. Die von der Ausstellung behauptete Identität zwischen den Zielen, Methoden und Interessen der

Wehrmacht und der NS-Führung hat es nicht gegeben. Das ist eine alte Erkenntnis, die von dem erneut gescheiterten Versuch, mittels einer Ausstellung das Gegenteil zu beweisen, nur noch einmal frisch bestätigt wird. Auch eine weitere Überarbeitung der Ausstellung unter der Trägerschaft des Hamburger Instituts wird daran nichts ändern. Die Ausstellung liegt in zentralen Aussagen falsch. Sie produziert genau jene "riskanten Deutungen der Vergangenheit", die mit ihrer Präsentation vorgeblich vermieden werden sollten.

Anhang

Debattenbeiträge

*Beiträge zu den Debatten über die Ausstellung des HIS und dem Verhalten
der Wehrmacht während des Polenfeldzugs 1939*

*Die Vierteljahrshefte für Zeitgeschichte und ihre Kritik an der zweiten
Auflage der Wehrmachtsausstellung*

Spät kommen sie. Ob sie die historische Wahrheit noch retten können,
muß bezweifelt werden. Kurz vor Toresschluß der Wehrmachtsausstellung
hat das Münchener Institut für Zeitgeschichte in seiner Hauszeitschrift,
den Vierteljahrsheften für Zeitgeschichte, endlich deutliche Worte für Jan
Philipp Reemtsmas geschichtspolitisches Dauerprojekt gefunden. Ja, so
schreibt Christian Hartmann, der Leiter des hauseigenen Projekts
"Wehrmacht in der nationalsozialistischen Diktatur": die Aussteller
wollten eben doch von Anfang an ein ungerechtfertigtes Pauschalurteil
über die Wehrmacht fällen. Es sollte absichtlich das falsche Bild einer
verbrecherischen Wehrmacht entstehen, fährt er fort. Die Aussteller haben
diese Absicht zwar "wortreich abgestritten", dabei aber die Unwahrheit
gesagt, läßt er durch die Blume wissen. Sie gingen "infam" gegen
Zeitzeugen wie Altkanzler Helmut Schmidt vor. Sie ignorierten bewußt,
daß die Hauptaufgabe der Wehrmacht und ihrer Soldaten das Führen von
Kampfhandlungen während des größten Landkriegs aller Zeiten war und
daher die von den Ausstellern selbst kolportierte Zahl von achtzig Prozent
"Tätern" immer offenbarer Unsinn bleiben mußte.

Hartmann nimmt sich einigen Raum, um diese Sätze zu illustrieren.
Fünfundsiebzig Druckseiten sind es geworden, auf denen er eine Bilanz
versucht, ob sich die Wehrmacht als verbrecherisch bezeichnen läßt, und
dies am Ende klar verneint. Dabei gibt er trotzdem nur teilweise eine
Antwort auf die Ausstellungspräsentation. Was dort an Polemik und
Fehlern vorhanden ist, das streift Hartmann vorwiegend nur, verschweigt
es ansonsten meistens höflich. Im Kern ist sein Aufsatz ein Versuch, die
Rolle der Wehrmacht im NS-Staat und bei der Vorbereitung des Angriffs
auf die UdSSR allgemein zu bestimmen. Sein selbstkritischer Rückblick
auf den Umgang der deutschen Historiker mit der Wehrmachtsausstellung
bleibt dagegen leider nur im ungefähren.

Wenn es in einer Forschungslandschaft wie der deutschen zwei
osteuropäischen Nachwuchshistorikern und einem deutschen Außenseiter
vorbehalten blieb, jene Entwicklung anzustoßen, die damals zu einem

raschen Ende der alten Ausstellung führte, dann muß das viele Fragen aufwerfen, schreibt Hartmann. Er selbst stellt jedoch keine dieser Fragen, vielleicht auch, weil die Antworten peinlich werden könnten. Nicht nur hat es viel zu lange gedauert, bis das Institut für Zeitgeschichte eine Antwort gibt, auch die Art dieser Stellungnahme spricht trotz der lobenswerten Teile immer noch Bände.

Trotz aller Kritik an der Ausstellung argumentiert Hartmann zu sehr im sekundären Stil der Branche. Zitierwürdig sind ihm zudem oft nur die Arbeiten der Protagonisten der Wehrmachtsausstellung selbst. Auch interessieren ihn die konkreten Fälle, in denen die Wehrmachtsausstellung falsche Verbrechensvorwürfe gegen einzelne Einheiten und Personen erhoben hat, sowenig wie das generelle Problem einer "Ausstellung" als Medium zur Vorweisung angeblicher Tatsachen gegenüber hilflosen Schülern. Christian Ungváry hat zu Recht festgestellt, er kenne diese Art der Indoktrination noch aus dem realsozialistischen Ungarn.

Was dann durch wenig kompetente Führungen unter dem Motto "Schüler unterrichten Schüler" an Geschichtsklitterei verbreitet wurde, übertraf die Fehler der Ausstellungstexte noch bei weitem. Da wurden die Einsatzgruppen des SS-Sicherheitsdienstes, denen der Mord an Juden befohlen worden war, umstandslos mit der Wehrmacht in einen Topf geworfen. "Das hat mal die Wehrmacht gemacht, mal die SS", hieß es ebenso salopp wie falsch.

Wenn Hartmann darauf kaum eingeht, dann ist dies ebenso ein Symptom für die Probleme der deutschen Historiker mit der politisierten polemischen Attacke seitens des Reemtsma-Instituts, wie es den plötzlichen Erfolg der drei Außenseiter Ungváry, Bogdan Musial und Dieter Schmidt-Neuhaus erklärt, die im Spätjahr 1999 die erste Ausstellung zum Kippen brachten. Die gingen eben hin und sahen sich Bilder genau an, verglichen Perspektiven, wunderten sich über offensichtlich manipulierte Bildstrecken, deckten gefälschte Zitate auf, wiesen auf dubiose Dokumente hin, interessierten sich für abweichende Stahlhelmformen, die genaue Bedeutung von Achselstücken und vieles andere sonst. Das ist nicht mehr der Stil akademischer Zeitgeschichte im Deutschland der "sekundären Welt" (Botho Strauß), wo es in erster Linie um die gelungene Inszenierung geht, zur Not auch gegen die Fakten.

Zu spät kommt daher diese Form der Kritik. Das mediale Establishment feiert sich inzwischen längst selbst. Es hat den durch drei Außenseiter bewirkten, versehentlichen Durchbruch von Realität in die inszenierte Geschichtsbewältigung mittlerweile weitgehend kompensieren können. "Notwahrheiten" seien es, die in der Ausstellung präsentiert wurden, war in der FAZ ausgerechnet unter Berufung auf Friedrich Nietzsche zu lesen. Wenn sich dahinter auch manche "Notlüge" verstecken sollte, so sei der geschichtspolitische Nutzen für einen "europäischen Fundamentalkonsens über die Erfahrung des Zweiten Weltkriegs" doch nicht anders zu haben. Das wäre ein Konsens, der demnach auf einer erfundenen Kollektivschuld "der anderen Deutschen, denen von früher" basieren soll. Der Rest Europas wird dies sicher mit Mißtrauen zu Kenntnis nehmen, denn Deutschlands Verhältnis zu Europa wird kaum stabil sein können, wenn es in den Augen der deutschen Elite nur durch Vergangenheitsmanipulation zustande kommen kann.

Es sei schön, doch immer "recht gehabt" zu haben, attestierte sich Jan Philipp Reemtsma bei der letzten Ausstellungseröffnung in Hamburg selbst, und die großen Gazetten wie die Rundfunkanstalten assistierten ihm dabei. Man möchte angesichts dieses Humors fast vergessen, daß da mal ein Skandal war. Auch dieses Vergessen wurde sorgfältig inszeniert. Die neue Ausstellung hat nicht versäumt, sich selbst in einem eigenen Abschnitt zu attestieren, daß auch die alte Ausstellung eigentlich makellos gewesen sei. Dieses Konzept der ungeschminkten Selbstbeweihräucherung scheint bisher aufgegangen zu sein. Damit wäre der Zweck der zweiten Ausstellung erfüllt. Hartmann bringt an diesem Punkt moralische Bedenken in die Diskussion ein und stellt im Schlußsatz die vorsichtige Frage, ob es wirklich ein Erfolg des Hamburger Instituts gewesen sei, sich mit solchen Methoden durchzusetzen. Wenn es letztlich gelingen sollte, muß man dies zynischerweise bejahen.[431]

DieAusstellung "Größte Härte" - Verbrechen der Wehrmacht in Polen

Die Debatte um angebliche und wirkliche "Verbrechen der Wehrmacht" forderte in den letzten Jahren manche Verluste. Zu den in Deutschland weniger beachteten Verlierern zählte dabei das polnische Selbstwertgefühl. Wenn schon vom "Vernichtungskrieg" der deutschen Wehrmacht die Rede sein sollte, dann gab es aus der Perspektive Warschauer Geschichtspolitik keinen Weg daran vorbei, daß Polen selbst zeitlich wie qualitativ die Rolle als das erste Opfer dieses Krieges gebührte. Da das Reemtsmasche "Institut für Sozialforschung" aber trotz energischen Interventionsversuchen nicht bereit war, ein polnisches Kapitel in seine "Wehrmachtsausstellungen" mit aufzunehmen, entschloß man sich in Warschau, die Dinge in die eigenen Hände zu nehmen. In Zusammenarbeit zwischen dem polnischen "Institut des Nationalen Gedenkens" und dem "Deutschen Historischen Institut" in Warschau konzipiert und unter ausdrücklichem Hinweis, man wolle Jan Philipp Reemtsmas versäumte Anklagen nachholen, zieht nun also seit dem Frühjahr 2005 eine weitere Wehrmachtsausstellung ihre Kreise in Deutschland. Bis zum 19. März ist sie noch im Rastatter Schloß zu sehen, um dann nach Wien weiterzuziehen.

---

[431] Zuerst veröffentlicht in der JF 08/04, 13. Februar 2004.

Dem Vorbild gemäß, fehlt es auch im Katalog zu dieser Ausstellung nicht an ebenso starken wie offenkundig hanebüchenen Anschuldigungen. "Völkermord" einzelner Einheiten steht im Raum. Es wird der Eindruck erweckt, als sei ernsthaft die dauerhafte Internierung aller wehrfähigen polnischen Männer geplant gewesen. Massenhafte Erschießungen polnischer Kriegsgefangener durch Wehrmachtseinheiten werden behauptet. Von Terror gegen polnische Zivilisten ist die Rede, wobei auch Bromberg als Tatort genannt wird. Historische Zusammenhänge werden häufig ausgeblendet, Archivmaterial nur verkürzt wiedergegeben. Zugleich werden mehrere aus Zeiten des Kalten Krieges stammende Anklagen sorglos wiedergegeben und zum Teil sogar verschärft. Auf einer anonymen Anschuldigung basiert etwa die aus den 1950er Jahren stammende Behauptung des Konsulats der Volksrepublik Polen, es seien als größtes deutsches Einzelkriegsverbrechen bei Ciepielow dreihundert polnische Kriegsgefangene erschossen worden. Ein unabhängiger Beleg dafür hat sich niemals finden lassen, ein Gerichtsverfahren kam 1971 außerdem ausdrücklich zum Ergebnis, die polnischen Toten am Ort seien während eines Feuergefechts gefallen.

Eine verbrecherische Tendenz weist der Ausstellungskatalog dem deutschen Luftkrieg zu. Die Entscheidung, einen offenbar angedachten Großangriff auf Warschau bei Kriegsbeginn nicht durchzuführen, dient der Ausstellungsleitung als Stütze für die Behauptung, zum Ausgleich dafür hätten an Hunderten anderen Orten Terrorangriffe stattgefunden. Neben dem bereits bekannten Fall Wielun dient hier die zentralpolnische Kleinstadt Frampol als besonderes Beispiel und weiteres "polnisches Guernica". Auch dies ist eine Geschichte aus dem Kalten Krieg. Die Ost-Berliner Zeitschrift Freie Welt behauptete 1965, dort hätte ein Experimentalangriff der Luftwaffe zum Testen von Bomben stattgefunden. Ein militärischer Anlaß sei nicht erkennbar gewesen, so das Blatt, obwohl die Freie Welt immerhin ehrlicherweise zugab, der Angriff habe stattgefunden, als die Stadt im Frontgebiet lag. Der Ausstellungskatalog streitet dies ab. Mit keinem Wort werden die polnische Truppenpräsenz oder die Frontlage der Stadt erwähnt, als sie am 13. September 1939 angegriffen wurde.

So nimmt man diese Veranstaltung und den Katalog mit dem Gefühl zur Kenntnis, einen Blick in eine Werkstatt staatlich geförderter Geschichtsfälschung getan zu haben. Ob sich ohne entsprechenden Willen in einer vergleichsweise überschaubaren Veranstaltung eine derartige Zahl an Fehlern und fragwürdiger Polemik einbauen ließe, muß angesichts der vorhandenen Sachkenntnis der Verantwortlichen bezweifelt werden. Natürlich werden - um den Unrechtscharakter der Wehrmacht nicht etwa zu "relativieren" - alle Verweise auf polnische Kriegsverbrechen, unter denen besonders die deutschen Minderheit in Polen zu leiden hatte, ausgeblendet. Daß es sich hierbei keineswegs nur um reine NS-

Propaganda handelt, wie heute nicht selten kolportiert wird, beweisen zum Beispiel Untergrundberichte der Sozialdemokratie. Diese meldeten 1939, die Schilderungen heimkehrender deutscher Soldaten hätten alles übertroffen, was von der deutschen Presse über polnische Verbrechen berichtet worden sei. Auch vor diesem Hintergrund werfen die mit wenig offenem Widerspruch hingenommenen, einseitigen Schuldzuweisungen an die Wehrmacht ein fahles Licht auf die Qualitätskontrolle innerhalb der deutschen Historikerzunft. Deren Ruf zählt ebenfalls zu den Geschädigten der letzten Jahre.[432]

Ein Sammelband als Schlußstrichversuch

Im Hamburger Institut für Sozialforschung herrscht eine Schlußstrichmentalität eigener Art. Nachdem die erste vom Institut produzierte und von Hannes Heer geleitete Wehrmachtsausstellung 1997 wegen der Aufdeckung spektakulärer Fehler geschlossen wurde, suchte die Institutsleitung den Imageschaden zu begrenzen. Institutsnahe Akademiker und die Macher der Ausstellung bescheinigten sich also per Gutachten selbst die eigene Wissenschaftlichkeit und ließen eine zweite Ausstellung mit ebendiesem Tenor folgen. Zu deren Abschluß veranstaltete das Institut im Frühjahr 2004 gemeinsam mit dem Institut für Zeitgeschichte eine Tagung, auf der Jan Philipp Reemtsma dem eigenen Selbstgefühl Ausdruck geben konnte, jederzeit "recht gehabt" zu haben. Nun folgt ein Jahr danach ein von beiden Instituten herausgegebener Sammelband, der dies unterstreichen und die Rechtfertigungsprozedur abschließen soll.

Unter diesen Umständen stellt der Inhalt keine Überraschung dar. Das Buch beschäftigt sich weder mit der Debatte um "Verbrechen der Wehrmacht" noch gar mit deren Bilanz. Es ist ein Sammelband aus insgesamt siebzehn Beiträgen, in denen Protagonisten der Ausstellung wie Christian Gerlach, Dieter Pohl, Andreij Angrick und Ulrike Jureit erneut die eigenen Ansichten äußern, ergänzt durch Beiträge anderer Autoren. Die Argumente sind bekannt. Ideologische Deutungen der deutschen Kriegspolitik überwiegen, entgegenstehendes Quellenmaterial wird ignoriert oder verleugnet. Niemanden wird also wundern, wenn Christian Gerlach einmal mehr wiederholt, die Wehrmacht hätte die sowjetischen Kriegsgefangenen absichtlich verhungern lassen, verbunden mit der weiteren Behauptung, es gebe zu dem Vorgang keine Quellen auf Führungsebene.

Dabei gibt es diese Quellen. Alle Gefangenen sollten ausreichend ernährt werden, und die Armeeführung setzte sich angesichts der drohenden Krise

---

[432] Zuerst veröffentlicht in der JF 10/06, 03. März 2006.

im Herbst 1941 bei Hitler für zusätzliche Maßnahmen ein, um dies sicherzustellen. Der Diktator hat persönlich in diesem Sinn entschieden, was sich aus einschlägigen Dokumenten im Bundesarchiv nachweisen läßt. Die Frage, warum es dennoch zu dem Massensterben kam, ließe sich nicht ohne Verweis auf die sowjetische Politik der "verbrannten Erde" beantworten, die jedoch in den Aufsätzen ebenso durchgängig unterschlagen wird, wie die gleichlautende deutsche Antwort lauthals als Verbrechen gekennzeichnet wird. So schrammt das Niveau der Beiträge nicht selten hart am Rand des Prädikats wertlos vorbei.

Eine eigentümliche Volte schlägt Christian Hartmann. Hatte der stellvertretende Direktor des Instituts für Zeitgeschichte kurz vor Ausstellungsende 2004 in einem Aufsatz der hauseigenen Vierteljahrshefte für Zeitgeschichte die Methoden des Reemtsma-Instituts als fragwürdig gebrandmarkt und eine Zahl von fünf Prozent "Tätern" innerhalb der Wehrmacht als wahrscheinlich angenommen, so betont er nun in seinem eigenen Beitrag, diese Schätzung niemals selbst ermittelt zu haben. Das sei ein "Mißverständnis", schreibt er und führt statt dessen wieder Hannes Heers Skandalbehauptung von bis zu achtzig Prozent Tätern als ebenso diskutable Mutmaßung ein. Einen besonderen Witz gewinnt dies dadurch, daß sich Heer und Reemtsma von dieser Angabe als einer mißverständlichen "fatalen Zahl" und Entgleisung zwischenzeitlich deutlich distanziert hatten.

Vieles bleibt auch in den übrigen Aufsätzen Stückwerk. Bernd Wegner, Professor an der Universität der Bundeswehr, geht der Entscheidungsfindung für den deutschen Angriff nach und versucht sich an der Frage, ob das Unternehmen Barbarossa "Hitlers Krieg" gewesen sei. Ein Lehrstück ist sein Text schon deshalb, weil er die Kriegsvorbereitungen der Roten Armee oder die stalinistische Außenpolitik mit keiner Silbe erwähnt. In eine vergleichbare Kerbe schlägt Jürgen Förster, seines Zeichens Professor an der Universität Freiburg, der nach den Motiven der finnischen Kriegsanstrengungen forscht, ohne den sowjetischen Angriff von 1939 und den erneuten militärischen Übergriff sowjetischer Einheiten von 1941 in Rechnung zu stellen. Im Gegenzug verwendet er den Roman "Kaputt" des faschistischen Wendehalses Curzio Malaparte als zitierfähige Quelle für rumänische Massaker an Juden.

Als lesenswert können Krisztián Ungvárys und Bernhard Chiaris Beiträge über das Verhalten der ungarischen Armee in Rußland und die Lage der sowjetischen Zivilbevölkerung unter deutscher Besatzungsherrschaft hervorgehoben werden. Ansonsten überwiegt bei den Autoren immer wieder die Absicht, ein bestimmtes Ergebnis gegebenenfalls selbst ohne Rücksicht auf Fakten festzuschreiben. Einem Schlußstrich dieser Art mangelt es an intellektueller Redlichkeit, und er kann kaum gelingen.

Selbst das im Vorwort von den Herausgebern quasi als "biologische Lösung" beschworene nachlassende Interesse der Öffentlichkeit aufgrund des Generationenwechsels garantiert dies keineswegs.[433]

Auswahlbibliographie

Zeitgenössische Literatur, Memoiren und Quellen

Ammende, Ewald: Muss Rußland hungern?, Wien 1935 (zit. "Russland")

Ausschuß für Deutsche Einheit (Hrsg.): Die Wahrheit über Oberländer, Braunbuch über die verbrecherische faschistische Vergangenheit des Bonners Ministers, Ostberlin 1960 (zit. "Braunbuch")

Backe, Herbert: Um die Nahrungsfreiheit Europas, Weltwirtschaft oder Großraum, Leipzig 1942 (zit. "Nahrungsfreiheit")

Berber, Fritz (Hrsg.): Locarno, Eine Dokumentensammlung, Berlin 1936 (zit. "Locarno")

Colville, John: Downing Street Tagebücher, 1939-1945, Berlin 1988 (zit. "Tagebücher")

Djilas, Milovan: Gespräche mit Stalin, Frankfurt 1962 (zit. "Gespräche")

Domarus, Max: Hitler, Reden und Proklamationen, Bd. II, Würzburg 1963 (zit. (Hitler)

Gade, Hans: Die landwirtschaftliche Produktion der Sowjetunion, Berlin 1960

Goebbels, Joseph: Die Tagebücher, hrsg. v. Elke Fröhlich, München 1996 f.

Groscurth, Helmuth: Tagebücher eines Abwehroffiziers, Stuttgart 1970 (zit. "Tagebücher")

Halder, Franz: Hitler als Feldherr, München 1949 (zit. "Feldherr")

- Kriegstagebuch, 3 Bd., Stuttgart 1962-1964 (zit. "KTB")

IMT (Internationaler Militärgerichtshof): Der Prozeß gegen die Hauptkriegsverbrecher, 42 Bde. Nürnberg 1949 (zit. "IMT")

Jackson, Robert H. (Hrsg.): International Conference on Military Trials, A documentary record of negotiations, Washington 1949 (zit. "Conference")

Just, Artur W.: Die Sowjetunion - Staat, Wirtschaft, Heer, Berlin 1940 (zit. "Sowjetunion")

Laternser, Hans: Verteidigung deutscher Soldaten, Plädoyers vor Alliierten Gerichten, Bonn 1950

Manstein, Erich v.: Soldat im 20. Jahrhundert, Koblenz 1983 (zit. "Soldat")

Michael, K.: Die Agrarpolitik der Sowjet-Union und deren Ergebnisse, Berlin 1936

Oberkommando der Wehrmacht (Hrsg.): Die Sowjetunion - Möglichkeiten und Gegebenheiten des Ostraumes, Tornisterschrift des OKW, Heft Nr. 72, 1943 (zit. "Gegebenheiten")

Paget, Reginald T.: Manstein, Seine Feldzüge und sein Prozeß, Wiesbaden 1952 (zit. "Manstein")

Remmele, Hermann: Die Sowjetunion, Hamburg-Berlin 1932 (zit. "Sowjetunion")

Schiller, Otto: Die Krise der sozialistischen Landwirtschaft in der Sowjetunion, Berlin 1933

Schmidt, Paul: Der Statist auf der Galerie, 1945-1950, Bonn 1951 (zit. "Statist")

Sekundärliteratur:

Aly, Götz/Heim, Susanne: Vordenker der Vernichtung, Hamburg 1991 (zit. "Vordenker")

Bartov, Omer: Hitlers Army, New York 1991 (zit. "Army")

Betz, Hermann Dieter: Das OKW und seine Haltung zum Landkriegsvölkerrecht im Zweiten Weltkrieg, Jur. Diss., Würzburg 1970 (zit. " Landkriegsvölkerrecht")

Boog, Horst: Der Angriff auf die Sowjetunion, Frankfurt 1991 (zit. "Angriff")

Bracher, Karl Dietrich: Die deutsche Diktatur, Köln, 1969 (zit. "Diktatur")

Breitman, Richard: Staatsgeheimnisse, Die Verbrechen der Nazis - von den Alliierten toleriert, München 1999 (zit. "Staatsgeheimnisse")

---

[433] Zuerst veröffentlicht in JF 18/06, 28. April 2006.

Broszat, Martin/Jacobsen, Hans-Adolf/Krausnick, Helmut: Konzentrationslager, Kommissarbefehl, Judenverfolgung, Freiburg 1965

Browning, Christopher: Ganz normale Männer, Hamburg 1993 (zit. "Männer")

- Der Weg zur "Endlösung", Entscheidungen und Täter, Bonn 1998 (zit. "Entscheidungen")

Bullock, Alan: Hitler und Stalin, Parallele Leben, Berlin 1991 (zit. "Leben")

Chiari, Bernhard: Alltag hinter der Front, Besatzung, Kollaboration und Widerstand in Weißrußland, Düsseldorf 1998 (zit. "Alltag")

Courtois, Stéphane (Hrsg.): Das Schwarzbuch des Kommunismus, München 1998 (zit. "Schwarzbuch")

Dallin, Alexander: Deutsche Herrschaft in Rußland 1941-1945, Eine Studie über Besatzungspolitik, Düsseldorf 1958 (zit. "Herrschaft")

Dülffer, Jost: Vom Bündnispartner zum Erfüllungsgehilfen im totalen Krieg, Militär und Gesellschaft in Deutschland 1933-1945, in: Michalka, Weltkrieg, S. 286-300 (zit. "Bündnispartner")

Embacher, Helga/Lichtblau, Albert/Sandner, Günther: Umkämpfte Erinnerung, Die Wehrmachtsausstellung in Salzburg, Salzburg 1999 (zit. "Erinnerung")

Europäische Buchpublikation (Hrsg.): Vollmacht des Gewissens, München 1960

Finn, Gerhard: Die politischen Häftlinge der Sowjetzone, Pfaffenhofen 1960 (zit. "Häftlinge")

Förster, Jürgen: Das Unternehmen "Barbarossa" als Eroberungs- und Vernichtungskrieg, in: Boog, Angriff, S. 498-538 (zit. "Barbarossa")

- Die Sicherung des "Lebensraumes" in: MGFA, 4, S. 1030-1078 (zit. "Sicherung")

Friedrich, Jörg: Das Gesetz des Krieges, Das deutsche Heer in Rußland 1941-1945, Der Prozeß gegen das Oberkommando der Wehrmacht, München 1996 (zit. "Gesetz")

Funke, Manfred: Hitler und die Wehrmacht, Eine Profilskizze ihrer Beziehungen, in. Michalka, Weltkrieg, S. 301-313 (zit. "Wehrmacht")

Gannon, Robert S.: Kardinal Spellman, Neuenbürg 1963 (zit. "Spellman")

Geiss, Immanuel: Der Hysterikerstreit, Bonn 1992 (zit. "Hysterikerstreit")

Gerlach, Christian: Kalkulierte Morde: die deutsche Wirtschafts- und Vernichtungspolitik in Weißrußland 1941 bis 1944, Hamburg 1999 (zit. "Morde")

- Krieg, Ernährung, Völkermord: Forschungen zur deutschen Vernichtungspolitik im Zweiten Weltkrieg, Hamburg 1998 (zit. "Forschungen")

Gorodetsky, Gabriel: Die Große Täuschung, Hitler-Stalin und das Unternehmen Barbarossa, Berlin 2001 (zit. "Täuschung")

Gorzka, Gabriele/Stang, Knut (Hrsg.): Der Vernichtungskrieg im Osten, Verbrechen der Wehrmacht in der Sowjetunion - aus Sicht russischer Historiker, Kassel 1999

Greiner, Bernd: Die Morgenthau-Legende, Hamburg 1995

Haberfeld, Charlotte: Die Behauptungen der neuen Wehrmachtsausstellung über die 707. Infanteriedivision, (unveröffentlichtes Manuskript), 22 S. (zit. "707. ID")

Hamburger Institut für Sozialforschung: Verbrechen der Wehrmacht, Dimensionen des Vernichtungskriegs, Hamburg 2002 (zit. "Katalog")

- Bericht der Kommission zur Überprüfung der Ausstellung "Vernichtungskrieg. Verbrechen der Wehrmacht 1941 bis 1944, von Omer Bartov, Cornelia Brink, Gerhard Hirschfeld, Friedrich P. Kahlenberg, Manfred Messerschmidt, Reinhard Rürup, Christian Streit, Hans-Ulrich Thamer, Hamburg 2000 (zit. "Bericht")

- (Hrsg.): Krieg ist ein Gesellschaftszustand, Reden zur Eröffnung der Ausstellung "Vernichtungskrieg. Verbrechen der Wehrmacht 1941 bis 1944", Hamburg 1998 (zit. "Krieg")

- (Hrsg.): Besucher einer Ausstellung, Die Ausstellung "Vernichtungskrieg. Verbrechen der Wehrmacht 1941 bis 1944" in Interview und Gespräch, Hamburg 1998 (zit. "Besucher")

- (Hrsg.): Eine Ausstellung und ihre Folgen, Zur Rezeption der Ausstellung "Vernichtungskrieg. Verbrechen der Wehrmacht 1941 bis 1944, Hamburg 1999 (zit. "Ausstellung")

Hammel, Klaus: Kompetenzen und Verhalten der Truppe im rückwärtigen Heeresgebiet, in: Poeppel u.a., Soldaten, S. 178-229 (zit. "Kompetenzen")

Harrison, Mark: "Barbarossa": Die sowjetische Antwort", 1941, in: Wegner, Wege, S. 443-463

Hasch, Wolfgang/Friedrich, Gustav: Der Partisanenkrieg der Sowjetunion und die deutschen Gegenmaßnahmen im Zweiten Weltkrieg, in: Poeppel u.a., Soldaten, S. 230-255

Heer, Hannes: Killing Fields, Die Wehrmacht und der Holocaust, in: Heer/Naumann, Verbrechen, S. 57-77 ("Fields")

Heer, Hannes/Manoschek, Walter u.a.: Vernichtungskrieg. Verbrechen der Wehrmacht 1941 bis 1944, Hamburg 1996 (zit. "Vernichtungskrieg")

Heer, Hannes/Naumann, Klaus (Hrsg.): Vernichtungskrieg, Verbrechen der Wehrmacht 1941-1944, Hamburg 1995 (zit. "Verbrechen")

Hesse, Erich: Der sowjetrussische Partisanenkrieg 1941-1944, Göttingen 1969 (zit. "Partisanenkrieg")

Hesse, Klaus: "Verbrechen der Wehrmacht - Dimensionen des Vernichtungskrieges 1941-1944, Anmerkungen zur Neufassung der "Wehrmachtsausstellung", in: GWU (2002), S. 594-611 (zit. "Anmerkungen")

Heydecker, Joe J./Leeb, Johannes: Der Nürnberger Prozeß, Köln 1962 (zit. "Prozeß")

Historikerstreit, Die Dokumentation der Kontroverse um die Einzigartigkeit der nationalsozialistischen Judenvernichtung, München 1987 (zit. "Historikerstreit")

Hoffmann, Joachim: Stalins Vernichtungskrieg, München 1999 (zit. "Vernichtungskrieg")

- Die Kriegführung aus der Sicht der Sowjetunion, in: MGFA, Weltkrieg, Bd. 4, S. 713-809 (zit. "Kriegführung")

Hürter, Johannes: "Es herrschen Sitten und Gebräuche, Genauso wie im 30-jährigen Krieg, Das erste Jahr des deutsch-sowjetischen Krieges in Dokumenten des Generals Gotthard Heinrici, in: Vierteljahreshefte für Zeitgeschichte (2000), S. 329-403) (zit. "Sitten")

Kissinger, Henry: Vernunft der Nationen, Über das Wesen der Außenpolitik, Berlin 1994 (zit. "Vernunft")

Klinkhammer, Lutz: Der Partisanenkrieg der Wehrmacht 1941-1945, in: Müller/Volkmann, Wehrmacht, S. 815-836 (zit. "Partisanenkrieg")

Klundt, Michael: Geschichtspolitik, Die Kontroversen um Goldhagen, die Wehrmachtsausstellung und das "Schwarzbuch des Kommunismus", Köln 2000 (zit. "Geschichtspolitik")

Krausnick, Helmut: Vorgeschichte und Beginn des militärischen Widerstands gegen Hitler, in: Europäische Buchpublikation, Vollmacht, S. 177-384 (zit. "Vorgeschichte")

- Die Truppe des Weltanschauungskrieges, Die Einsatzgruppen der Sicherheitspolizei und des SD 1938-1942, Stuttgart 1981 (zit. "Truppe")

Longerich, Peter: Politik der Vernichtung, Eine Gesamtdarstellung der nationalsozialistischen Judenverfolgung, München 1998 (zit. "Vernichtung")

Manoschek, Walter (Hrsg.): Die Wehrmacht im Rassenkrieg, Wien 1996 (zit. "Wehrmacht")

Messerschmidt, Manfred: Die Wehrmacht im NS-Staat, Hamburg 1969 (zit. "Wehrmacht")

- "Was damals Recht war ...", hrsg. v. Wolfram Wette, Essen 1996 (zit. "Recht")

Michalka, Wolfgang (Hrsg.): Der Zweite Weltkrieg, Analysen-Grundzüge-Forschungsbilanz, Weyarn 1997 (zit. "Weltkrieg")

Militärgeschichtliches Forschungsamt (Hrsg.): Das Deutsche Reich und der Zweite Weltkrieg, Stuttgart 1979–1990 (zit. "MGFA")

Müller, Rolf-Dieter: Das Scheitern der wirtschaftlichen "Blitzkriegsstrategie", in: MGFA, 4, S. 936-1029 (zit. "Scheitern")

Müller, Rolf-Dieter/Ueberschär, Gert: Hitlers Krieg im Osten 1941-1945, Ein Forschungsbericht, Darmstadt 2000 (zit. "Krieg")

Müller, Rolf-Dieter/Volkmann-Hans-Erich: Die Wehrmacht - Mythos und Realität, München 1999 (zit. "Wehrmacht")

Musial, Bogdan: Bilder einer Ausstellung, in: Vierteljahreshefte für Zeitgeschichte (1999), S. 563-591 (zit. "Bilder")

- Konterrevolutionäre Elemente sind zu erschießen, Die Brutalisierung des deutsch-sowjetischen Krieges im Sommer 1941, Berlin 2000 (zit. "Konterrevolutionäre")

Osterloh, Jörg: Die Wehrmacht und die Behandlung der sowjetischen Gefangenen, in: Müller, Wehrmacht, S. 783-802 (zit. "Behandlung")

Overmans, Rüdiger: Deutsche Militärische Verluste im Zweiten Weltkrieg, München 1999 (zit. "Verluste")

von Ow, Meinrad: Zur Ausstellung "Vernichtungskrieg. Verbrechen der Wehrmacht 1941-1944". Können 8 Gutachter ihr Glaubwürdigkeit verleihen?, Eine Studie über wissenschaftliches Fehlverhalten, München 2000 (zit. "Ausstellung")

- Jan-Philipp Reemtsma und die Würde der toten Soldaten, Vernichtungskrieg. Verbrechen der Wehrmacht 1941-1944. Der Bankrott einer Ausstellung - und keine Folgen?, München 2001 (zit. "Bankrott")

Poeppel, H./Prinz v. Preußen, W.-K./v. Hase, K.-G.: Die Soldaten der Wehrmacht, München 1998 (zit. "Soldaten")

Post, Walter: Die verleumdete Armee, Wehrmacht und Antiwehrmacht-Propaganda, Selent 1999

- Die Proportion der sogenannten "Täter" in der Millionenarmee - Versuch einer Quantifizierung am Beispiel der 6. Armee im Rußlandfeldzug 1941, in: Poeppel u.a., Soldaten, S. 500-551 (zit. "Proportionen")

- "Wehrmachtsausstellung" im neuen Gewand. Und es wird weiter dogmatisiert. Wieder werden wichtige Fakten ignoriert, in: DMZ, Nr. 29/2002, S. 16-19

Prantl, Herbert (Hrsg.): Wehrmachtsverbrechen, Eine deutsche Kontroverse, Hamburg 1997 (zit. "Wehrmachtsverbrechen")

Raschhofer, Hermann: Der Fall Oberländer, Tübingen 1962 (zit. "Oberländer")

172

Reemtsma, Jan Philipp: "Wie hätte ich mich verhalten?" und andere nicht nur deutsche Fragen, München 2001 (zit. "Fragen")

Rössler, Mechtild/Schleiermacher, Sabine (Hrsg): Der 'Generalplan Ost', Berlin 1993

Rückerl, Adalbert: NS-Verbrechen vor Gericht, Versuch einer Vergangenheitsbewältigung, Heidelberg 1984 (zit. "Gericht")

Scheil, Stefan: Logik der Mächte, Überlegungen zur Vorgeschichte des Zweiten Weltkriegs, Berlin 1999 (zit. "Mächte")

- Fünf plus Zwei, Die europäischen Nationalstaaten, die Weltmächte und die vereinte Entfesselung des Zweiten Weltkriegs, Berlin 2003 (zit. "Vereinte Entfesselung")

Schmick, Karl-Heinz: Alter Wein in neuen Schläuchen, Analyse der zweiten Ausstellung *Vernichtungskrieg, Verbrechen der Wehrmacht 1941-1944*, Süderbarup 2002 (zit. "Analyse")

Schmidt-Neuhaus, Dieter: Die Tarnopol-Stellwand der Ausstellung Vernichtungskrieg. Verbrechen der Wehrmacht 1941-1944, in GWU 1999, S. 596-603

Schustereit, Hartmut: Vabanque, Hitlers Angriff auf die Sowjetunion als Versuch, durch den Sieg im Osten den Westen zu bezwingen, Herford 1988 (zit. "Vabanque")

Seidler, Franz W.: Die Militärgerichtsbarkeit der Deutschen Wehrmacht 1939-1945, Rechtsprechung und Strafvollzug, München 1991 (zit. "Militärgerichtsbarkeit")

Simms, Brendan: Walther von Reichenau - Der politische General, in: Smelser, Militärelite, S. 423-445

Smelser, Ronald/Syring, Enrico: Die Militärelite des Dritten Reiches, Frankfurt 1995 (zit. "Militärelite")

Smith, Bradley: Der Jahrhundertprozeß, Die Motive der Richter von Nürnberg - Anatomie einer Urteilsfindung, Frankfurt 1977 (zit. "Urteilsfindung")

Sorokina, Marina: People and Procedures - Toward a History of the Investigation of Nazi Crimes in the USSR, in: Kritika Vol 6, 2005 (zit. "Procedures")

Stein, Marcel: Generalfeldmarschall Manstein, eine kritische Betrachtung des Soldaten und Menschen, Mainz 2000 (zit. "Manstein")

Streim, Alfred: Die Behandlung sowjetischer Kriegsgefangener im "Fall Barbarossa", Heidelberg 1981 (zit. "Barbarossa")

Streit, Christian: Keine Kameraden, Die Wehrmacht und die sowjetischen Kriegsgefangenen 1941-1945, Stuttgart 1981 (zit. "Kriegsgefangene")

- Die Behandlung der sowjetischen Kriegsgefangenen und völkerrechtliche Probleme des Krieges gegen die Sowjetunion, in: Ueberschär, Wette, Barbarossa, S. 197-218 (zit. "Behandlung")

Telpuchowski, Boris Semjonowitsch: Die sowjetische Geschichte des Großen Vaterländischen Krieges, Frankfurt 1961 (zit. "Geschichte")

Thiele, Günther (Hrsg.): Die Wehrmachtsausstellung, Dokumentation einer Kontroverse, Bonn 1997 (zit. Wehrmachtsausstellung")

Ueberschär, Gerd R./Wette, Wolfram (Hrsg.): "Unternehmen Barbarossa", Der deutsche Überfall auf die Sowjetunion 1941, Paderborn 1984 (zit. "Barbarossa")

Ungváry, Christian: Echte Bilder - problematische Aussagen. Eine quantitative und qualitative Fotoanalyse der Ausstellung Vernichtungskrieg. Verbrechen der Wehrmacht 1941-1944, in: GWU 10/1999, S. 584-595 (zit. "Aussagen")

Volkmann, Hans-Erich: Zur Verantwortlichkeit der Wehrmacht, in: Müller/Volkmann, Wehrmacht, S. 1195-1222 (zit. "Verantwortlichkeit")

Wachs, Philipp-Christian: Theodor Oberländer - Ein Lehrstück deutscher Geschichte, Frankfurt 2000 (zit. "Oberländer")

- Die Inszenierung eines Schauprozesses - das Verfahren gegen Theodor Oberländer vor dem Obersten Gericht der DDR, in: Schriftenreihe des Berliner Landesbeauftragten für die Unterlagen des Staatssicherheitsdinestes der ehemaligen DDR, Bd. 14, Berlin 2001, S. 31-53 (zit. "Inszenierung")

Wegner, Bernd (Hrsg.): Zwei Wege nach Moskau, München 1991 (zit. "Wege")

Werth, Alexander: Rußland im Krieg 1941-1945, München 1965 (zit. "Rußland")

Werth, Nicolas: Ein Staat gegen sein Volk, Gewalt, Unterdrückung und Terror in der Sowjetunion, in: Courtois, Schwarzbuch, S. 51-298 (zit. "Staat")

Wiaderny, Bernard: Der polnische Untergrundstaat und der deutsche Widerstand, Berlin 2002 (zit. "Untergrundstaat")

Wolfrum, Edgar: Geschichtspolitik in der Bundesrepublik Deutschland, Darmstadt 1999 (zit. "Geschichtspolitik")

de Zayas, Alfred: Die Wehrmacht und die Nürnberger Prozesse, in: Poeppel u.a., Soldaten, S. 461-499 (zit. "Prozesse")

Ziesel, Kurt: Der Rote Rufmord, Tübingen 1961 (zit. "Rufmord")

Abkürzungsverzeichnis

Dulag Durchgangslager

GPU

HIS Hamburger Institut für Sozialforschung

HSSPF Höherer SS- und Polizeiführer

IMT Internationales Militärtribunal

KStVO Kriegs-Strafverfahrensordnung

MGFA Militärgeschichtliches Forschungsamt

NKWD Sowjetischer Geheimdienst

NS Nationalsozialismus

NSDAP Nationalsozialistische Deutsche Arbeiterpartei

OKH Oberkommando des Heeres

OKW Oberkommando der Wehrmacht

SD Sicherheitsdienst der SS

SED Sozialistische Einheitspartei Deutschlands

SS Schutzstaffel

Stalag Stammlager

UdSSR Union der Sozialistischen Sowjetrepubliken

USHMM United States Holocaust Memorial Museum

Register

Printed by Books on Demand GmbH, Norderstedt / Germany